党员干部
金融知识必修课

张伯安 ◎ 著

人民日报出版社

图书在版编目（CIP）数据

党员干部金融知识必修课/张伯安著.-- 北京：
人民日报出版社，2019.6
ISBN 978-7-5115-6090-2

Ⅰ.①党… Ⅱ.①张… Ⅲ.①金融—基本知识—干部
教育—学习参考资料 Ⅳ.①F83

中国版本图书馆CIP数据核字(2019)第120795号

书　　　名：	党员干部金融知识必修课
作　　　者：	张伯安
出 版 人：	董　伟
责任编辑：	袁兆英
封面设计：	邢海燕
出版发行：	人民日报出版社
社　　　址：	北京金台西路2号
邮政编码：	100733
发行热线：	（010）65369509　65369527　65369846　65363528
邮购热线：	（010）65369530　65363527
编辑热线：	（010）65363105
网　　　址：	www.peopledailypress.com
经　　　销：	新华书店
印　　　刷：	河北盛世彩捷印刷有限公司
开　　　本：	710mm×1000mm　1/16
字　　　数：	273千字
印　　　张：	17.75
印　　　次：	2019年7月第1版　2019年7月第1次印刷
书　　　号：	ISBN 978-7-5115-6090-2
定　　　价：	48.00元

前　言

2019年2月22日，习近平总书记在中共中央政治局就完善金融服务、防范金融风险举行第十三次集体学习时强调，要深化对国际国内金融形势的认识，正确把握金融本质。党的十八大以来，习近平总书记高度重视金融在经济发展和社会生活中的重要地位和作用，在多个场合发表了一系列重要论述，具有十分重要的指导意义。

近年来，随着金融对经济社会发展和人们日常生活的影响越发深入，越来越多的人开始关心、关注金融，各级党政领导干部和企事业单位管理人员更是如此。一方面，"金融活，经济活"，经济的发展离不开金融的发展和支持。金融作为经济活动的血脉，既是社会经济运行质效的有力保障，也是供给侧改革的重要支撑，还是社会各阶层财富积累与传承的助推器。把金融搞活了，整个经济皆活。另一方面，"金融稳，经济稳"，而金融风险已成为我国当下突出的重大风险之一。防范化解金融风险特别是防止发生系统性金融风险，是当前全力打好"三大攻坚战"的"首要战役"，事关国家安全、发展全局和人民财产安全。

由于金融专业性强，且随着实践应用不断发展深化，社会大众对金融的了解、认知、掌握远远不足。目前市场上流通的相关书籍，要么偏重学术理论，要么知识面不够宽广，很难找到一本适合大家学习金融、了解金融全貌且通俗易懂的书。对大多数非金融专业人士，对金融知识的需求更倾向于宏观层面和实际运用。因此，为方便大家快速了解掌握相关金融知识，促进日常工作生活科学合理决策，推动金融服务实体经济，有效防范化解金融风险和维护金融安全与社会稳定，本书力求以问题导向，采用问答的方式，用通俗易懂的语言来诠释深奥的专业知识和理论，对金融热点问题进行深入浅出的分析阐述。

本书可供关心金融工作的人员参阅。全书共分为八章，内容涵盖金融业发展、如何服务实体经济、多层次资本市场、互联网金融、金融全球化、金融风险防范、金融调控与监管等多个方面。

第一章，金融业。从银行、证券、保险、基金等角度，对金融机构和金融业的基本情况进行了梳理；对诸如投资公司是不是金融机构，银行之间有什么不同，社会上为什么会有"保险公司都是骗人的说法"，基金公司之间的区别，政府如何设立产业基金等热点问题进行了分析阐述；还就金融对经济发展的促进作用，以及地方如何发展金融服务业进行了分析。

第二章，金融服务。从小微企业融资难、融资贵问题说起，分析了中国大力发展直接融资的原因；提出了解决当前中小微企业融资难题的重要举措，即鼓励政策性融资担保行业发展和设立政府引导基金以及进一步健全社会信用体系。最后，对地方政府如何促进金融服务实体经济高质量发展进行了论述。

第三章，资本市场。对企业如何利用多层次资本市场融资，包括首次公开发行（IPO）、借壳上市、新三板和四板挂牌以及发行债券等进行了介绍；对主板、中小板、创业板、新三板等不同板块做了比较分析；对一些热点问题，如华为、老干妈等企业为什么不愿意不上市，新三板为什么从受热捧到遇冷，为什么要在上交所设立科创板，内地企业为什么选择境外上市等热点问题做了剖析。此外，对地方如何推动企业利用多层次资本市场进行了归纳，同时以合肥国家高新区的经验做法进行了分析。

第四章，互联网金融。对什么是互联网金融，百度、阿里、腾讯等互联网巨头为何布局互联网金融业进行了梳理分析；对互联网金融行业中P2P网贷平台和第三方支付两个重要应用进行了对比分析；对区块链进行分析的基础上，指出比特币等虚拟货币存在庞氏骗局现象；对当前政策环境下，地方如何开展并落实互联网金融整治工作进行了阐述。

第五章，金融全球化。从美元为什么霸权说起，分析了美元作为世界货币对全球经济的影响，以及为什么全球都关心美元加息；对当前美国主导的全球金融秩序两大基石世界银行、国际货币基金组织（IMF）进行了阐述；对人民币为什么要国际化，外汇储备是不是越多越好，人民币升值利弊，中国为何发起成立亚投行、为何推出原油期货等热点话题进行了剖析。此外，从国内外形势出发，分析了中国为什么要推动金融开放。

第六章，金融风险。从金融机构、企业、地方政府和国内外环境等多个角度，对金融机构不良资产上升、企业债务违约风险上升、互联网金融风险高发、非法集资频发、地方政府债务较高、房地产领域风险以及外部风险等问题进行剖析，分析了当前中国金融面临的风险。还对影子银行、国进民退说法、地方政府隐形债务等热点话题做了分析。最后，提出了地方政府打好防范化解金融风险攻坚战的一些举措。

第七章，金融调控。从什么是宏观调控和金融调控说起，梳理了中国改革开放40年来八次比较大的宏观调控，分析了中国为应对2008年全球经济危机实施的四万亿刺激经济计划以及为什么会带来争议，对于金融调控常用的货币政策工具及其运用做了阐述，还就当前去杠杆以及结构性去杠杆进行了说明。另外，考虑到房产的金融属性，还对中国为何要调控房价以及地方如何落实"一城一策"长效机制做了剖析。

第八章，金融监管。在对中国现行"一委一行两会"的金融监管体系形成与历史演变梳理基础上，指出了人民银行、银保监会、证监会与地方政府之间关系，分析了现行金融牌照分类与监管，以及金融创新带来的金融监管难题并以风险投资和P2P网贷行业为例。另外，还对2018年下半年启动的新一轮政府机构改革中，地方政府金融办改名金融监督管理局的背景和目的做了阐述。

最后说明一下，本书所有观点仅代表作者本人，不代表工作单位立场。若内容涉及投资建议，仅供参考勿作为投资依据。

目 录
Contents

第一章　金融业 ·· 001
1. 金融机构有哪些？P2P是金融机构吗？ ················ 002
2. 银行之间有什么区别？靠什么盈利？ ················· 005
3. 证券公司，有哪些业务？ ··························· 014
4. 保险市场，为什么会有"保险都是骗人的"的说法？ ······ 021
5. 投资基金需要牌照吗？私募VS公募，证券VS股权 ········ 027
6. 金融业对经济发展的贡献，城市如何发展？ ············ 034

第二章　金融服务 ·· 041
1. 小微企业，为什么融资难？ ························· 042
2. 直接融资和间接融资，为什么要大力发展直接融资？ ···· 045
3. 融资担保，何谓"政银担"？ ························ 047
4. 政府引导基金发展现状，天使投资是天使吗？ ·········· 053
5. 投资理财，房贷怎么选划算？ ······················· 058
6. 信用与金融服务，为什么要推动信用体系建设？ ········ 063
7. 中国社会信用体系建设实践，难在哪？ ················ 066
8. 地方如何促进金融服务实体经济高质量发展？ ·········· 074

第三章　资本市场 ·· 078
1. 企业上市，什么是IPO？ ···························· 079

2.企业上市，什么是借壳？……………………………………086
3.主板、中小板、创业板和新三板有何区别？………………091
4.创业板，为什么没有成为中国版的"纳斯达克"？…………095
5.新三板挂牌是上市吗？什么是做市商制度？………………099
6.为什么要发展四板，区域性股权交易市场？………………105
7.上交所为何要设立科创板？什么是注册制？………………110
8.内地企业为什么选择到境外上市？…………………………115
9.债券发行？企业债＝公司债？………………………………119
10.地方政府如何推动企业利用资本市场？上市、挂牌？……123

第四章 互联网金融……………………………………………128

1.什么是互联网金融？对传统金融业有什么影响？…………129
2.互联网巨头为什么布局金融业？……………………………133
3.P2P网贷平台是魔鬼还是天使？……………………………138
4.什么是第三方支付？移动支付安全吗？……………………141
5.什么是区块链？比特币是庞氏骗局吗？……………………144
6.地方政府，互联网金融专项整治怎么干？…………………147

第五章 金融全球化……………………………………………151

1.美元凭什么霸权？何谓布雷顿森林、石油美元体系？……152
2.全球为什么关心美元加息？历次经济危机的导火索？……156
3.外汇储备是越多越好吗？中国为何要实行外汇管制？……163
4.为何要使人民币国际化？是不是越快越好？………………167
5.中国为何推出原油期货？能挑战石油美元体系吗？………171
6.世界银行和IMF是干什么的？金墉为何辞职？……………174
7.中国为什么要成立亚投行？…………………………………179
8.汇率是怎么决定的？人民币升值或贬值的影响？…………182
9.为什么要推动金融开放，却又不能急？……………………189

第六章　金融风险 …… 196

1. 金融风险有哪些？何谓金融危机？ …… 197
2. 金融机构不良资产上升风险，什么是影子银行？ …… 200
3. 企业债务违约风险，为什么会有人说"国进民退"？ …… 204
4. 互联网在金融领域应用带来的风险，P2P网贷去留？ …… 208
5. 非法集资频发，受到损失怎么办？ …… 210
6. 地方政府债务风险，什么是隐形债务？ …… 214
7. 外部风险，如何规避？ …… 219
8. 如何打好防范化解金融风险攻坚战？ …… 222

第七章　金融调控 …… 225

1. 什么是宏观调控？"四万亿"计划的启示？ …… 226
2. 什么是金融调控？有哪"三大法宝"？ …… 232
3. 什么是去杠杆？当前如何去杠杆？ …… 236
4. 为何要控制房价？如何落实"一城一策"？ …… 239

第八章　金融监管 …… 247

1. 中国金融监管体系，何谓"一委一行两会"？ …… 248
2. 一行两会，与地方政府之间是什么关系？ …… 254
3. 什么是金融牌照？一行二会与金融业的监管？ …… 259
4. 金融创新，新金融业监管的难题？ …… 262
5. 金融办为何改成金融监督管理局？有何用意？ …… 269

后　记 …… 272

第一章　金融业

　　金融是现代经济的核心。保持经济平稳健康地发展，一定要把金融搞好。改革开放以来，我们对金融工作和金融安全始终是高度重视的，中国金融业发展取得巨大成就，金融成为资源配置和宏观调控的重要工具，成为推动经济社会发展的重要力量。

　　——2017年4月25日，习近平在中共中央政治局第四十次集体学习时讲话

　　金融是现代经济的核心，是实体经济的血脉，两者共生共荣。

　　改革开放以来，特别是党的十八大以来，中国金融业发展取得了显著的成效。无论是在规模上，还是在速度上，以及银行、证券、保险和投资基金等具体行业上，金融业都取得了长足而快速的发展。数据显示，截至2018年末，中国银行业共有法人机构4588家，证券公司131家，保险公司231家（不含外资保险公司代表处）。

　　分行业来看，银行业作为整个金融市场中重要组成部分，继续发挥着基石和保障性支柱作用，同时民间资本进入银行业的大门已经常态化打开，多层次的银行体系正在构建。证券业随着中国多层次资本市场的进一步完善，也迎来了快速发展的机遇，在资本实力、发展理念、服务质量、规范水平、市场竞争力等方面都有了显著提升和改善，在促进资本形成、优化资源配置、服务实体经济和投资者方面发挥着越来越重要的作用。保险业、基金、信托、期货等领域也取得了较快发展。

　　与此同时，金融业对国民经济的渗透程度也越来越高。尤其是近几年，金融业增加值在中国GDP占比维持在8%左右，比21世纪初前几年高出近4个百分点。在一些发达省市，金融业已经成为支柱产业。另外，近年来金融业税收收入占比显著提高，税收贡献突出，已成为中国税收收入高速增长的重要动力

之一。不过，我们也要清醒地看到，当前中国金融发展水平其实并不高，虽然中国是全球金融大国，但是离金融强国还有很长的路要走。

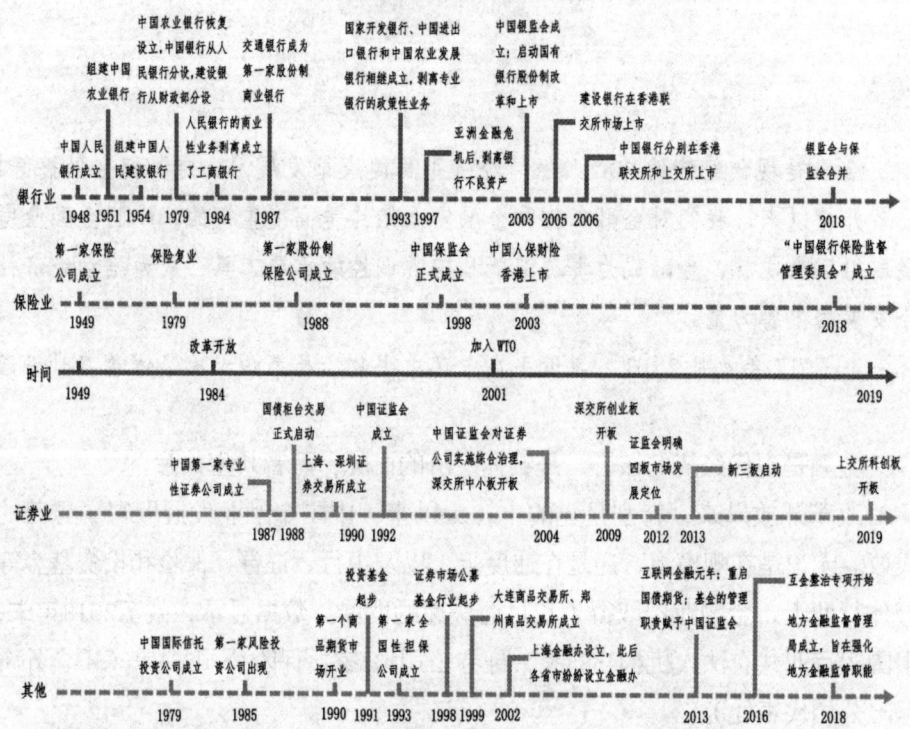

中国金融业发展历程

1. 金融机构有哪些？P2P 是金融机构吗？

近年来，随着工商注册登记的放宽，名称里含有"投资""金融"的各种公司如雨后春笋般涌现，有些公司自称金融机构并对外开展相关业务。很多人疑惑这些公司究竟是不是金融机构？尤其是近两年全国各地P2P网贷平台爆雷不断，很多投资受害者到地方政府金融部门上访，误认为P2P工商登记注册了，就是由金融部门审批监管的金融机构，出了问题是地方政府金融部门监管不力，应该负有不可推卸的责任。那么，究竟哪些是金融机构呢？

哪些是金融机构？

所谓金融机构是指从事金融服务业有关的金融中介机构。金融服务业包括银行、证券、保险、信托、基金等行业。其中银行是最早的金融机构，也是我们在日常生活中常打交道的金融机构。

如何分辨一家企业是不是金融机构？简单来说，可以看该企业有没有一行（中国人民银行）二会（中国银行保险监督管理委员会和中国证券监督管理委员会）等金融监管部门发的许可证，是否受一行二会等金融监管部门的监管。一行二会，过去叫一行三会，现在中国银行保险监督管理委员会是由原中国银行监督管理委员会和中国保险监督管理委员会合并而成。比如，银行和保险公司是由银保监会审批和监管、证券公司是由证监会审批和监管，所以它们都是金融机构。

投资公司是不是金融机构？基金公司是不是金融机构？可以说绝大部分投资公司和基金公司都不是金融机构。以基金公司为例，只有证监会批准设立并持牌经营的证券基金管理公司和证券投资基金才属于金融机构，不属于这两类公司则不属于金融机构。我们常见的各种风险投资基金或公司以及私募股权投资基金等，按照现行规定不需要金融监管部门审批，因此，都不能算是金融机构。

社会上有些企业开展有关金融服务，虽然需要地方政府有关部门审批和监管，如融资担保、小贷、融资租赁、保理、典当等，被称为类金融机构，但在严格意义上都不是金融机构。还有一些企业，开展P2P网贷业务，虽然与钱打交道，可以看作金融服务，但是成立之初由于政策原因，不需要得到金融监管部门审批，所以不是金融机构，只是普通的工商注册企业。而社会上一些未经审批非法开展业务的所谓小贷公司、投资公司更不是金融机构。

金融机构有哪些类型？

按照不同的标准，金融机构可划分为不同的类型。

按地位和功能可以分为四大类。第一类，中央银行，即中国人民银行；第二类，银行，包括政策性银行、商业银行、村镇银行；第三类，非银行金融机构，主要包括国有及股份制的保险公司、城市信用合作社、证券公司（投资银行)、财务公司、第三方理财公司等;第四类,在中国境内开办的外资、侨资、中外合资金融机构。

按照金融机构的管理地位,可划分为金融监管机构与接受监管的金融企业。中国人民银行、中国银行保险监督管理委员会、中国证券监督管理委员会等,是代表国家行使金融监管权力的机构,其他的所有银行、证券公司和保险公司等金融企业都必须接受其监督和管理。

按照是否能够接受公众存款,金融机构可划分为**存款性与非存款性**。存款性金融机构主要通过存款形式向公众举债而获得其资金来源,如商业银行和信用合作社等,非存款性金融机构则不得吸收公众的储蓄存款,如保险公司、信托金融机构、政策性银行以及各类证券公司、财务公司等。

按照是否担负国家政策性融资任务,可划分为**政策性金融机构和非政策性金融机构**。政策性金融机构是由政府投资创办、按照政府意图与计划从事金融活动的机构。非政策性金融机构则不承担国家的政策性融资任务。

此外,按照是否属于银行系统,可划分为银行金融机构和非银行金融机构;按照出资的国别属性,又可划分为内资金融机构、外资金融机构和合资金融机构;按照所属的国家,还可划分为本国金融机构、外国金融机构和国际金融机构。

中国人民银行2014年9月发布的《金融机构编码规范》,把中国金融机构分为8类,货币当局、监管当局、银行业存款类金融机构、银行业非存款类金融机构、证券业金融机构、保险业金融机构、交易及结算类金融机构、金融控股公司。具体如下图:

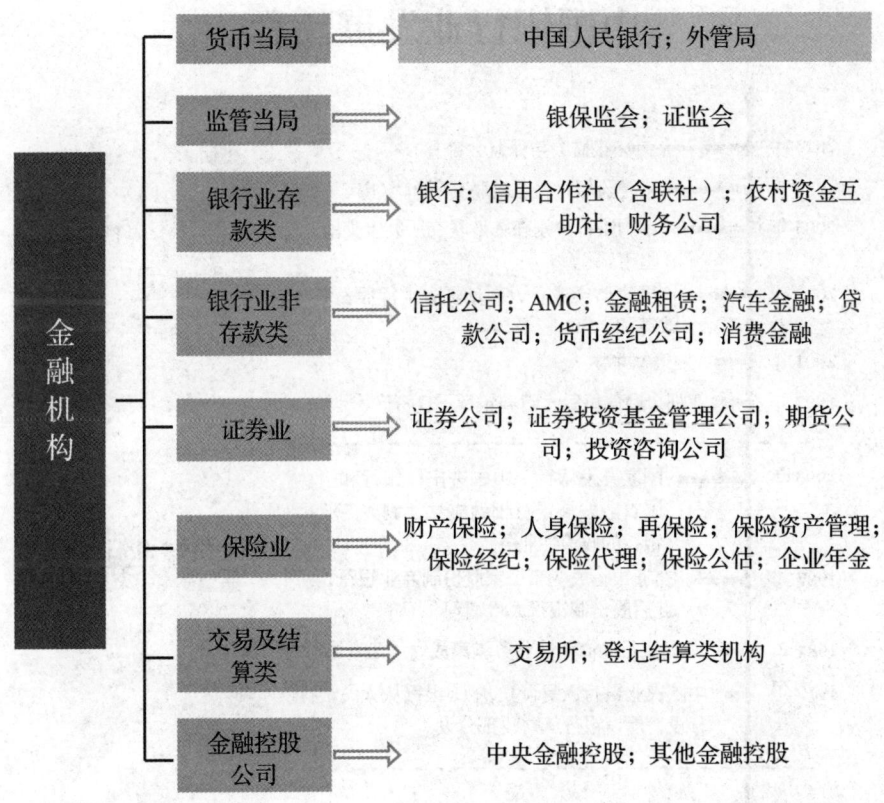

2. 银行之间有什么区别？靠什么盈利？

银行是最早的金融机构，也是当前中国金融体系的核心，数量众多。我们经常能看到的是除了工农中建交外，还有诸如招商银行、民生银行、华夏银行和以城市命名的商业银行以及各地农村商业银行。2014年，国家开闸允许民间资本进入银行业，一些民营银行纷纷设立。那么，中国银行是如何发展而来的？有哪些类型？这些银行有什么不同？银行又靠什么盈利呢？

中国银行业发展历程

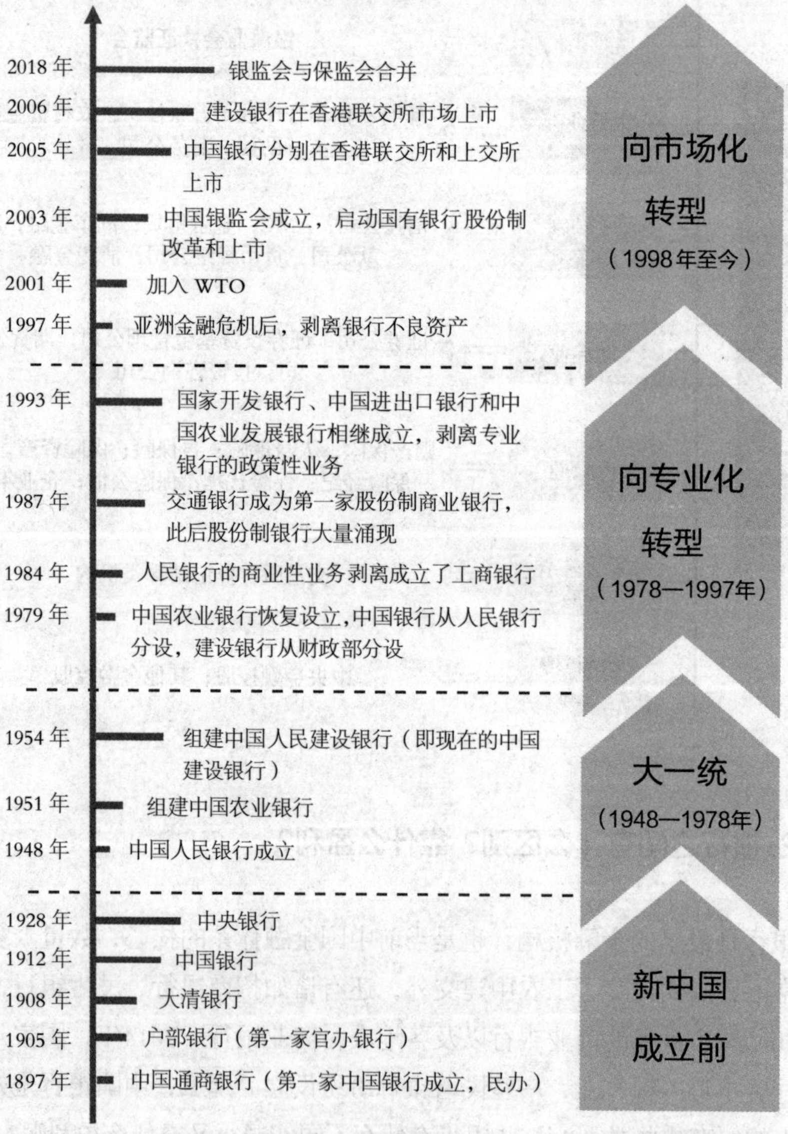

2018年	银监会与保监会合并	向市场化转型（1998年至今）
2006年	建设银行在香港联交所市场上市	
2005年	中国银行分别在香港联交所和上交所上市	
2003年	中国银监会成立，启动国有银行股份制改革和上市	
2001年	加入WTO	
1997年	亚洲金融危机后，剥离银行不良资产	
1993年	国家开发银行、中国进出口银行和中国农业发展银行相继成立，剥离专业银行的政策性业务	向专业化转型（1978—1997年）
1987年	交通银行成为第一家股份制商业银行，此后股份制银行大量涌现	
1984年	人民银行的商业性业务剥离成立了工商银行	
1979年	中国农业银行恢复设立，中国银行从人民银行分设，建设银行从财政部分设	
1954年	组建中国人民建设银行（即现在的中国建设银行）	大一统（1948—1978年）
1951年	组建中国农业银行	
1948年	中国人民银行成立	
1928年	中央银行	新中国成立前
1912年	中国银行	
1908年	大清银行	
1905年	户部银行（第一家官办银行）	
1897年	中国通商银行（第一家中国银行成立，民办）	

在中国，"银行"称呼的由来，是历史上白银一直是主要的货币材料之一。"银"代表的是货币，而"行"则是对大商业机构的称谓。因此，把办理与银钱有关的大金融机构称为银行。最早的银行业发源于西欧古代社会的货币兑换业。一般认为最早的银行是意大利1407年在威尼斯成立的银行。其后，

全球各地一些国家也相继设立了银行。18世纪末至19世纪初，银行得到了普遍发展。中国出现近代化的银行始于鸦片战争之后。一般认为1847年在上海开设分行的英国丽如银行是中国近代最早的银行。自此，中国银行业逐步发展起来。

截至2018年末，中国银行业共有法人机构4588家，其中包括1家国家开发银行、2家政策性银行、6家国有大型商业银行、12家股份制商业银行、134家城商行、1262家农商行、17家民营银行和4家金融资产管理公司等。总体来看，中国银行业发展大致经历以下几个阶段：

一、新中国成立前

中国人自己开办的第一家银行是中国通商银行，由清末实业家盛宣怀于1897年在上海参照外商银行（主要是英国汇丰银行）创办并在全国各地开设分行。中国官办银行的历史则应从1905年成立的户部银行算起。户部银行是经清朝军机大臣王奕劻奏请，慈禧太后批准成立的。清政府授予了其铸造银圆、发行纸币和经管国库的权利，成为清末实质上的中央银行。1908年，户部银行更名为大清银行。1912年，历史驶入中华民国时代，大清银行更名为中国银行，并继续承担中央银行的职责，直至1928年。1912—1927年北洋军阀统治时期，与中国银行一起承担中央银行职责的还有交通银行。1908年，由清政府邮传部牵头组建，为官商合股，初期目的是借款赎回被列强控制的铁路，故名交通银行。

1928年，南京国民政府另组建中央银行，授予其发行纸币、代理国库、经理公债、管理外汇等特权。同时，将中国银行改组为国际外汇兑换专业银行，交通银行改组为辅助工农商矿的专职银行。1935年，国民党政府又组建中国农民银行，作为供给农业信用、发展农村经济的专职银行。至此，形成了以四大国有银行（中央银行、中国银行、交通银行、农民银行）为基本骨架的银行体系。在清末和北洋军阀时代，除了官立银行之外，众多私营银行也百花齐放。

二、大一统（1948年至改革开放前）

1948年中国人民银行成立，并在新中国成立的同时被赋予了国家金融产权的唯一代表地位。新中国成立后，对于国民党时代的"四大银行"留下来的中国银行和交通银行（中央银行和农民银行已随国民党迁台），中国银行仍旧作为经营外汇业务的专业银行，并进而成为中国人民银行的一个职能部门；1954年在原来交通银行的基础上组建了中国人民建设银行（即现在的中国建设银行），继续承担向国家基本建设投资的政策性任务，而交通银行的其他业务也并入中国人民银行。此外，1951年还组建了中国农业银行，作为办理支农拨款和贷款并扶持农村信用合作的专业性银行，此后，中国农业银行在机构重组中曾三度合并于中国人民银行，又三度重新设立。

对于新中国成立前设立的一些私营银行，1952年被组合为统一的"公私合营银行"，随后在1955—1956年并入中国人民银行储蓄部，也成为新中国金融体系的有机组成部分。在这期间，中国实行统一的计划体制，而银行业也实行统一的金融体制，中国人民银行既要实行金融管理的职能，还要经营全部的银行业务。

三、向专业化转型（1978—1997年）

为适应经济体制改革，按照邓小平同志提出的"把银行真正办成银行"的战略要求，银行体系的改革全面推开。

一方面从机构体制上打破人民银行"大一统"格局，开始探索专业银行的企业化发展。四大专业银行相继成立或独立运营，其中，1979年农业银行恢复设立，中国银行从人民银行分设，建设银行从财政部分设，1984年人民银行的商业性业务剥离成立了工商银行。同时，1983年9月17日，国务院颁布《关于中国人民银行专门行使中央银行职能的决定》。至此，中国中央银行体制开始建立，由工、农、中、建组成的国家专业银行体系开始形成，并从专业政策性银行向商业银行转化。

另一方面，银行业开始探索多元化发展，从20世纪80年代中期起，股份制商业银行也如雨后春笋般涌现出来。1987年，交通银行在时隔30年之后重新建立以作为金融改革的试点，成为全国第一家股份制的商业银行。时隔一周之后，由招商局集团创办的招商银行在深圳成立，成为第一家完全由企业法人持股的股份制商业银行。此外，中信集团创建的中信银行，深圳地方金融力量创建的深圳发展银行，福建地方金融力量创建的兴业银行，广东地方金融力量创建的广东发展银行，还有光大、华夏、浦发、民生等股份制银行相继组建，外资银行从经济特区向沿海扩展。另外，1993年，国家开发银行、中国进出口银行和中国农业发展银行相继成立，剥离了专业银行的政策性业务。

四、向市场化转型（1998年至今）

1997年亚洲金融危机，引起中央对当时银行业不良资产率过高风险高度重视，开始推动国有银行向真正的商业化和市场化转变。一方面，补充国有银行资本金，组建信达、华融、长城和东方四家资产管理公司（AMC），对口处置建行、工行、农行、中行不良资产，有效化解了国有银行资本金严重不足和巨额不良贷款的问题；另一方面，2003年，中央启动国有银行股份制改革和上市，引入境内外合格机构投资者，通过引资，实现"引智""引制"，推进其建立现代金融企业制度，并在境内外公开市场上市，接受市场监督。建设银行和中国银行率先上市，随后工商银行、交通银行和农业银行也纷纷上市。

银行有哪些类型？

根据2018年底中国银保监会披露的银行业金融机构法人名单，国内银行按类型可以划分为：央行（中国人民银行），开发性金融机构（1家，国家开发银行），政策性银行（2家，中国农业发展银行、中国进出口银行），国有大型商业银行（从五家调整为6家，工农中建交之外新增中国邮储银行），股份制商业银行（12家），金融资产管理公司（4家），城商行，农信社（含农商行与农合行），村镇银行，民营银行。具体如下：

中央银行：国家的金融中心结构，负责制定并执行国家货币信用政策，调控国家经济发展。中央银行具有货币发行权，实行金融监管。中央银行仅有一家：中国人民银行。

政策性银行：由政府创立，执行政府经济政策，在特定领域开展金融业务，不以营利为目的的专业性金融机构。包括：国家开发银行（根据银保监会2018年底政府公开信息，作为开发性金融机构单列）、**中国进出口银行、中国农业发展银行**。国家开发银行是全球最大的开发性金融机构，中国最大的对外投融资合作银行、中国长期信贷银行和债券银行（2015年从政策性银行剥离，成为开发性金融机构）。政策性银行通常只是在省级层面设立分行。

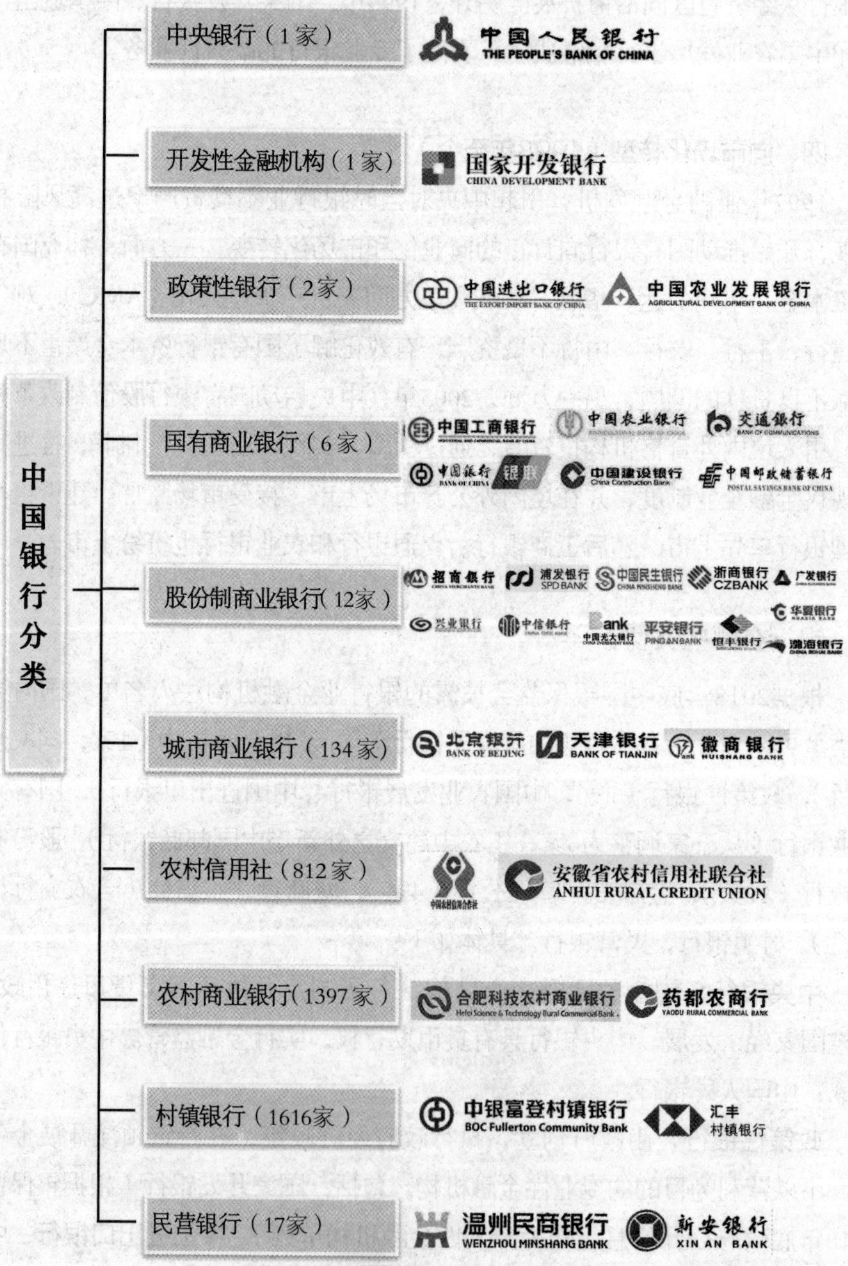

中国银行分类

- **中央银行（1家）**：中国人民银行
- **开发性金融机构（1家）**：国家开发银行
- **政策性银行（2家）**：中国进出口银行、中国农业发展银行
- **国有商业银行（6家）**：中国工商银行、中国农业银行、交通银行、中国银行、中国建设银行、中国邮政储蓄银行
- **股份制商业银行（12家）**：招商银行、浦发银行、中国民生银行、浙商银行、广发银行、兴业银行、中信银行、中国光大银行、平安银行、恒丰银行、渤海银行
- **城市商业银行（134家）**：北京银行、天津银行、徽商银行
- **农村信用社（812家）**：安徽省农村信用社联合社
- **农村商业银行（1397家）**：合肥科技农村商业银行、药都农商行
- **村镇银行（1616家）**：中银富登村镇银行、汇丰村镇银行
- **民营银行（17家）**：温州民商银行、新安银行

国有商业银行：是由国家（财政部、中央汇金公司）直接管控的大型商业银行。包括：中国工商银行、中国农业银行、中国银行、中国建设银行、交通银行、中国邮政储蓄银行。其中，中国邮政储蓄银行过去在机构类型中被列

为邮储银行，2019年正式加入国有大型商业银行的行列，成为第六家。省市县均可设立分行。

股份制商业银行：是相对国有商业银行公有制性质的银行。股份制商业银行属于股份制，有许多投资资金在里面，换句话说，就是非国有资本参股。但是目前，国内的股份制银行都是国有控股，大股东多为央企或地方政府直属国有企业，并不能说是民营银行。截止到2018年底，**股份制商业银行有12家**，包括：招商银行、浦发银行、中信银行、中国光大银行、华夏银行、中国民生银行、广发银行、兴业银行、平安银行、浙商银行、恒丰银行、渤海银行。**股份制商业银行，县及县级以下不允许设立分支机构**。

城市商业银行：城市商业银行起源于城市信用社改制，前身是20世纪80年代设立的城市信用社，业务定位是为中小企业提供金融支持，为地方经济搭桥铺路。当前的银行业分类监管将行政区划作为限制城市商业银行经营地域范围的标准。2006年起，监管部门逐步放开对城市商业银行跨区域经营的限制，一些城商行开设了省外分行。2011年3月起，监管部门重启了城市商业银行跨区域经营限制。严格来说，城市商业银行属于商业银行的一种。截止到2018年底，**中国共有134家城市商业银行**，像徽商银行、晋商银行等。

农村信用社：是由中国人民银行批准、社员入股组成的农村合作金融机构，主要任务是筹集农村闲散资金，为农业、农民和农村经济发展提供金融服务。截止到2018年底，中国共有812家农村信用社。

农村商业银行：是由地方农民、农村工商户、企业法人和其他经济组织共同入股组成的股份制的地方性金融机构。截止到2018年底，中国共有1397家农村商业银行。如合肥科技农村商业银行、亳州药都农村商业银行等。

村镇银行：是由中国银行业监督管理委员会批准，由境内外金融机构、境内非金融机构企业法人、境内自然人出资，在农村地区设立的银行业金融机构，主要职责是为当地农民、农业和农村经济发展提供金融服务。从2006年底，在全国试点，截止到2018年底，中国共有1616家村镇银行。

民营银行：是由中国银行业监督管理委员会批准，资本金主要来自民间，主要为了满足普惠金融的需求。2014年国家开闸让民营企业进入银行业，民营银行成为新鲜血液加入银行业队伍。截止到2018年底，**民营银行有17家**，包括：海华瑞、温州民商、天津金城、浙江网商、重庆富民、四川新网、湖南三湘、福建华通、安徽新安、北京中关村、江苏苏宁、威海蓝海、吉林亿联、武汉众邦、辽宁振兴、梅州客商银行等。

银行有什么不同？

目前，各城市里银行网点众多。虽然大家日常会到银行办理存贷款业务，但是很多人觉得银行业务都差不多，不太了解这些银行之间有什么区别。有些人还有些认识误区，比如认为只有工农中建交五大行是国有银行，不知道大多股份制商业银行都是国有控股，甚至容易把中国人民银行和中国银行弄混淆。实际上，从前面的银行类型可以看出，银行之间有很多差别。下面简单介绍几个典型的区别。

● 中国人民银行是特殊的银行，又称央行，主要发挥的是监管和调控功能。虽然叫银行，但是不同于一般的银行，不与个人和非金融企业在钱上打交道。当前，企业和个人到中国人民银行更多的是开具征信报告。

● 国家开发银行、中国农业发展银行、中国进出口银行，也是不同于一般的银行，不与个人打交道，不吸收个人存款，只是承担政策性贷款。一般银行是吸收公众和企业存款，再对公众或企业贷款。而开发性银行则不同，以国家开发银行为例，其资金来源以国内外债券市场筹资为主，主要通过开展中长期信贷与投资等金融业务，为国民经济重大中长期发展战略服务。

● 六大国有银行与股份制商业银行，虽然都是全国性的银行，但最大的区别是，前者全国省市县均可设立分行，而后者县及县级以下不允许设立分支机构。我们可能注意到，虽然六大国有银行有资格在全国各市县设立分行，但现实中并不是每个行都有设立，主要还是看银行自身业务发展需要。

● 城市商业银行是区域性银行。当前的银行业分类监管将行政区划作为限制城市商业银行经营地域范围的标准。比如徽商银行作为安徽省城市商业银行，只能在安徽省内开设网点进行经营。可能有人注意到，徽商银行在南京也有分行。那是因为，2006年起，监管部门逐步放开对城市商业银行跨区域经营的限制，一些城商行开设了省外分行。不过，2011年3月起，监管部门重启了城市商业银行跨区域经营限制。所以我们在南京看到的徽商银行，在合肥看到的杭州银行或者在北京看到的南京银行等，大都是2006—2011年开设的。

● 农村商业银行和农村信用社都是区域性经营，在一般情况下农村商业银行都是由农村信用社演变而来的。当农村信用社的资本充足率、不良贷款率等指标达到一定标准后，可申请转为农村商业银行。转变后无法再享受农村信用社能享受的一些国家优惠政策。农村商业银行与农村信用社相比，产权制度由合作制变为股份制，股权结构和公司治理结构更加合理，股东话语权增强；前者监管标准要比后者高，有利于稳健可持续发展；同时，产品创新的力度将会更强。

● 村镇银行和民营银行都是实行有限牌照管理，在存贷款额度、存贷款对象、经营地域等方面实行有限准入，在经营范围上实行差异化的市场定位和特定战略。在市场定位上，前者满足农户的小额贷款需求和服务当地中小型企业，后者坚持服务小微企业和社区民众。

银行靠什么盈利？

除了央行和政策性银行外，银行主要起到信用中介作用，基本职能包括：信用中介、支付中介、信用创造、金融服务。银行的业务，一方面，它以吸收存款的方式，把社会上闲置的货币资金和小额货币节余集中起来，然后以贷款的形式借给需要的人或企业去使用；在这里，银行充当贷款人和借款人的中介。另一方面，银行为商品生产者和商人办理货币的收付、结算等业务，它又充当支付中介。

长期以来，银行的盈利主要是靠存贷利差，即贷款利息收入除去存款利息支出之后的收益。举例来说，整存整取一年定期利率为2%左右，不同银行有所区别，但是银行贷给借款人一年在5%左右，这3%左右的差额就是银行盈利之一。我们购房按揭款的利率，除了住房公积金贷款外，其他商业贷款年利率大都在5%以上。近年来随着银行业发展，银行的盈利渠道除了存贷利差，还有中间业务收入（小额账户收费、跨行转账收费等）、信用卡业务收入（年费）、销售理财基金类产品、金融智能终端业务消费获利和对冲业务以及票据业务等。

3. 证券公司，有哪些业务？

证券公司作为金融机构是中国金融体系一个重要分支，在证券市场（股票、债券、商品期货、股票期货、期权、利率期货等证券产品发行和交易的场所）上发挥着组织者和参与者的双重身份。我们普通老百姓日常接触证券公司，更多是因为炒股需要开通账户；企业接触证券公司，主要是需要利用资本市场进行挂牌、IPO上市或发行债券等。那么什么是证券公司？中国证券业是如何发展起来的？证券公司有哪些业务呢？

什么是证券公司？

证券是多种经济权益凭证的统称，包括产权市场产品（如股票），债权市场产品（如债券），衍生市场产品（如期货、期权、利率期货）等。证券公司是从事与证券业务相关的公司，分为证券经营公司和证券登记公司。狭义的证券公司是指证券经营公司，是经主管机关批准并到有关工商行政管理局领取营业执照后专门经营证券业务的机构。它具有证券交易所的会员资格，可以承销发行、自营买卖或自营兼代理买卖证券。普通投资人的证券投资都要通过证券公司来进行。

在不同的国家，证券公司有着不同的称谓。在美国，证券公司被称作投资银行或者证券经纪商；在英国，证券公司被称作商人银行；在欧洲大陆（以德国为代表），由于一直沿用混业经营制度，投资银行仅是全能银行的一个部门；在东亚（以日本为代表），则被称为证券公司。

中国证券业发展历程

1987年9月27日经中国人民银行批准，深圳市12家金融机构出资组成了全国第一家证券公司——深圳经济特区证券公司，迄今为止已经走过30多年的历程。截止到2019年2月，中国共有131家证券公司，其中上市公司42家。大致来说，中国证券业发展可以分为以下几个阶段：

中国证券业发展历程

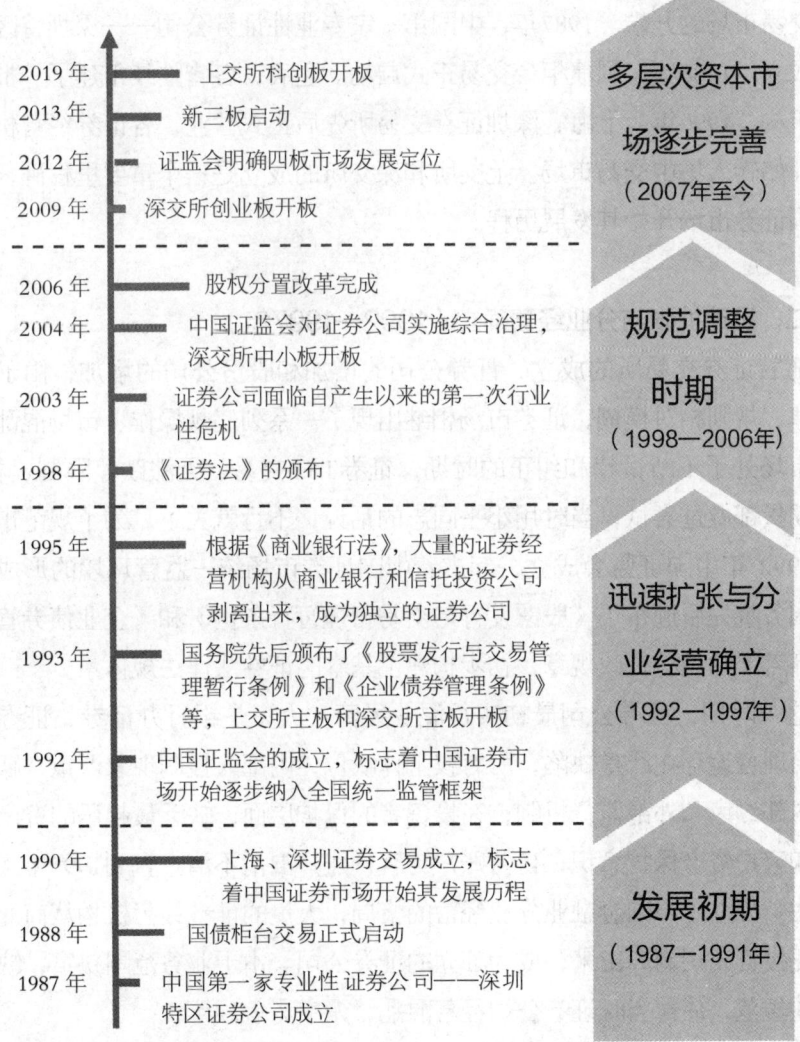

一、发展初期（1987—1991年）

自20世纪80年代开始，中国恢复发行国债，一批中小企业开始进行多种形式的股份制、企业债券的尝试。如1984年7月，北京天桥股份有限公司和上海飞乐音响股份有限公司经中国人民银行批准向社会公开发行股票。随着证券发行的增多和投资者队伍的扩大，对证券流通与发行的中介需求日增，由此催生了最初的证券中介业务和第一批证券经营机构。

1986年9月26日，上海建立了第一个证券柜台交易点，这是新中国证券正规化交易市场的开端。1987年，中国第一家专业性证券公司——深圳特区证券公司成立。1988年，国债柜台交易正式启动。之后，各省陆续组建了一批证券经营机构。1990年，上海、深圳证券交易所先后正式营业，各证券经营机构的业务开始转入集中交易市场。上交所和深交所的成立是一个重要里程碑，标志着中国证券市场开始其发展历程。

二、迅速扩张与分业经营确立（1992—1997年）

随着证券交易所的成立、证券公司的增加和股份公司的增加，由于市场的法律、规则相对模糊，证券市场相继出现了一系列违规操作、市场混乱等问题，市场处于不断试错和纠正的时期，证券T+0交易、无涨跌停限制、权证、国债期货都做过尝试，当时用小平同志的话说，不行就关了。为了规范市场发展，1992年中国证监会成立，标志着中国证券市场统一监管环境的形成。随后，国务院先后颁布了《股票发行与交易管理暂行条例》和《企业债券管理条例》等若干法规和行政规章，初步构建了基本的证券法律法规体系。

这一时期，证券公司最初实行混业经营，大多是银行办证券，证券公司内部治理普遍存在严重缺陷，所有权主体缺位，内部人控制现象严重，缺乏有效的内部约束和外部监督机制；在投资者的保护层面，缺乏最起码的资产隔离机制和客户资产保护意识，自营账户与客户账户混淆不清。直到1995年《商业银行法》确立了中国金融业分业经营的格局，大量的证券经营机构从商业银行和信托投资公司剥离出来，成为独立的证券公司。由于业务范围狭窄，缺少必要行业规范，使得当时证券公司经营混乱、无序竞争。

三、规范调整时期（1998—2006年）

1998年《证券法》的颁布，确立了证券行业的产业属性、产业范围、经营主体等产业要素，奠定了中国证券市场的基本法律框架。随着规范发展，一批实力雄厚、运作规范的大型综合类证券公司如申银万国和国泰君安等迅速崛起，证券行业快速发展壮大。与此同时，政府开始看重证券市场为国有企业解困的融资功能，积极推动国有企业改制上市，并且把证券公司作为活跃市场的主体。不过，由于对证券公司投资业务的风险性考虑不足及监管不当，证券行业开始蕴含大量风险，违规委托理财、账外自营、非法融资和对外担保、操纵市场等时有发生。

随着2001年市场开始步入熊市以及中国加入WTO行业，对外开放逐步展开，行业风险逐步释放和爆发。尤其是2003年底至2004年上半年，一批证券公司的问题急剧暴露，并危及资本市场的安全，波及社会稳定，证券公司面临自产生以来的第一次行业性危机。随后，中国证监会对证券公司实施综合治理，在摸清全行业风险底数的基础上，一方面优胜劣汰，处置和关闭了30多家高风险券商；另一方面鼓励和扶持行业内规范稳健的优质券商做强做大、积极创新。同时，启动了股权分置改革，使中国资本市场逐渐规范发展起来，也使证券公司的发展环境得到改善。

四、股权分置制改革后（2007年至今）

中国证券业自2006年股权分置改革完成翻开了新的一页。自此，中国证券市场逐步走出低迷行情，开始强劲上升。受此影响，证券行业摆脱了多年来连续亏损的局面，业务规模和盈利水平均创出历史新高。不过，2008年，受国际金融危机及国内经济形势的影响，证券行业盈利能力短暂受到较大影响。随后2009年，伴随着各项经济刺激政策的出台和宏观经济向好，加上创业板推出和多层次资本市场体系框架逐步建成以及新股发行体制的进一步改革和完善，证券行业迎来快速发展，虽然市场偶受国内外经济形势的影响，但是整体净利润不断增长。

从长期发展趋势看，一方面随着多层次资本市场体系的建立和完善，新三板、股指期权、科创板及试点注册制等制度创新和产品创新的推进以及行业监管趋于规范完善，中国证券市场逐步走向成熟，证券市场为中国经济提供投融资服务等功能也日益得到突出和体现；另一方面随着传统业务的竞争更加激烈及利润率下降，证券行业创新业务的不断开展，特别是随着融资融券、股票质押式回购交易、约定购回式证券交易等资本中介业务的快速发展以及证券期货互联网业务的出现，证券公司的收入结构将逐步升级，收入来源将更加多样化，并逐步降低证券公司对传统业务的依赖程度，从而降低证券公司利润的波动性。

证券公司的主要业务

证券公司业务范围主要包含：证券经纪；证券投资咨询；与证券交易、证券投资活动有关的财务顾问；证券承销与保荐；证券自营；证券资产管理；其他证券业务。其中以经纪业务、发行与承销业务、资产管理业务、自营业务和融资融券等为主。过去很长时期，证券公司经纪业务和承销业务为证券公司收入的主要来源。近年来，随着同质化竞争加剧和跑马圈地，躺着也赚钱的时代已一去不复返，证券公司开始向服务型转变。下面简单介绍下五大主要业务：

经纪业务

经纪业务又称代理买卖证券业务，最为广大投资者熟悉，为投资者提供代理买卖证券服务。证券公司收取一定比例的佣金作为业务收入，佣金数额是交易量乘以佣金费率，佣金费率国家规定上限是千分之三，现在由于证券公司之间业务竞争，多数都下降到万分之三到万分之五。在早期，经济证券公司主要的业务来源是靠佣金，有些全牌照的证券公司达到收入占比60%以上，一些规模小的证券公司甚至达到收入占比90%以上。

对于投资者来说要购买股票，首先要选择一家证券公司营业部开户，究竟选择哪家证券公司开户与以后购买哪只股票或基金，没有任何关系。证券公司的差别在于佣金费率和服务水平以及便利性等。目前，中国股市是早上9点半开始，上午11点半结束。下午1点开始，3点结束。周六周日和法定节假日休市，不能交易。当日买进的股票，当日不能卖出，要到下一个交易日才能卖出。当日卖出的股票，资金要到第二天才能转出。

发行与承销业务

发行与承销是指证券公司代理证券发行人发行证券（股票或债券）的行为。证券承销业务可以采取代销或者包销方式。包销是指证券公司将发行人的证券按照协议全部购入或者在承销期结束时将售后剩余证券全部自行购入的承销方式，前者为全额包销，后者为余额包销。代销是指证券公司代发行人发售证券，在承销期结束时，将未售出的证券全部退还给发行人的承销方式。另外，承销还有投标承购和赞助推销等方式。证券发行费用一般包括承销费用、保荐费用、其他中介机构费用等。承销费用一般在证券发行费用中所占比重最大，具体数额受发行总量、发行总金额、发行公司的信誉、发行种类、承销方式、发行方式等因素的影响。

当一家发行人通过证券市场筹集资金时，如企业要想IPO（首次公开发行）发行股票募资，或者发行债券，就要聘请券商（证券公司）来帮助它销售证券。证券公司借助自己在证券市场上的信誉和营业网点，在规定的发行有效期限内将证券销售出去。对于企业IPO，券商一般收费分三部分，上市辅导费、保荐费和承销费。辅导费大多只是象征性收些，十万到百万不等，也有券商为了争抢项目不收辅导费；保荐费一般是几百万，在材料报到证监会后收取；承销费是大头，一般是按照实际募集资金的百分比收取，不同项目差别很大，主板中小板最低收费都在2000万以上，创业板也都在1500万以上。

我们通常所说的投资银行（投行）业务，主要就是指发行与承销。除了证券公司外，银行、信托公司等也有投行业务，区别在于产品不同。银行的产品就是各类银行间市场工具，如短期融资券、中期票据、企业债等，信托公司就是一个信托计划。证券公司的投行业务，包括IPO、公司债、中小企业私募债等。根据证监会规定，只有证券公司有资格开展IPO业务。

资产管理业务

证券资产管理业务是证券经营机构在传统业务基础上发展的新型业务，指证券公司作为资产管理人，根据有关法律、法规和与投资者签订的资产管理合同，按照资产管理合同约定的方式、条件、要求和限制，为投资者提供证券及其他金融产品的投资管理服务，以实现资产收益最大化的行为。国外较为成熟的证券市场中，投资者大都愿意委托专业人士管理自己的财产，以取得稳定的收益，避免因专业知识和投资经验不足而可能引起的不必要风险。从证监会批准的业务来说，大致分为三类：集合资产管理、定向资产管理和专项资产管理。

证券资产管理业务本质是信托业务，接受客户的资金或者资产委托，以某个计划的名义进行投资，投资结果返还给投资者。其与我们熟知的资产管理公司完全是两码事。目前，国内四大资产管理公司（信达、东方、长城、华融）是早期给工农中建四大国有银行剥离坏账，专门从事金融不良资产的管理与处置的。

自营业务

证券自营业务是指证券公司以自己的名义，以自有资金或者依法筹集的资金，为本公司买卖在境内证券交易所上市交易的证券，在境内银行间市场交易的政府债券、国际开发机构人民币债券、央行票据、金融债券、短期融资券、公司债券、中期票据和企业债券，以及经证监会批准或者备案发行并在境内金融机构柜台交易的证券，以获取盈利的行为。

融资融券业务

融资融券业务是国内新兴的业务，在香港叫孖展，是指证券公司向客户出借资金供其买入证券或出借证券供其卖出证券的业务。由融资融券业务产生的证券交易称为融资融券交易。融资融券交易分为融资交易和融券交易两类，客户向证券公司借资金买证券叫融资交易，客户向证券公司借证券卖出为融券交易。总体来说，融资融券交易关键在于一个"融"字，有"融"投资者必须提供一定的担保和支付一定的费用，并在约定期内归还借贷的资金或证券。

我们常常听到炒股中的融资融券，通俗地说，就是加杠杆，如果客户有券（股票），证券公司可以按照一定比例借钱给客户，让他加杠杆继续买做多；如果客户有钱，就可以给客户提供融券，让他加杠杆做空。因此，通过融资融券炒股，风险较高。常规炒股不存在血本无归，每日涨跌最高不超过10%，即使估价跌了，股票还在。而一旦采取融资融券，当股票价格触发一定条件，将会进行强制平仓，强制抛售，即股票没了。2008年10月5日，证监会宣布启动融资融券试点。2010年3月31日，中国融资融券交易试点启动，正式进入市场操作阶段。

4. 保险市场，为什么会有"保险都是骗人的"的说法？

保险业，作为金融行业三驾马车之一，也是中国对外开放最早、开放力度最大的金融业。近年来，随着国民经济的提升，中国保险市场经历了蓬勃的发展，为全球增长最快的保险市场之一。按照保费收入总量，仅次于美国和日本，是世界第三大保险市场。不过由于中国保险业发展起步相对较晚，与发达国家市场相比仍处于发展初级阶段，保险深度和保险密度还处于较低水平。以人均保费为例，中国约有280美元，美国是4000美元，日本是3000美元，可见我们的人均保费甚至不到发达国家的十分之一。

目前，我们大多数人主动或被动都有购买和享受保险服务的经历。保险市场根据不同的实施方式划分为自愿保险市场和法定保险市场。所谓法定保险市场，是指依据有关保险法律制度的规定，强制性约束有关保险交换活动的保险市场。国家从维护社会公众利益的原则出发，通过法律的手段来对这类业务进行强有力的干预。**法定保险市场**，主要是指责任保险，如我们最为常见的购买机动车辆，必须购买交保险才能上路，单位给正式员工要依法购买养老保险、医疗保险、生育保险、失业保险、工伤保险（也就是我们通常说的雇主给购买社保中的五险）等。凡是具有这类风险的保险客户必须依法向保险人投保，否则即被视为违法行为。不过，法律只规定保险客户必须投保，但不规定其向哪一家保险公司投保。而自愿保险市场上，由于保险代理人制度和从业人员素质参差不齐以及公众对保险缺乏认识，导致很多人在购买保险后有上当受骗的感觉，因此有"保险都是骗人的"的说法。

中国保险业发展历程

中国保险业发展总体上经历了一个曲折的过程。1949年，新中国第一家保险公司——中国人民保险公司成立，隶属国务院。1958年12月，全国财政会议决定"立即停办国内保险业务"。停办20年后，1979年，随着中国改革开放，保险业务开始逐步恢复，兵团、交行、平安等保险公司相继出现。1992年，友邦成为第一家在国内经营保险业务的外资保险公司。跟随友邦进入中国保险市场的，还有"保险代理人制度"。

中国保险行业的发展

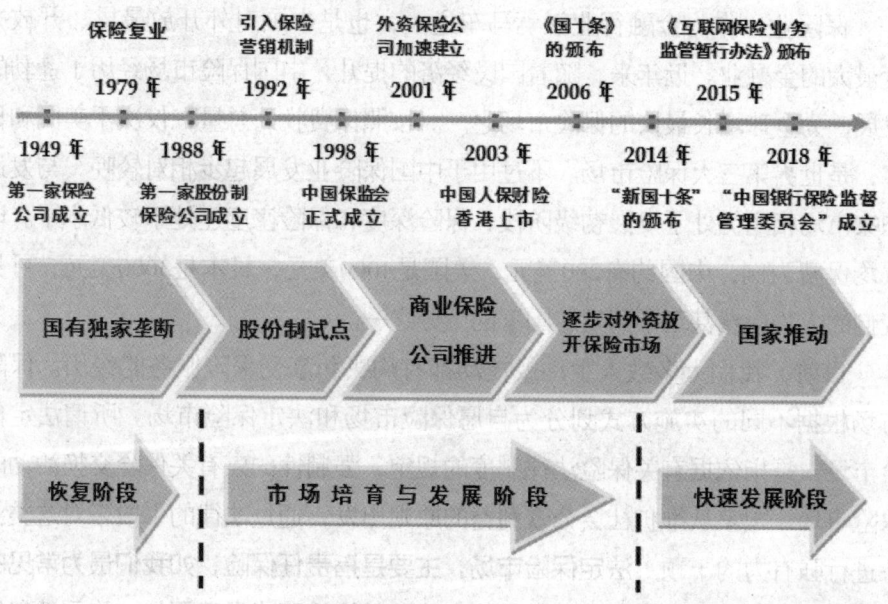

1995年，中国第一部《保险法》出台，为中国保险业日后的发展与改革奠定了法律基础。《保险法》确立的一个基本原则是"分业经营"，为此，中国人保等保险机构开展了"分家"的工作，因此，也成就了日后的人保财险、国寿股份等大型保险企业。1998年11月18日，中国保监会正式成立，它不仅标志着中国金融的分业和专业监管进入了实质性阶段，也意味着中国保险行业管理，在经历了从人保到人行，从非银行司到保险司之后，终于成为一个独立和专门的行政管理部门，开启了中国保险业发展与监管的新时代。

2003年，中国人保财险在香港联交所挂牌上市，成为中国金融业海外上市"第一股"，之后，就有了中国人寿、中国平安、中国太保、中再集团等保险机构在H股和A股市场的上市浪潮。2007年，中国全面启动"政策性农业保险"业务，开启了中国农业保险发展的新时代。2013年，中国保监会批复众安在线设立，标志着互联网保险在中国诞生。2018年中国保监会与中国银监会合并，金融监管开启"新银保时代"。

市场概况及业务分类

现阶段，中国保险市场整体格局主要以中国商业保险公司为主，国内外保险公司并存，多家保险公司竞争。由于中国经济的快速发展，不断扩大对外开放程度，商业保险市场不断放开，使得大量的外资保险机构涌入中国市场。

根据银保监会网站公开信息，截至2019年1月底，中国有保险集团控股公司12家、财产保险公司87家、人寿保险公司96家、再保险公司12家、保险资产管理公司24家、外资保险公司代表处190家。数据显示，2018年中国原保险保费收入达到38万亿元，其中10.77万亿元来自财产险业务，27.25万亿元来自人身险业务。而人身险中，寿险收入20.72万亿元，健康险收入5.45万亿元，人身意外伤害险收入1.08万亿元。

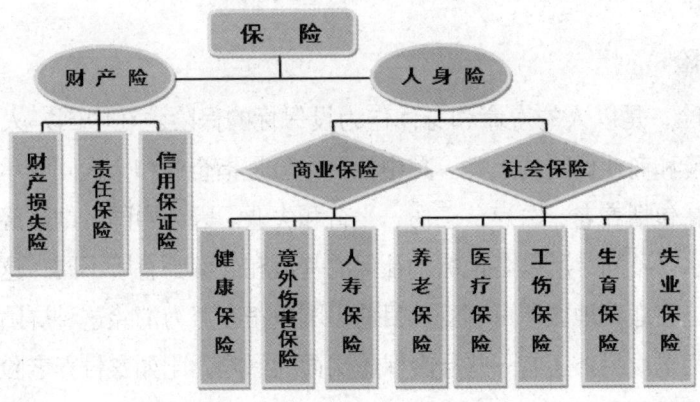

我国保险业分类

财产险

财产险是指投保人根据合同约定，向保险人交付保险费，保险人按保险合同的约定对所承保的财产及其有关利益因自然灾害或意外事故造成的损失承担赔偿责任的保险。财产险一般包括：财产损失险、责任保险、信用保证险三类。

1.财产损失险：顾名思义就是对个人、家庭或企业所拥有的财产进行保险，在发生损失时由保险公司承担该部分损失的补偿。比如，有车一族每年都要购买的车险、快递公司对我们邮寄物品的保险、担心家里房子失火、水淹或者被盗所投的保险等。

2.**责任保险**：责任保险是指以保险客户的法律赔偿风险为承保对象的一类保险。比如，我们车险中的第三者责任险，小区物业为小区基础设施购买的公众责任险，电器厂商为自己产品购买的产品责任险，还包括很多企业给自己员工购买的雇主责任险、航空延误险等，都可以在因为所投保对象给他人造成损失而需要赔偿时，由保险公司代为赔偿。

3.**信用保证险**：就是以信用风险为保险标的保险。这种保险的投保人必须为企业，也就是作为个人是不能购买的。

财产险在进行保险补偿时有两个重要的原则：一是"损失补偿原则"，通俗说就是有多少损失，保险公司赔多少钱。当然，如果保险额度小于损失的话，就只能按保险额度进行赔偿，额外损失只能自行承担。二是"重复保险分摊原则"，财产险原则上一个风险标的只能投保一次，如果同时投了几份保险，最终的赔偿也不是每份保险都赔偿一次该损失。不过该原则不适用于人身险。

人身险

人身险，是以人的寿命和身体作为投保标的保险。在中国，人身险又分为社会保险和商业保险两大类。其中社会保险是指企业和个人同时承担投保义务的保险，包括养老、医疗、工伤、生育和失业。因为中国各地区经济发展程度和收入水平不同，所以各地缴纳社保的基数和金额都有所不同，这也导致社会保险只能在缴费地区才可享受，目前中国也正在努力消除这种屏障，尤其以医疗保险为重。另外还有一些社会保障层面的保险，比如农村养老险和农村合作医疗都属于此类范畴。

商业保险主要包括健康保险、意外伤害保险和人寿保险三类。

1.**健康保险**，又可以分为疾病险、医疗险和收入保障保险。疾病险一般不包括因意外伤害所致的各项损失。医疗险是指商业医疗保险，是作为社保医疗保险的重要补充。收入保障保险指以因意外伤害、疾病导致收入中断或减少为给付保险金条件的保险。

2.**意外伤害保险**，是以意外伤害而致身故或残疾为给付保险金条件的人身保险。对于残疾的标准一般分为多个级别，各级别的程度要参考相关的行业标准。残疾和身故的赔付都是给付型。而有一种特殊的意外伤害保险责任，就是由意外伤害导致的治疗费用，部分意外伤害保险会对该部分损失进行报销，但与医疗保险的区别在于，医疗保险除意外伤害外包括其他疾病的治疗赔付。

3.人寿保险，以被保险人的寿命为保险标的，且以被保险人的生存、全残或死亡为给付条件的人身保险。在此基础上，寿险一般还能分为定期寿险、终身寿险、两全型保险和年金保险。人寿保险全部为给付型。人寿保险因为涵盖身故责任，在即将开征遗产税的大背景下，保险受益人如果为遗产继承人，在被保险人身故时所得的该笔资金可以绕过遗产税。

商业保险的理赔主要有三种形式：给付型，即发生保险事故或符合理赔条件时，保险公司按照合同约定的金额一次性或分固定的多次将保额支付给被保险人；报销型，即发生保险事故或符合理赔条件时，保险公司将被保险人因为出险事件实际支出或实际损失，将在保额范围内的金额支付给被保险人；津贴型，主要用于发生保险事故时，被保险人不能参加工作造成的收入损失，以及因为住院治疗产生的必要间接费用等的损失的赔付，一般是按保险合同约定的金额支付。

为什么会有"保险都是骗人的"的说法？

尽管我们的生活离不开保险，但是社会上很多人都对其存在一些误解，甚至有"保险都是骗人的"的说法，对从事保险销售的人员也带有有色眼镜。究其原因是保险代理人制度。1992年，友邦（一家外资独资寿险公司）在中国成立，并首次引入寿险代理人制度，国内各保险公司纷纷效仿。可以说代理人制度的引进，造就了中国保险业的今天。一方面推动了保险业的发展，另一方面，代理人制度的残酷现实，以及保险公司的"人海战术"和"员工就是客户"的策略，也给行业带来很大的负面影响。

1997年，中国保险市场全面扩张后，大批人涌入这个行业。代理人的残酷现实让高学历者和高素质人才纷纷退出这个行业，于是就形成了恶性循环，从业人员专业素质参差不齐，也许我们可以理解为什么后来大多数人对"保险代理人"这一职业或多或少不那么尊重的原因。哪怕我们再需要保险，也对卖保险的代理人避而远之，一听卖保险的就觉得是做传销的。

2007年，中央财经大学教授、保险行业的著名学者郝演苏估计出了一个惊人的数据：按照该行业每年70%的人员淘汰率，寿险业在中国发展的15年间

（从1992年开始），总计有2500万人做过或正在做保险营销。相当于每50个中国人中，就有一个是卖过保险的。甚至还有人推算，每10个人中就有1个卖过保险。由此可见当时保险代理人的素质层次不齐。

与其说保险都是骗人的，不如说卖你保险的人有不少是骗人的更准确。由于保险代理人的准入门槛很低，几乎没有对专业性或相关从业经验的要求，也就是说是个人就可以来卖保险，结果就可想而知了。当然，多数保险代理人本意并不是想骗客户，只是自身缺乏专业性，在推销时没有完全讲清。而客户一旦需要理赔时，发现很多"陷阱"条款，无法获得赔付，自然就有被骗的感觉了。

随着金融业的进一步对外开放和保险业的发展，国民的保险意识也会逐渐增强，很多优秀的高素质人才将会重新涌入保险行业，同时，伴随着代理人专业性的真正普遍提高和公众对保险的认知增强，整个行业形象必能不断改善。

险资入市为何被称为"压舱石"？

中国保险业恢复经营已经40年，依法参与资本市场投资也已近20年。高额的保险资金参与资本市场运行是金融发展需要，一方面资金的参与可助推资本市场健康发展；另一方面也能分散风险和产生增值保值。数据显示，截至2018年底，保险业总资产18.3万亿元，较年初增长近10%。其中，产险公司总资产2.35万亿元，较年初下降约6%；人身险公司总资产14.6万亿元，较年初增长约11%；再保险公司总资产3649.79亿元，较年初增长16%；资产管理公司总资产557.34亿元，较年初增长13%。险资运用余额方面，保险资金运用余额为16万亿元，较年初增长10%。具体来看，银行存款2.4万亿元，占比14.85%；债券5.6万亿元，占比34.36%；股票和证券投资基金1.9万亿元，占比11.71%；其他投资6.4万亿元，占比39.08%。

作为市场的主要参与者之一，保险资金在维护上市公司和资本市场稳定健康发展方面起着重要的作用，也被看作资本市场上的"压舱石"。尤其是在近段时间，监管部门鼓励险资入市，鼓励保险公司使用长久期账户资金，增持优质上市公司股票和债券，拓宽专项产品投资范围，加大专项产品落地力度。从目前中国险资运用方面来看，债券市场较高，以长期配置为主，股票市场投资还有待提高。为了鼓励险资加速进入股市，银保监会推出两项举措：一是支持保险公司开展价值投资、长期投资，研究推进保险公司长期持有股票的资产负债管理监管评价机制；二是对于保险资金一般股票和重大股票投资等，依法合规加快有关备案、核准工作。

5. 投资基金需要牌照吗？私募 VS 公募，证券 VS 股权

近年来，"基金"成为一个热词，基金行业成为毕业生向往的高收入行业，一些地方以特色小镇之名规划建设基金小镇，政府和企业都在成立产业基金，诸如此类的话题很多。尽管很多人都听说过基金，但是并不清楚基金到底是什么意思，我们大部分人平时接触到的基金，多是通过股票账户购买的证券基金。这与投资非上市企业的风险（股权）投资基金、天使投资基金和各地设立的产业基金有很大区别。

一般来说，向社会公开募集资金投资证券市场的基金设立需要报中国证监会审批，市场交易也有明确的要求。而非公开的私募基金，可以投向证券市场，也可以对非上市企业进行股权投资，相对于公募基金投资较为灵活，虽然注册不需要证监会审批，但是对投资者人数和投资数额有明确的限制。

投资基金概述

投资基金，是20世纪最后30年来国际上发展最迅速的金融投资工具，在许多发达国家已经成为与银行、保险并列的三大金融业支柱。投资基金的品种十分丰富，可以从不同角度分类。从投资对象上，可以划分为证券投资基金和直接股权投资基金两大类，分别投资于可流通证券和未上市企业的股权；从募集方式上，可分为公募投资基金和私募投资基金；从组织形式上，可分为公司型、合伙型和信托型；从基金与投资者之间的交易关系上，可分为封闭式投资基金和开放式投资基金。

投资基金分类

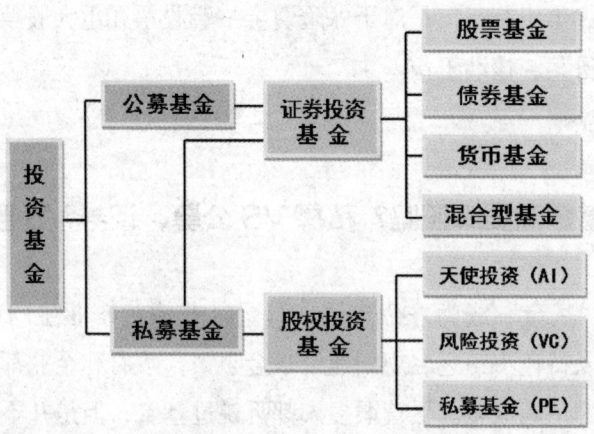

中国投资基金起步于1991年，其发展大致经历了三个阶段。第一阶段（1991—1997年）。1991年10月"武汉证券投资基金"和"深圳南山风险投资基金"成为第一批成立的投资基金。随后，多家投资基金经各级人民银行或其他机构批准发行，一些基金经中国人民银行批准发行，并在上交所挂牌交易。第二阶段（1997—2007年）。1997年10月《证券投资基金管理暂行办法》的出台和2004年《证券投资基金法》的颁布与实施，标志着中国证券投资基金逐步进入规范发展阶段。与此同时，风险（股权）投资行业也迎来了快速发展，并逐步规范。第三阶段从2008年至今，中国投资基金业进入快速发展阶段。

截至2018年12月底：中国境内共有公募基金管理公司120家，其中中外合资公司44家，内资公司76家；取得公募基金管理资格的证券公司或证券公司资管子公司共13家，保险资管公司2家。以上机构管理的公募基金资产合计13.03万亿元。已登记私募证券投资基金管理人8989家，基金35688只，基金规模2.24万亿；私募股权、创业投资基金管理人14683家，基金27176只，基金规模7.71万亿元；其他私募投资基金管理人776家，基金5270只，基金规模1.94万亿元。

证券投资基金（公募 VS 私募）

1998年3月，南方基金和国泰基金经证监会批准，分别发起并设立了两支规模均为20亿人民币的封闭式基金，标志着中国证券市场公募基金行业起步。

2001年9月，中国第一只开放式基金诞生。此后，开放式基金逐渐发展，成为基金设立的主要形式。2004年中国《证券投资基金法》（注：2013年重新修订并施行）正式实施，以法律形式确认了证券投资基金在资本市场及社会主义市场经济中的地位和作用。发展至今，公募基金已经走过整整20年，规模从40亿变为13万亿元，其中包含有大量货币基金。现在，公募基金已经成为二级市场最大的机构投资者，同时也是普通家庭金融资产配置的重要手段。我们股市投资者通过股票账户购买的基金，即是证券投资基金。

证券投资基金概念

证券投资基金，按照募集方式可以分为公募基金和私募基金；按投资标的分类，可以分为债券基金、股票基金、货币市场基金、混合型基金。公募基金，是指经证监会批准，通过发售基金份额募集资金形成独立的基金财产，由基金管理人管理、基金托管人托管，以资产组合方式进行证券投资，基金份额持有人按其所持份额享受收益和承担风险的投资工具。私募基金是指通过非公开方式向少数机构投资者和富有的个人投资者募集资金而设立的基金，它的销售和赎回都是基金管理人通过私下与投资者协商进行的，主要模式有信托型、合伙型和公司型。在这个意义上，私募证券投资基金也可以称为向特定对象募集的基金。

公募和私募重要区别

● 募集对象：由于私募基金相对来说风险更大，根据规定单个投资人购买私募基金的最低金额必须不少于100万元，不能拆分。而且投资者人数也有限制，一般合伙型基金不超过50人，信托（契约）型基金不超过200人。而公司型基金，有限公司不超过50人，股份公司不超过200人。公募基金的投资门槛可低至100元，适合广大的普通投资者。

● 信息披露：私募基金在信息披露方面要求比较低，具有较强的保密性。而公募基金则要求比较严格，要对投资目标、投资组合等信息进行及时披露。

● 投资限制：公募基金在投资品种、投资比例、投资与基金类型的匹配上有严格的限制，如对同种股票有着10%的投资比例限制。然而私募基金投资仅由协议约定，一旦私募基金发现了一个价值被低估的股票，他们可以尽可能多地去买这只股票，私募基金还可以做公募基金禁止操作的做衍生品和一些跨市场的套利。

●收入来源：公募基金的收入来源于固定管理费，由于公募基金的规模较大，依靠向投资者收取固定管理费用便可维持正常运作。私募基金的收入来源主要是业绩收益的分配，而不是管理费，给客户创造盈利越多，他们的收入越多，这也促使了基金管理者会想方设法地提高基金的收益率。

●法律监管：公募基金设立较为严格，根据目前规定，一只公募基金要发行成立，须达到2亿元发行规模和认购户数200户的基本门槛。此外，公募基金募集期限自基金份额发售之日起不得超过3个月。而私募基金采取备案制，则没有严格的限制。

私募股权投资基金

私募股权投资基金是从事非上市公司股权投资的基金。主要包括投资非上市公司股权或上市公司非公开交易股权两种。追求的不是股权收益，而是通过境内外资本市场上市、管理层收购和并购等股权转让路径出售股权而获利。私募股权投资基金，按投资方式和操作风格可以分为风险（创业）投资基金、产业投资基金和并购投资基金等。其中风险投资基金较为常见，以至于大家常把私募股权投资基金当作风险投资基金。业内人士，一般是根据投资阶段，分别把投资于早、中、后期的私募股权投资叫做天使投资、风险投资和PE。

私募股权投资基金在中国的探索与发展，就是从风险投资开始的。20世纪90年代之后，随着中国第一个风险投资机构成立，大量的海外私募股权投资基金开始进入中国，但由于缺乏退出渠道，发展并不顺利。直到2004年，深圳中小企业板正式启动，为私募股权投资在国内资本市场提供了IPO的退出方式，中国私募股权投资基金真正迎来了发展机遇。同时，以百度、新浪、搜狐、携程等为代表的一批留学人员回国创办企业，不仅给国内带回了大批风险投资，还带来了这种全新的融资模式，极大地催化了中小企业的成长，在客观上推动了中国私募股权投资基金的发展。

中国的私募股权基金设立，借鉴了美国对其的有关规定。如，美国对私募股权投资基金募集对象或投资者的范围和资格也有一定要求，最早设定一只基金投资者人数不能超过100个人，投资者资格要求年收入在20万美元以上，机构投资者净资产必须在100万美元以上。1996年以后标准作出调整：投资者人数扩大到500人，个人投资者资产特别是金融资产规模在500万以上。中国现行规定是要求投资者投资最低金额必须不少于100万元，人数根据基金公司设立类型有所不同，一般合伙型基金不超过50人。

私募股权投资基金，操作方式可以分为六种：1）公司制，就是法人制。2）信托制，是指信托公司将信托计划下取得的资金进行权益类投资。3）有限合伙制，由2个以上50个以下合伙人设立，由至少一个普通合伙人(GP)和有限合伙人（LP）组成。普通合伙人对合伙企业债务承担无限连带责任，而有限合伙人不执行合伙事务，也不对外代表有限合伙企业，只以其认缴的出资额为限对合伙企业债务承担责任。4）"公司+有限合伙"模式，基金管理人为公司，基金为有限合伙制企业。5）"公司+信托"模式，结合了公司和信托制的特点。6）母基金，是一种专门投资于其他基金的基金。从国内现状来看，"公司+有限合伙"是较为普遍的私募股权投资基金操作方式。

私募股权投资基金的特点，可以概括为五点。1.资金募集：主要通过非公开方式面向少数机构投资者或个人募集，它的销售和赎回都是基金管理人通过私下与投资者协商进行的。另外在投资方式上也是以私募形式进行，绝少涉及公开市场的操作，一般不需要披露交易细节。2.股权投资：多采取权益型投资方式，绝少涉及债权投资。PE投资机构也因此对被投资企业的决策管理享有一定的表决权。反映在投资工具上，多采用普通股或者可转让优先股，以及可转债的工具形式。3.投资对象：一般投资于非上市企业，绝少投资已公开发行公司，不会涉及要约收购义务。4.投资期限：投资期限较长，一般可达3至5年或更长，属于中长期投资。5.退出方式：投资退出渠道多样化，有境内外资本市场公开上市、股权转让、标的公司管理层回购和破产清算等。

政府如何设立产业基金？

中国的产业投资基金，作为私募股权投资基金的一种，也是专注于未上市企业的股权投资，并以其所投资企业发育成熟后通过各种退出方式实现资本增值，进行新一轮的股权投资。

在中国，产业投资基金的发展，最初是境外产业投资基金在国内设立的中外合资、合作型的基金，主要投资于中国概念或境内企业，一般都在名称上冠以"中国××产业投资基金"。1995年国务院批准颁布了《设立境外中国产业投资基金管理办法》，这是关于中国产业投资基金的第一个全国性法规，从而使得外资产业投资基金能够抢先占据中国市场。

1998年1月16日，国内第一只中外合资产业基金中瑞合作基金在北京成立，主要为中瑞中小企业间合资项目和其他形式的合作提供融资支持。

2003年5月，中国—东盟中小企业投资基金由国家开发银行作为发起人之一，代表中国政府参与发起成立。

2004年11月18日，中国—比利时直接股权投资基金在北京注册成立，作为该基金的基金管理人，也是中国第一家经发改委、商务部等国家主管部门批准设立的产业基金管理公司，海富产业投资基金管理有限公司在上海注册成立。

2006年12月30日，国内第一家全中资背景的产业投资基金—渤海产业投资基金正式挂牌成立，渤海产业投资基金规模200亿元，投资方向为渤海新区金融商贸业，以及空港物流、海洋及循环经济、海港物流、化学工业和休闲旅游等产业。渤海产业投资基金不仅是中国第一只契约型产业投资基金，也是第一支中资产业投资基金和第一只大型产业投资基金。

之后，产业投资基金的试点不断展开，2007年批准设立了中新高科产业投资基金、山西能源基金、广东核电及新能源产业投资基金，2008年设立了上海金融产业投资基金、重庆基础设施产业投资基金、中国国防产业基金、绵阳科技城产业投资基金、天津船舶产业投资基金。

现状和设立特点

目前，中国各地的产业投资基金在设立过程中有政府不同程度的参与，设立的目的主要是促进某个区域的产业发展和配合地方政府重大项目招商引资，募集的渠道往往是当地的大型国有企业或社保基金，因此带有较强的行政色彩。相比之下，通常所说的私募股权投资基金的设立大多是非行政非官方机构，民间资本的色彩更浓。

作为一个"洋生土长"的概念，产业投资基金至今还没有官方权威的定义。国家发改委公布的《产业投资基金管理暂行办法》（讨论稿）表述，产业投资基金是指一种对未上市企业进行股权投资和提供经营管理服务的利益共享、风险共担的集合投资制度，即通过向多数投资者发行基金份额设立基金公司，由基金公司自任基金管理人或另行委托基金管理人管理基金资产，委托基金托管人托管基金资产，从事创业投资、企业重组投资和基础设施投资等实业投资。

2014年新预算法和43号文出台后，地方政府主要的传统融资渠道——地方融资平台全面受限，产业投资基金得到快速发展，成为地方政府争相推进的一种新型融资渠道。2015年以来，国内政府引导的产业投资基金数量和规模呈现井喷状态，从区域分布上，已形成以长三角、环渤海地区为聚集区域，并由东部沿海地区向中西部地区全面扩散的分布特征。清华大学中国金融研究中心和展恒理财联合发布的《政府引导基金报告》显示，截至2018年10月，全国共有2041家政府引导基金，总募资规模达3.7万亿元，募资目标规模为11.8万亿元。其中以往发展非常缓慢的基础设施基金和企业重组基金也处于迅速爆发的阶段，成为各级政府争相推进的一种产业投融资方式和金融创新形式。

由于**国家财政部对政府出资监管较为严格，各地政府为了绕开监管，通常不是直接出资设立，而是通过注资国有企业**，**由国有企业参股设立，撬动社会资本**。从国内近期成立的产业投资基金现状来看，可以归纳出六个特点：发起人，一般是地方政府直属国有企业；资金规模较大，甚至上百亿；资金来源，一般为国企撬动社会资本；资金投向，往往为政策倡导支持的某一具体行业或企业，投向明确，甚至一般是先明确投向，再成立基金；**设立审批，政府直接出资的须经当地政府审批后报国家发改委批准设立，国有企业参股设立的与一般民间私募股权投资基金设立无差别**；投资模式，一般是股权投资方式，少数也有债权投资或名股实债。

什么是货币基金？"余额宝"的利率为什么高？

货币基金最早产生于20世纪70年代，美国是聚集社会闲散资金，由基金管理人运作，基金托管人保管资金的一种开放式基金，专门投向风险小的货币市场工具，区别于其他类型的开放式基金，具有高安全性、高流动性、稳定收益性的特点，具有"准储蓄"的特征。据Wind数据显示，截至2018年7月，在中国12.86万亿元的公募基金资产中，货币基金占了绝大部分，占总规模的65.58%。究其原因是股市和债市发展尚不成熟，波动大且牛市短熊市长，因此安全性高、收益相对稳定的货币基金成为投资者的首选。

中国第一只货币市场基金产品于2003年10月成立，此后中国货币基金的发展出现了4次高峰。分别是：第一次货币基金发展的初期，多项政策出台；第二次的高峰发生在2008年金融危机期间，由于股市大跌，市场风险偏好下降，大量资金流入货币基金；第三次扩张高峰是在2011年至2012年间，同样受股市低迷的影响，资金不断流入货币基金；第四次高峰则是在2013—2014年，主要是互联网金融兴起，并开始进入货币基金领域，尤其是余额宝的出现。

2013年6月，余额宝的诞生，可以说是一次全国性的理财启蒙，点燃了大众对货币基金的热情，也标志着货币基金的发展进入了新的阶段。由于余额宝问世之日，正值中国货币市场在经历一场前所未有的"钱荒"，银行间同业拆借市场利率飙升，余额宝收益一度超过6%，高利率加上蚂蚁金服的流量优势，让货币基金——天弘基金一炮打响。此后腾讯、百度、京东等互联网巨头纷纷入局，开启"互联网宝宝类"货币基金理财新时代。各大银行为了应对挑战，纷纷推出类余额宝产品，比如平安银行推出"平安盈"，民生银行推出"如意宝"等。

余额宝的主要收益来源在哪里呢？为什么收益率会时而上涨或下降进行波动呢？其实余额宝的主要收益就是银行存款，只不过是作为大额存款而已。同样是存款，大额存款和小额存款相比明显前者的收益要更高一些。所以我们可以把自己的收益看成是余额宝收集了大家的钱，然后到银行做了大额存款，接着再从这个存款收益中分出一部分给大家。那么，大家都知道银行的存款利息是会有所波动的。当银行资金充足市场并不缺钱或者货币政策宽松的时候，银行的利息就会降低，这个时候作为大额存款的余额宝自身收益降低了，跟在后面的我们的收益自然也就会降低。反之，若银行需要的存款增多自然就会提升一定的利息，从而带动着余额宝收益率上涨。

6. 金融业对经济发展的贡献，城市如何发展？

金融是经济活动的血脉，在国民生产、交换、分配、消费等经济活动中起着至关重要的作用。金融业既是社会经济运行质效的有力保障，也是供给侧改革的重要支撑，还是社会各阶层财富积累与传承的助推器。把金融搞活了，整个经济皆活。近年来,地区竞争力话题备受瞩目,而一个重要的衡量指标是金融资源的占有。我们熟知的经济发达城市,金融资源占有也极为集中,如北京、上海、深圳等一线城市。

因此,为了加快地方经济发展,进一步发挥金融集聚支撑作用,全国不少城市在"十三五"规划或重点工作中纷纷提出规划建设区域金融中心。那么一个城市如何发展金融业呢?从中国大多数城市金融业发展历程和现状来看,长期以来主要还是依靠市场,依托商业化的金融机构和金融市场自由发展,缺乏城市整体规划。近年来,一些城市逐渐意识到金融业作为现代服务业的一个产业对地方经济发展有较大贡献,尤其是税收较高,地方政府开始加强金融业的规划和培育以及招商引资,有些还明确提出要建设区域金融中心。

金融业对经济发展的主要贡献

金融是现代经济的核心,通过其特殊的产品和服务推动经济的增长,并主要从以下三个方面对国民经济发展做出贡献。

一是金融业增加值是GDP重要构成。金融业增加值是指金融业的全部基层单位一定时期内新创造出来的价值之和。按照核算国民经济的收入法计算,金融业增加值是金融从业人员报酬、固定资产折旧、生产税净额以及金融机构营业盈余等项目的总和。金融业增加值比重则是金融业的相对规模,反映了金融业在国民经济中的地位和金融业发展程度。从中国实践看,金融服务业增加值占GDP比重在20世纪90年代和21世纪前10年平均分别为5.32%和5.01%。进入21世纪之后,从整体上来讲,随着中国经济和金融业的迅速发展,金融业增加值占GDP的比重呈上升走势,近几年持续维持在8%左右。

二是金融业对区域经济水平具有显著的正向关系。近10年来,随着中国金融改革的深入推进,在北京、上海、深圳等一线城市,金融业发展迅猛,已经成为部分经济发达省市的支柱产业,对这些区域的经济发展做出了巨大贡献。例如,金融总部云集的北京,2017年金融业实现增加值4655.37亿元,占全市GDP的比重高达16.62%,对经济增长的贡献率近40%,成为北京的第一大服务行业;致力于打造国际金融中心的上海,2017年金融业增加值5330.54亿元,位居全国首位,占地区GDP的比重高达17.4%,对经济增长的贡献率超过40%。通过2017年中国各省金融业增加值占比可以看出,东部地区的金融业增加值GDP占比平均水平要显著高于中西部地区，金融行业对区域经济发展的支撑作用较为突出。

三是金融业税收是国家财政收入的重要来源。近年来，金融业税收快速增长，税收收入占比显著提高，税收贡献突出，已成为中国税收收入高速增长的重要动力之一。数据显示，2010—2014年全国金融业合计缴税50550亿元，占同期全国总税收收入的10%，金融业税收贡献年平均复合增长率约为23%。显然，金融业税收的增长速度和贡献率在众多行业中处于领先地位。而在一些金融业集聚城市，金融业税收贡献更高。以北京为例，2018年上半年，金融业完成地方财政公共预算收入528.71亿元，占全市财政收入比重为16.3%，增收贡献率达34.4%。

城市发展金融业的举措

尽管目前中国已经形成了以上海为核心的长三角，以广州和深圳为核心的珠三角以及以北京为核心的环渤海三大金融集聚区，北京、上海、深圳也成为公认的全国三大金融中心，但是由于金融活动的复杂性和多样性以及资源分布的不均衡，金融中心打造并不具有普遍性。因此，各地可以结合自身实际，进行差异化竞争，选择与自身产业结构相适应的特色业务来推动金融业的集聚发展，建设不同层次和功能互补的区域金融中心，辐射本地区乃至周边省市。

● **杭州经验**

在区域金融中心建设和金融业发展方面，作为"新一线"城市的杭州，互联网金融和金融科技以及玉皇山南基金小镇发展经验值得参考。在区块链、大数据等高新技术不断应用于金融业，金融科技成为新一线城市重要发展契机的背景下，杭州依靠阿里巴巴为代表的互联网公司积聚的优势，在《金融业发展"十三五"规划》中提出了"新金融"概念，拟到2020年把杭州建设成以互联网金融创新和财富（资产）管理为特色的全国一流新金融中心和区域金融中心。目前，依托活跃的互联网创业氛围和众多的互联网金融企业，杭州已形成以蚂蚁金服为龙头，恒生电子、同花顺、连连支付等金融科技企业共同发展的格局。另外，基金小镇也成了杭州一张新名片。2017年，杭州金融业规模就迈入了"千亿元俱乐部"。

● **贵阳模式**

除了杭州经验外，对中西部地区来说，金融业基础条件不高的贵阳发展金融业的做法也值得参考。在技术革命兴起的当下，区位对城市发展的影响程度在减弱，把握技术的趋势，贵阳在金融大数据业务上也抢到了先机，成为差异化发展的典范。地处西南山区的贵阳，自2013年谋划发展大数据产业，经过5年的时间，"大数据"已成为地区的标签。而利用大数据的先发优势，贵阳致力于构建大数据金融产业链，打造金融城。目前贵阳已引入30余家银行、保险机构、102家新金融企业以及全国首个互联网金融特区、全国首个大数据交易所和全国首个众筹金融交易所的落户，以大数据为中心的金融产业链已经基本成型。随着大数据金融中心的建设，贵阳金融业也将会迎来新一轮发展。

对于中国大部分城市来说，发展金融业的几个举措：一是要因地制宜，统筹规划，营造良好的政商环境，推动金融业在城市或区域逐步形成集聚，避免城市内部各区之间恶性竞争；二是要明确发展方向，在科技与金融融合发展以及金融创新不断的大背景下，可以因地制宜，适当选择私募股权投资、科技金融、农村金融、消费金融、供应链金融、绿色金融、文化金融等一个或多个领域为重点发展方向，出台优惠政策，加大扶持力度；三是要用好金融工具，壮大本地区的实体经济，尤其是借助资本市场，培育、鼓励更多企业上市；四是要善待民营企业，提高民企活力，促进财富创造，并向资本转化。

区域性金融中心建设

近年来，地区竞争力话题备受瞩目，"一线城市""准一线城市""新一线城市""二线强""二线弱"等概念层出不穷。特别是近几年，城市之间掀起了一拨拨的"抢人大战"，送钱、送房、送户口，简化各类手续办理流程，都在想尽办法招揽人才，这是一场事关城市未来的流量战争。抢人大战背后，其实是城市与城市间、省份与省份间的竞逐。要想在城市竞争中胜出，金融资源的占有更为重要。对于地区经济，有人将资本比作血液，实体产业比作躯干，金融中心则为心脏，源源不断把血液输送到全区域的各个器官，支撑其运行和发展。地区之间的资金流向，最终影响到一地的GDP和财富增长。因此，全国不少城市纷纷提出规划建设金融中心。

如何衡量区域性金融中心？一个重要指标是金融业增加值占GDP的比重。

国家统计局颁布的《国民经济行业分类与代码》显示，中国金融业由货币金融服务、资本市场服务、保险业以及其他金融活动四个子行业组成。因此，金融业增加值由银行业、证券业、保险业和其他金融活动四个子部门加总得来。国际经验表明，金融业发达的国家，其金融业增加值占GDP的比例也相对较高。金融业有集聚效应，其占GDP的比重是一个反映经济体金融业价值创造能力和经济结构的重要指标。通常，金融业增加值占GDP的比例不低于5%，占比越高说明金融业越发达，有成为金融中心的潜力。如上海金融业GDP占比17%。当然衡量一个地区是不是金融中心，除了GDP占比指标外，还要看其金融交易量占区域交易量的比例以及市场的开放程度等。

金融中心建设在全国遍地开花，凸显了地方政府对发展金融业的青睐。究其原因大致可以分为以下四个方面：一是金融业是可以很快见效的行业，不像制造业等产业需要较长的固定资产投资周期，还需要建一些配套的基础设施等，能很快见产值和效益。二是金融业是纳税大户，在很多实体企业效益越来越不好、纳税越来越少的情况下，金融业仍然贡献稳定且大额的税收，对当地的财政有巨大的支持作用。三是金融业属于第三产业，金融业的发展可以提升当地的第三产业产值占比，对当地政府来说属于重要的政绩，尤其是当前对地方政府的考核越来越重视产业结构的改善。四是发展金融业可以更好地支持当地政府的各项投资，政府平台贷款和地方债需要依靠当地金融机构来投放、发行、承销和购买，因此发展金融业对地方政府的财政投资也有很大的好处。

基金小镇成功案例——玉皇山南基金小镇

近年来，为推动地方金融业发展，以基金小镇、金融小镇等命名的金融特色小镇如雨后春笋在全国多个地方兴起。如何规划建设呢？浙江省首批重点特色小镇之一——玉皇山南基金小镇给出了一个成功的模式。正因如此，每年该小镇吸引全国各地大批的领导干部和业内同行参观学习。

玉皇山南基金小镇，位于浙江省杭州市上城区，2015年5月17日正式揭牌，是浙江省首批重点特色小镇之一。基金小镇核心区规划总占地面积2.5平方公里，总建筑面积约30万平方米。仿效"格林尼治—纽约"错位发展模式，推动私募金融集聚发展。截至2018年4月，基金小镇累计入驻企业2589家（包括：各类私募股权基金、私募证券期货基金、量化投资基金以及相关财富管理中介机构等），总资产管理规模10599亿元，税收超43亿元，吸引国内外专业金融人才5000余名。

总结玉皇山南基金小镇成功经验，大致可以归纳为以下几个方面：

一是市场化运作模式。基金小镇，按照政府引导、企业为主体、市场化运作的原则，依托玉皇山南建设发展公司为投资建设主体，充分发挥市场在资源配置中的决定性作用，主导小镇的发展。同时，以美国格林尼治基金小镇为标杆，运用国际先进理念和运作模式，结合浙江省和杭州市的发展条件和区域特质，按照集基金、文创和旅游三大功能于一体的特色小镇来打造。市场化运作，打破了政府直接管理的行政思维，能够真正以服务为导向，发挥企业运作的灵活性，提高决策效率。

二是优美的办公环境。基金小镇处在玉皇山南，钱塘水北，毗邻西湖，拥有得天独厚的环境及区位优势。青山绿水之间，结合"微城市"的打造理念，使旧厂房改造而成的新园区既有自然之美，又有历史质感。如入驻企业对记者所说，这么好的办公环境在全国来说也是数一数二的了，这也是吸引我们入驻的一大原因之一。小镇办公区域像一个个安静的小花园，真正是"一窗一景"。此外，园区还结合从业人员特点，打造与之适合的慢生活社区环境，加快建设配套服务平台，提供完善的配套服务。

三是便捷的政务服务。基金小镇实行"一站式"服务，协助企业做好项目申报、资金扶持对接、银企对接，还专门成立国税山南分局，提升小镇综合服务水平，甚至对基金小镇内从业人员出入境签证的办理也给予了很大的便利。另外，基金小镇还经常组织各类政策解读、宣讲，参照北京中关村"车库咖啡"模式打造升级版基金小镇车库咖啡，为股权投资机构打造一个投融资信息交流和项目对接平台，以及引进由省金融业发展促进会组建和管理的"浙江省金融家俱乐部"等平台，为小镇入驻私募机构提供专业化服务。

四是精准的政策扶持。基金小镇规划先行，定位明确，围绕各类私募股权基金、私募证券期货基金、量化投资基金以及相关财富管理中介机构等上下游产业招商，配套出台了精准的扶持政策。包括：各项奖励措施（规模发展奖励、投资专项奖励、办公用房补助）和税收优惠以及专项扶持政策等。以创业投资基金为例，规模达到1亿元可以奖励100万元，达到2亿元可以奖励150万元，达到5亿元奖励1000万元；投资杭州企业，达到1亿元可以奖励150万元，达到2亿元可以奖励300万元；租用办公用房还可以每年享受50万元以内的补贴。

第二章 金融服务

金融是现代经济的血液。血脉通,增长才有力。我们要建立稳定、可持续、风险可控的金融保障体系,创新投资和融资模式,推广政府和社会资本合作,建设多元化融资体系和多层次资本市场,发展普惠金融,完善金融服务网络。

——2017年5月14日,习近平在"一带一路"国际合作高峰论坛开幕式上的讲话

金融要为实体经济服务,满足经济社会发展和人民群众需要。

——2019年2月22日,习近平主持中共中央政治局第十三次集体学习

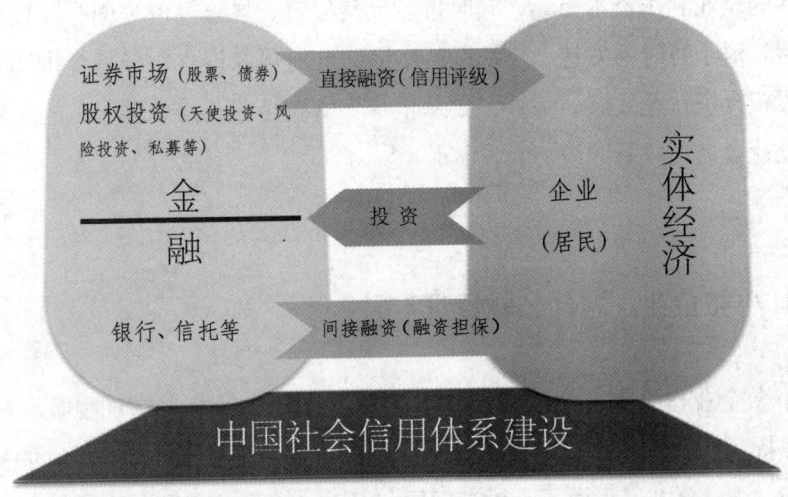

金融服务实体经济

实体经济是金融的根基，金融是实体经济的血脉，为实体经济服务是金融立业之本。

改革开放以来，特别是党的十八大以来，中国金融改革发展取得新的重大成就，金融服务实体经济的能力稳步提升。但我们同时也应清醒地认识到，实体经济尤其是中小微企业在发展中面临的融资难、融资贵等问题还比较突出。当前，中国金融仍处于间接融资向直接融资过渡的阶段，现行的金融体系仍然是以银行信贷为主的社会融资体系，直接融资占比仍然较低，商业银行的信贷资金投向和信贷结构在很大程度上决定着金融服务实体经济的效率。

近年来，为推动金融服务实体经济发展，解决中小企业融资难、融资贵问题，国家高度重视并多次专题研究对小微企业的支持政策，对银行业金融机构服务小微企业也提出了更高的要求，监管部门也连续下发多个文件对银行业金融机构提高小微企业金融服务水平提出了具体落实意见，将商业银行小微企业金融服务工作进一步推向深入。各地也通过大力推动政策性融资担保发展来为小微企业增信，帮助获得银行贷款。不过，由于小微死亡率高、缺乏有效抵押物等自身的特性和银行的严格风险控制要求，在当前的社会信用环境和金融体系下，很难依靠银行间接融资从根本上来解决小微企业融资难题。

金融服务实体经济，是通过引导社会上庞大、分散和无序的资本有序流向实体产业、实体企业来实现的。因此，要推动实体经济高质量发展，除了优化商业银行的信贷资金投向和信贷结构，关键是要大力发展直接融资，鼓励符合条件的企业利用资本市场，同时推动天使投资、风险投资等创业股权投资基金发展。对于暂时不发达、不活跃的地区，政府可以设立引导基金推动本区域创业股权投资行业发展。另外，要从根本上解决企业获得金融服务的难题，还要推动社会信用体系建设。

1. 小微企业，为什么融资难？

小微企业作为国民经济发展的生力军，在解决就业、增加税收、经济增长中发挥了积极的作用。有数据显示，中国小微企业贡献了全国80%的就业和30%的GDP，可以说小微不小微。但银行及其他金融企业如何有效地为小微企业提供信贷或股权融资服务，以支持其发展，仍然是一个世界性难题。

什么是小微企业？

企业按规模划分为大、中、小、微四种类型，"小微企业"即小型企业、微型企业的统称。曾经"中小企业"是一个比较通行的概念。中小企业，顾名思义是中型企业、小型企业的统称。实际上，四种类型企业之间并没有清晰的边界，小微企业的界定标准也并不清晰，各行业界定的标准也不统一。在中国，不同部委还结合自身工作需要，分别定义了小微企业，主要有工信部、银保监会两种定义（分别俗称为国家标准、监管标准，即"国标""监标"）。

工信部等多部委联合发布的《关于印发中小企业划型标准规定的通知》（工信部联企业〔2011〕300号），按照企业从业人数、营业收入、资产总额等，结合行业特点，对不同行业的小微企业标准做了规定。例如工业的划分标准为：从业人员1000人以下或营业收入40000万元以下的为中小微型企业，其中，从业人员300人及以上，且营业收入2000万元及以上的为中型企业，从业人员20人及以上且营业收入300万元及以上的为小型企业，从业人员20人以下或营业收入300万元以下的为微型企业。而对农林牧渔业的划分标准，营业收入50万元到500万元的为小型企业，营业收入50万元以下的为微型企业。

金融管理部门（央行、银保监会等）根据金融工作的需要，也有自己的一套小微企业、小微信贷界定标准，即"监标"，一般是在"国标"基础上，加入融资规模的变量。2007年，原银监会在《银行开展小企业授信工作指导意见》（银监发〔2007〕53号）中，对小企业授信定义为：银行对单户授信总额500万元（含）以下和企业资产总额1000万元（含）以下，或授信总额500万元（含）以下和企业年销售额3000万元（含）以下的企业，各类从事经营活动的法人组织和个体经营户的授信。金融管理部门的小微"监标"一般用于评价、考核金融机构对小微企业的实际支持情况。有些银行还会根据自身情况调整上述定义，这个被业界俗称为"行标"。

小微企业融资难的根源？

小微企业融资难、融资贵一直是一个热点话题。从中央到地方，都把解决这个难题，作为一项重要工作任务。然而，这个世界性难题的解决并不容易，甚至有人认为，小微企业融资难、融资贵是必然现象，不能把货币政策当财政使。究其原因，小微企业融资难概括来说主要有三个方面：

一是小微企业死亡率高，本身抗风险能力弱。小微企业规模较小，经营波动大，生命周期较短，抗风险能力也相对较弱，破产概率更高。有抽样调查显示，一般小微企业创办5年内的死亡率达30%至50%，企业平均寿命不足3年。由于监管部门对银行经营有资产"不良率"考核的内容，银行内部对职员管理也有资产"不良率"考核的内容，并对风险控制实行责任终身制，刻意追求信贷资产无风险。因此，很多银行等金融机构对小微企业当然是不敢大胆放贷。

二是银行贷款意愿不强，投入业务成本较高。无论企业规模大小，银行对单个贷款项目投入的业务成本都相差不大，但贷款额度相差很大。小微企业的家庭式经营管理方式，决定了其经营信息不透明、会计资料不健全、管理制度不规范，无法提供银行所需要的财务信息。相比大项目和大企业，银行对小微企业融资所投入的业务成本较高，通常比大企业要高出5—8倍。这种高成本服务制约并影响了银行与小微企业建立"双向选择"的良性融资关系。

三是小微企业缺乏抵押品，自我成长能力欠缺。小微企业不仅规模小，且大多是轻资产企业，生产经营对流动资金的依赖程度偏高，却又缺少银行融资所必需的土地、厂房等可抵押的有效资产，也很难找到其他能保值的抵押物。而且中国创业者有很大一部分受教育程度不高，不尊重企业家精神，妄图一夜暴富，其新创办的企业多集中在门槛低、竞争激烈、需求变化快的行业。由于缺乏科技含量和成长能力，企业也很难获得风险投资。

综上，小微企业融资难、贵本质上是三个不对称，即信息不对称、风险不对称以及收益和成本之间的不对称。因此，融资难、融资贵，是中国小微企业面临的一大难题，只有少数小微企业能够顺利从银行获得信贷支持，而且融资成本明显高于银行基准利率，部分小微企业的综合融资成本甚至在20%以上。还有极少数由高端人才创办的科技型企业能够获得风险投资。更多的小微企业不是死于惨烈的竞争，而是死于高融资成本的拖累，"过桥"成本与互联互保风险的爆发，更进一步推高了小微企业的死亡率。一些快速扩张的新创企业，由于不能及时得到融资支持，因资金链断裂而意外死亡的事件也时有发生。

2. 直接融资和间接融资，为什么要大力发展直接融资？

一个企业的融资是资金筹集的行为与过程，最基本的融资模式有两种，直接融资、间接融资。那么，什么是直接融资，什么是间接融资呢？直接融资和间接融资的区别是什么呢？为什么中央多次强调中国要大力发展直接融资呢？

直接融资 VS 间接融资

直接融资和间接融资是一对相对的概念。一般来说，直接融资是以股票、债券为主要金融工具的一种融资机制，这种资金供给者与资金需求者通过股票、债券等金融工具直接融通资金的场所，即为直接融资市场，也称证券市场，直接融资能最大可能地吸收社会游资，直接投资于企业生产经营之中。直接融资的工具主要有：股票、债券、商业票据和直接借贷凭证等。企业通过新三板和区域股权交易中心（四板）挂牌融资以及私募股权投资基金获得股权融资都是直接融资，企业内部融资和企业之间直接借款，也属于直接融资。

间接融资主要是指通过银行贷款。一般定义是指资金盈余单位与资金短缺单位之间不发生直接关系，而是分别与金融机构发生一笔独立的交易，即资金盈余单位通过存款，或者购买银行、信托、保险等金融机构发行的有价证券，将其暂时闲置的资金先行提供给这些金融中介机构，然后再由这些金融机构以贷款、贴现等形式，把资金提供给资金短缺单位使用，从而实现资金融通的过程。通常来说，间接融资是通过金融机构为媒介进行的融资活动，比如银行信贷以及非银行金融机构信贷、融资租赁和项目融资贷款等。

直接融资与间接融资最大的区别在于债权、债务关系的形成方式。简单来说，在直接融资方式中，主要是通过资本市场的股票、债券等，以证券公司为核心；在间接融资方式中，主要通过借贷，商业银行是核心中介机构。一般来说，直接融资活动先于间接融资而出现，是间接融资的基础，而间接融资又大大地促进了直接融资的发展。在现代市场经济中，直接融资与间接融资是并行发展，互相促进的。两者各有优缺点，保持一个适度比例有利于市场活跃和企业发展。

直接融资优点是资金供求双方联系紧密，有利于资金快速合理配置和使用效益的提高，筹资的成本较低而投资收益较大。以直接融资中的私募股权融资为例，投资者在决定是否投资时，会充分调研企业的盈利能力、现金流充足度等，使得直接融资市场化程度更高，资源配置效率更高。而且，与银行信贷相比，股权融资除了稀释股权之外，并不需要还本付息，成本非常低。直接融资最大的缺点是风险较大，直接融资双方在资金数量、期限、利率等方面受到的限制多，使用的金融工具其流通性较间接融资的要弱，兑现能力较低。间接融资的优点是灵活方便、安全性高、提高了金融的规模经济；缺点是割断了资金供求双方的直接联系，减少了投资者的收益。

中国为什么要大力发展直接融资？

由于中国资本市场发展起步较晚，直接融资相对于间接融资发展相对落后。近年来，中国对于提高直接融资比重都给予高度重视。在2018年底召开的中央经济工作会议上，中央再一次强调发展直接融资，要求"改善货币政策传导机制，提高直接融资比重，解决好民营企业和小微企业融资难融资贵问题"。此前，2013年与2014年在中央经济工作会议中均提及"提高直接融资比重"，2015年中央经济工作会议则要求"扩大直接融资比重"，2016年中央经济工作会议提出要"加大股权融资力度"，2017年的政府工作报告也再次强调"发展直接融资"。为什么中央如此重视直接融资发展呢？

一方面是长期以来，中国直接融资比重仍然偏低，在经济社会发展中的作用发挥还不充分，还难以完全适应经济增长和转型升级需求。虽然在中央的高度重视下，近年来，中国直接融资取得长足发展，直接融资比重稳步提升（2002年至2015年，企业直接融资占社会融资比例持续上升，到2015年已升至24%，2016年和2017年有所下滑，主要是受证监会不断加强IPO和再融资审核力度使企业上市放缓，以及企业发债成本高企而取消发债计划），直接融资服务经济社会发展的能力不断提升，直接融资市场化机制不断完善，但是长期以来中国金融体系仍以银行间接融资为主，直接融资比重较低，资本市场的规模较小，市场体系也不完善，资本市场在国民经济中的作用远没有发挥出来，与发达国家（直接融资与间接融资比例约为1∶1）相比，中国提升直接融资比重还有非常广阔的空间和潜力。

另一方面发展直接融资也是现实需要，既是解决小微企业融资难题的一个重要途径，也有利于支持创新创业，推动经济转型升级，建立现代化经济体系和推动高质量发展。在小微企业领域，不仅获得间接融资的渠道比较困难，获得中长期的银行贷款更是难上加难。而西方发达国家的经验表明，采取股债贷（股权+债券+信贷）融合多样的方式提高直接融资比重，不仅有利于缓解小微企业融资难，而且还可以弱化银企之间的信息不对称、缓解信贷收益难以覆盖融资风险的问题。另外，直接融资通过金融市场进行，市场化风险定价机制有助于优化社会金融资源配置，引导资本流向具有成长前景好、成长性高的创新企业和高科技企业，从而推动经济转型升级和高质量发展。同时，直接融资中私募股权投资、风险投资等的发展，也有利于为创新、创业提供良好的发展环境，激发科技创新活动。

因此，中国需要推进多层次资本市场建设，提高直接融资比重，同时继续推动债券市场创新发展，增强服务实体经济能力。2019年2月，中共中央办公厅、国务院办公厅印发的《关于加强金融服务民营企业的若干意见》也给出了当前发展直接融资的重点方向：积极支持符合条件的民营企业扩大直接融资。完善股票发行和再融资制度，加快民营企业首发上市和再融资审核进度。深化上市公司并购重组体制机制改革。结合民营企业合理诉求，研究扩大定向可转债适用范围和发行规模。扩大创新创业债试点，支持非上市、非挂牌民营企业发行私募可转债。抓紧推进在上海证券交易所设立科创板并试点注册制。稳步推进新三板发行与交易制度改革，促进新三板成为创新型民营中小微企业融资的重要平台。支持民营企业债券发行，鼓励金融机构加大民营企业债券投资力度。

3. 融资担保，何谓"政银担"？

尽管国家大力发展直接融资，但是现阶段对于大多数企业来说，通过银行贷款还是其主要融资途径。企业直接向银行贷款较难怎么办？融资担保的出现提供了一个解决方案。诞生于26年前的融资担保，作为创新金融工具是一个颇具"中国特色"的行业，也是当时破解中小微企业融资难题的一次大胆尝试，还是民间金融阳光化的一次积极探索。一经出现，就获得了民间资本的追捧，加上早期国家政策的推动，巅峰时更聚集了近万家企业。由于从商业模式到行业监管都难有可借鉴和效仿的对象，所以在相当长一段时间里，这个行业都是处于一边发展、一边调整的状态。而其商业模式"保一赔百"的硬伤导致大量的担保公司在经营实践中业务异化，乱象丛生，直到2012年融资担保公司的风险集聚爆发。

随着行业逐步规范和加强，这一解决中小微企业融资难的金融工具，也得到了重塑。当前，从乱象到规范、从动荡到稳定，肃整之后的融资担保行业呈现了行业两极分化明显，一方面，民营融资担保公司数量持续下降；另一方面，政策性担保公司（国有控股）数量和注册资本金则持续上升。与此同时，为了降低融资担保公司的代偿风险，各地探索出了"创新贷""税融通"等举措，安徽省还创新推出了"4321"政银担合作模式并在全国推广。

融资担保行业的商业模式

带着特殊使命而来、在政策的保驾护航下，担保公司发展迅速。担保行业也逐渐演变出了融资性担保公司（2010年，中国银监会等七部委联合出台融资性担保公司管理暂行办法，被称为"3号令"，后正式发放牌照）和非融资性担保公司两大类。其中，前者需要在地方监管部门注册登记并取得行政许可，而后者则尚未实行准入管理。从业务上来看，融资担保又包括银行融资担保和非银行融资担保；非融资担保主要包括工程履约担保和诉讼保全担保等。从公司属性上来看，担保公司又分为政策性担保公司和民营担保公司。担保公司的角色和定位主要在于为中小微企业的融资提供增信、保障、杠杆、分摊风险等。

在担保行业里，融资性担保公司占据了绝对主要的市场份额，而在融资性担保公司中又以银行贷款担保为主。其商业模式并不复杂：一端对接中小微企业，一端对接银行，通过为借款方增信助其获得银行资金，并从中收取1%—3%的担保费。该商业模式存在极大的硬伤，因为它们只收取少许的服务费，却要承担100%的风险。一旦借款方违约，它们将第一时间为其代偿给银行。举例来说，一家注册资本金3亿元的担保公司，如果按服务费的上限3%来算，这家公司年营收为900万。如果按5倍杠杆（3—5倍能产生盈利，而2011年行业平均是

2.1倍)来算,营收4500万,刨去经营成本和代偿,利润往往所剩无几。

融资性担保业务流程

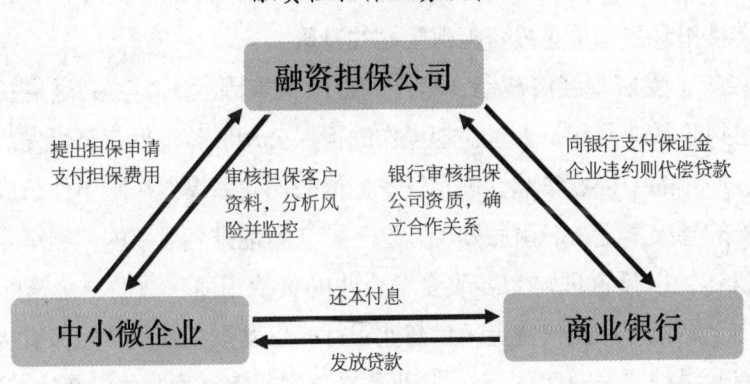

正是由于融资担保公司模式存在硬伤,以追求盈利能力最大化的民营融资担保公司发展得并不好,因此,民间资本从最初对融资担保公司的追捧,逐渐开始逃离。不过,由于融资担保对于解决中小企业融资难有直接的推动作用,因此,地方政府不是从盈利能力考虑,而更多是从支持地方经济发展的大局出发,纷纷成立或增资国有融资担保公司。

中国融资担保行业发展历程

1993年,国务院特例特批的中国第一家全国性担保公司——中国经济技术投资担保公司(中国投资担保有限公司的前身)成立,由此也开启了一个颇具中国特色的行业——担保行业。

起步初期的担保公司主要服务于高新技术成果的转化,但到20世纪90年代中后期,中国民营经济大潮萌动,中小微企业开始如雨后春笋般涌现。为了推动其发展、破局融资难题,担保公司的角色开始发生变化。根据中国人民银行1998年颁布的《中小企业融资管理办法》,在贷款企业没有足额抵押物的情况下,必须通过第三方提供担保,银行才能向贷款企业发放贷款。担保公司就此迎来了一个发展的重要契机,产品日益多元化,公司数量也迅速增长。

由于商业模式遭遇瓶颈,部分融资性担保公司开始业务"异化"。同时,由于非融资性担保公司不需要准入申请,于是市场上出现了越来越多打着投资担保公司旗号,但却与担保业务毫无关系的公司。截至2011年末,全国融资性担保公司已经增至8402家，同比增长39.3%。其中，国有控股1568家，民营及外资控股6834家，而市面上各种"挂羊头卖狗肉"的投资担保公司就更多了。尤其是，在民营经济发达，中小微企业扎堆的长三角、珠三角地区，市中心最好的写字楼里几乎都可见投资担保公司的身影。

2012年，受宏观经济波动，房产调控政策等因素影响，潜滋暗长多年的民间金融风险加速暴露，大量违规操作的担保公司风险集聚直至爆发。总部位于北京、广州的中担、华鼎、创富三家担保公司先后爆发风险事件，成为引爆行业风险的导火索之一。事后发现，这三家在当地排名靠前的"领军企业"一直违规操作，以投资理财为名改变了企业的贷款用途，最后资金链断裂企业崩盘。由于高杠杆和授信资金来自商业银行，事发不久，民营担保机构的业务几乎被商业银行"一刀切"，全行业业务量急剧萎缩，行业危机开始加速蔓延。除了持牌的融资性担保公司陷入发展的泥潭中，更大的风险则在大量"野生"担保公司中集聚。

因此，自2012年开始，担保行业一直处于剧烈的震荡和洗牌当中。一方面，由于担保公司在模式上存在硬伤本就难以实现商业可持续，除了少数国有的政策性担保公司（这类机构不以营利为目的），相当大一部分民营担保公司都难逃被洗牌出局的命运，行业加速自我净化。另一方面，各地监管部门和行业协会先后出台相关整治规划，除了暂缓新增，还将对现有融资担保公司进行重新准入，一部分不合规、不达标的担保公司在几年间陆续通过移交、重组、变更、注销等方式退出担保行业。

在完成了"洗牌"和"净化"之后，行业开始进入逐步规范发展阶段。2017年10月1日，《融资担保公司监督管理条例》和配套制度正式实施。加大了担保公司服务小微企业和"三农"的政策倾斜，比如，主要覆盖该业务的担保公司杠杆倍数上限可提高至15倍。此外，几种配套制度也对融资担保业务做了进一步的规范和要求，例如对外投资的比例和范围。2019年2月14日，国务院办公厅发布《关于有效发挥政府性融资担保基金作用切实支持小微企业和"三农"发展的指导意见》，旨在让在担保行业占绝对主导的政策性担保公司重回聚焦支小支农主业、坚持保本微利运行的初衷，从费率到余额计量的方式上都对小微和"三农"业务给予了极大的倾斜。这一系列规定也间接提高了整个融资性担保行业在商业化道路上发展的难度。

政策性担保和"4321"政银担

担保行业经过洗牌之后,在当前市场上较为活跃的多为国有融资担保公司,这在一定程度上承担了区域助推经济发展的政策性功能。为保障融资担保公司能够持续经营降低代偿风险压力,各地创新了一些风险分担模式,其中以安徽省探索建立的"4321"模式覆盖面最广。

政银担贷款模式,也称"4321"新型政银担合作模式。该模式出自2014年底安徽省财政厅、省金融办、人

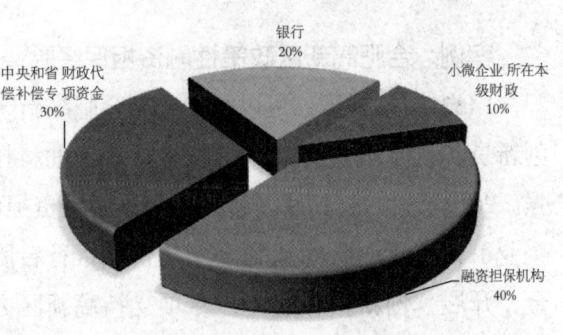

"4321"新型政银担合作风险分担模式

民银行合肥中支、安徽银监局和安徽省担保集团共同出台的《安徽省政策性融资担保风险分担和代偿补偿试点方案》。方案的核心内容是,对小微企业担保贷款出现的代偿,由省再担保机构参股的政策性融资担保机构分担40%,中央和省财政代偿补偿专项资金承担30%,政银担合作风险分担试点银行承担20%,小微企业所在地本级财政分担10%。

该模式改变了由融资担保公司承担全额代偿风险、政府补贴融资担保公司的传统模式,打破了过去银担合作中银行不分担代偿风险的惯例,引入政府、再担保、银行共同分担风险。对单户2000万元以下的贷款担保业务,年化担保费率不高于1.5%,由融资担保公司、安徽省信用担保集团、银行、当地政府,按照4:3:2:1的比例承担风险责任,即"4321"新型政银担合作模式。由于小微企业多在市县,为撬动更多国有担保机构服务小微企业,安徽省担保集团通过注资参股等方式吸收各市县国有担保机构加入全省"4321"政策性担保体系。庞大的担保体系也提高了与银行议价的能力,重塑了银担合作关系。

通过新型政银担合作,建立一个各方认可的风险分担机制,担保机构提高了担保效率,控制了担保风险,形成了持续可行的担保模式,财政资金放大了支持企业发展的效果,一部分企业融资难题得到了有效解决。据测算,在"4321"模式下,政府投入1亿元财政资金可撬动100亿元贷款注入小微企业和

"三农"领域,银行信贷风险敞口较自主发放贷款下降80%,融资担保公司承受能力提升2.5倍,真正实现了多方共赢。自2015年初运行"4321"新型政银担合作机制以来,安徽全省担保行业发生了显著积极的变化,并引起社会关注。2015年12月,国务院融资性担保业务监管部际联席会议在合肥召开现场会,向全国推广安徽担保"4321"模式。

案例:合肥高新区政策性融资担保经验

"4321"政银担,可以从2012年合肥高新区设立的"创新贷"上找到影子。创新贷,发起设立的原因,就是希望帮助科技型企业贷款,助推他们做大做强。2012年,合肥高新区科技局和高新融资担保公司(高新区管委会下属国有企业)在广泛调研的基础上,与杭州银行合肥科技支行共同发起建立风险基金,开展"创新贷"业务,专项支持高新区内科技型中小企业发展,解决融资难题。高新区财政与高新融资担保公司各投入300万元共600万元建立了风险池,银行按风险池资金10倍额度为中小企业提供信贷支持。2013年7月,徽商银行也加入了"创新贷"业务试点,高新区财政与高新融资担保公司各投入200万元共400万元建立了风险池。一年后,"创新贷"运行效果很好,两家银行的贷款均达到10倍规模。2014年,"创新贷"开始扩大规模,两家合作银行风险池资金增加到2000万元。2015年后,按照"4:3:2:1"方式,"创新贷"合作银行又增加了交通银行合肥分行、合肥市科技农村商业银行等银行。在高新区试点成功的基础上,合肥市从2015年开始,也在促进自主创新的政策中,专门设立企业创新贷风险池资金政策条款,政府按照基准利率50%给予银行利息补贴,以及担保费1%补贴。

从2012年设立至今,创新贷和后来的"4321"政银担为合肥高新区广大科技型中小企业引来"金融活水",六年来不仅助推了1家企业境外上市,6家企业A股上市,27家公司在新三板挂牌,更为122家科技创新型企业撬动了7.8亿元融资担保贷款。2018年6月在美国纽交所上市的华米科技,就曾是"创新贷"的受惠者。华恒电子是华米科技的前身,也是黄汪创立的第3家公司。但是,当华恒电子开始投入资金开展移动可穿戴式产品的研发时,遇到了市场突变,企业一下子陷入了困境,员工工资都难以发放。"创新贷"发起者之一的高新融资担保公司在园区摸排企业时发现了这一困境,经过调研认为该公司具有较强的研发能力和广阔的市场前景,于是通过股权、专利权质押与"创新贷"结合的方式,为其连续提供为期五年、每年1400万元的融资担保扶持。这对黄汪及其团队来说,无疑是雪中送炭,并对其后期研发智能穿戴产品、市场开拓提供了强力支持。终于,华米科技一跃成为智能穿戴技术领域的领军者。

4. 政府引导基金发展现状,天使投资是天使吗?

解决中小微企业融资难,发展直接融资,一个重要的途径是大力发展私募股权投资。在中国现行的金融体系下,大中型企业融资相对较容易,除了银行借贷外,可以借助资本市场发行股票或债券。而对于小微企业,融资难、融资贵一直是个问题,一方面银行嫌贫爱富,不愿意放贷;另一方面在中国现行的多层次资本市场体系中想要获得直接融资并不容易。为此,以风险投资为代表的私募股权投资自引入中国以来受到了高度青睐,获得了快速发展。其中,政府引导基金作为中国特色的母基金,逐渐成为中国风险投资基金的重要构成部分。

什么是政府引导基金?

政府引导基金,是具有中国特色的一种政策性的基金。早期产生的背景主要是推动区域风险投资行业发展,解决本地风险投资基金少,优质项目融资难的问题。一般不以营利为目的,主要通过吸引民间资本进行财政资金的放大,引导社会资本投向本区域重点发展的产业,而且在收益分配上政府引导基金还往往带有税收返还、让利等优惠政策。本质上,政府引导基金是母基金。所谓母基金(FOF),是指以普通基金作为主要投资对象,投资于基金组合的基金,又称为"基金中的基金"。

中国的政府引导基金以2002年中关村创业投资引导资金的成立为开端,并在之后的时间里发展迅猛。尤其是近几年在"双创"的背景下,随着国家财政支出方式转变和VC/PE行业的快速发展,政府引导基金更是迎来了井喷式的快速发展,遍地开花,已经成为人民币基金LP(有限合伙人)的中坚力量,甚至超过半壁江山。"规模庞大"是中国政府引导基金的一大特征。清华大学发布的《政府引导基金报告》显示，截至2018年10月份，中国共有2041家政府引导基金，总募资规模达3.7万亿元，募资目标规模为11.8万亿元。

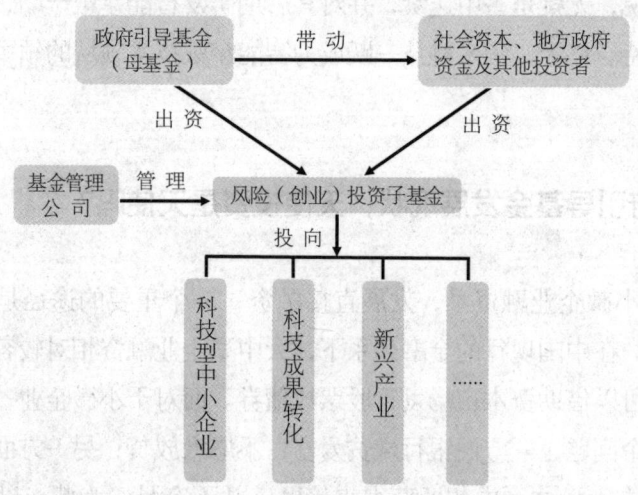

当前，中国经济正处于经济结构调整、传统产业升级的重要发展阶段和历史时期，政府投资基金是促进"新经济"快速发展，转变财政投入方式的重要工具，发挥着重要的促进作用。政府投资基金，一方面发挥政府资金的引导作用，吸引社会资金投入国家支持的领域和产业，充分发挥基金在贯彻产业政策、引导民间投资、稳定经济增长等方面的作用；另一方面，也有助于发挥财政资金的放大效应，提高政府资金使用效率。

2012—2017年全国政府引导基金成立情况

政府引导基金如何运作？

在资金募集上，政府资金一般是财政部门通过一般公共预算、政府性基金预算、国有资本经营预算等安排的资金。政府引导基金资金来源包括财政预算内投资、中央和地方各类专项建设基金及其他财政性资金。主要目的，就是发挥财政资金杠杆放大效应，增加创业投资资本供给，克服单纯通过市场配置创业投资资本的市场失灵问题，从而实现对产业的支持，因此又称风险投资引导基金。

在基金日常管理上，目前国内引导基金管理模式按照市场化程度逐渐增强，主要分为以下三种：1.政府主导管理，如成立单独的引导基金管理办公室。比如江苏省政府投资基金以有限合伙制方式运作，首期由省财政出资50亿元，成立基金管理办公室，负责引导基金管理运作。2.公司化运作管理，成立引导基金管理公司或有公司制引导基金自行管理。浙江省创业风险投资引导基金由浙江省创业风险投资引导基金管理优先公司负责管理运作。3.完全市场化管理，委托经验丰富的专业机构作为引导基金的普通合伙人。深创投受托管理深圳市政府引导基金等多只引导基金，受托机构按照固定比例收取管理费。

在基金参股子基金项目投资上，政府引导基金为了实现其引导放大的政策功能，一般对其投资的子基金在投资领域、投资阶段和投资项目区域以及单笔规模等方面有所限制，以保证其符合政策要求。通常来说，在投资领域上，要求符合当地产业发展方向；在投资阶段上，规定不少于一定比例投资于种子期、起步期和成长期等创业早中期的企业，弥补一般创业投资企业主要投资于成长期、成熟期和重建企业的不足；在投资项目区域上，规定所投本地项目不少于一定数量或规模；在单笔规模方面，一般不高于基金规模的一定比例。

政府引导基金发展趋势

由于政府引导基金是中国特有的一种模式，成立时间不长，也没有固定的模式和路径可依。各地在发展的过程中，也在不断地探索。经过10余年的发展，目前，政府引导基金也出现了一些新的发展特点和趋势。

一是由风险投资引导基金向不同用途的政府投资基金扩展，出现了产业投资基金，通常以直接投资方式出资于国家或地方政府重点支持产业的基金；

基础设施和公共服务投资基金，通常以PPP形式投资于国家或地方重大基础设施建设项目的基金；并购基金，用于并购企业，获得标的企业的控制权等。近期，针对股市持续下跌导致股票质押爆仓风险，企业股权不稳定以及融资难度加大，民营企业陷入经营困境，一些地方政府还牵头成立了纾困基金用于帮扶企业。

二是风险投资引导基金从单纯创业投资向投资+招商转变，而且基金正在成为招商重要手段。由于一些地方优质项目较少，很难完成对先期约定本地项目投资数量和规模比例，一些子基金就动员在外所投的项目将注册地、重要生产经营地、主要产品研发地或者与生产经营关系紧密的子公司或办事处等设立或迁入本地。还有一些政府引导基金纯粹是为了引进和扶持重大招商引资项目或本地产业化项目，通过基金投资避开财政资金直接投资的监管。

三是基金设立从国家级、省级向地市级、县区级延伸。从2010年全国掀起政府引导基金设立热潮以来，地方政府设立引导基金俨然成为一种竞赛，甚至一个普通区县一级政府提出几十亿规模的引导基金已不是什么新鲜事。当然有些政府引导基金设立，是源于2014年财政部将清理存量政府财政资金并收回统筹安排以及2015年清理财政补贴的相关规定，为了保住资金。在现实中，一些欠发达区县由于项目少，金融环境差，部分基金只有部分资金到位，甚至空有目标募资额的架子，根本无法实现募资，有些即使资金到位却又投不出去，造成财政资金和人力物力浪费。

存在问题及风险

当前，在经历了一段时间快速发展之后，受经济、行业大环境影响，中国政府引导基金正在进入一轮"调整期"，前期被规模扩张掩盖的问题逐步暴露。从运行现状来看，存在的主要问题有：一是为了基金而发展基金，一些地方政府把设立政府投资基金本身作为发展目标，片面追求基金规模与数量"双升"，忽略了政府引导基金作为"政策工具"的身份定位，在一定程度上造成募资难、投资难、基金运行效率不高等；二是可投项目匮乏，一些政府设立引导基金盲目跟风，没有因地制宜，都将目标锁定在国家战略性新兴产业，而有些地方根本不具备发展战略性新兴产业的条件，也没有适合投资的项目，造成基金募资难或使用效率偏低；三是行政干预突出，破坏了基金市场化运行基础，尤其是一些地方政府为了招商项目砸下重金，风险较大，后期能否顺利退出、取得收益存在较大不确定性；四是担心追责不敢投，由于国有资产有保值增值要求，一些基金投资决策谨慎，害怕投资失败造成国有资产流失被追责。

政府引导基金暴露出的问题也引起各方关注。比如，浙江审计厅2018年11月29日发布《2017年度省级预算执行和全省其他财政收支审计查出问题的整改结果（浙江）》，针对审计暴露的全省产业基金投资进度慢、资金沉淀、"名股实债"等问题，省政府进一步明确了政府产业基金的定位、目标和投向；完善基金投资运作机制，创新基金运作方式，加快主题基金和定向基金投资运作。2018年12月24日，《国务院关于2017年度中央预算执行和其他财政收支审计查出问题整改情况的报告》提到，关于创新创业相关制度还不完善。

天使投资是天使吗？

尽管政府引导基金力图引导社会资本投资于种子期、起步期和成长期等创业早中期的企业，弥补一般风险投资基金主要投资于成长期、成熟期和重建企业的不足，但是现实中风险投资基金出于收益的考量，还是倾向于投资发展中后期的企业。如何解决早期的创业项目和真正的小微企业融资难题，国外发展相对成熟的天使投资引入了国内，并受到了青睐。

天使投资一词起源于纽约百老汇的演出捐助。"天使"这个词是由百老汇的内部人员创造出来的，被用来形容百老汇演出的富有资助者，他们为了创作演出进行了高风险的投资。由此演变而成的天使投资，是指自由投资者或非正式风险投资机构对原创项目构思或小型初创企业进行的一次性的前期股权投资。

在国外，天使投资多以自由投资者形式存在。自由投资者又称天使投资人，是指富裕的、拥有一定的资金、愿意投资于创业项目的投资家，多以成功创业者、VC投资者、律师、会计师和大型企业的高管为主。在中国，天使投资发展起步较晚，而且目前合格的天使投资人数量不多，也缺乏一定的专业投资知识，能够获取的项目投资渠道有限，主要人群是一些有海外教育背景的企业高管和成功的创业者以及VC投资者。于是，随着天使投资的进一步发展，产生了天使基金和平台基金等形式的机构化天使，统称为天使投资基金。

本质上，天使投资是风险投资的一种，或者说是投资于早期项目的风险投资。好比对一个学生投资，私募基金着眼名校的大学生，风险投资青睐成绩优秀的中学生，而天使投资则培育萌芽阶段有发展潜力的小学生。天使投资对于早期项目不仅能够解决资金需求，优秀的天使投资人和管理团队还能够为创业者提供一些增值服务，比如战略规划、人才引进、公关、人脉资源、后续融资等。对于早期创业者和项目来说，这些增值服务的重要性甚至远远超过资金。

由于天使投资人稀缺和天使投资风险较高以及缺乏相关专业知识，早期民间资本进入天使投资领域的积极性还不够高。一些地方政府为了助推区域天使投资发展，响应国家"双创"号召，鼓励地方创新创业，促使所属国有企业独资或参股设立了天使投资基金，还有些直接设立了天使投资引导基金。这在一定程度上撬动社会资本投入天使投资行业，解决了中国现阶段创业投资发展的最大瓶颈——资本供给，同时为创业者及其优质项目解决融资难题，助推优质项目和创新型初创企业快速成长。

5. 投资理财，房贷怎么选划算？

金融服务，不仅企业有需求，我们大多数家庭也都或多或少地存在需求。一方面，我们很多人通过前期打拼积累了一定积蓄，就面临着寻找投资理财渠道的问题。简单说就是怎么让这些钱生钱。把现金放到家里是最傻的行为，虽然相对安全，但是我们知道货币在不断贬值，10年前的100块钱和今天的100块钱购买力是完全不一样的。把钱放到哪里去呢？这就是投资需求。另一方面，我们有时又会遇到资金暂时短缺，或者出于长远投资考虑，需要融资，比较常见的是购房贷款、汽车贷款等。

投资理财，怎么选？

随着中国经济的发展，人民生活水平的提高，个人金融资产的不断增加，如何投资理财，使财富保值、增值是大家需要思考的一个现实问题。过去，在中国大多数老百姓眼里，"投资理财=银行=储蓄所"，金融投资给老百姓带来的仅仅是"存钱生利息"。实际上在银行里面储蓄不能叫投资，只能算是存款。今天，大家可以选择的金融投资理财产品日益丰富。除了储蓄外，还有股票投资、基金投资、期货投资、外汇投资、保险投资和银行理财产品以及互联网金融产品等。尤其是新的投资品种逐渐成为个人投资理财的重要组成部分。下面对几种常见的理财渠道及适合人群做下介绍：

● 银行理财产品

银行理财产品是商业银行在对潜在目标客户群分析研究的基础上，针对特定目标客户群开发设计并销售的资金投资和管理计划。在这种投资方式中，银行只是接受客户的授权管理资金，投资收益与风险由客户或客户与银行按照约定方式双方承担。一般来说，不同的产品，风险不同，收益也不同。尽管在理论上投资银行理财产品存在盈亏风险，但总体来说风险可控，一般国有商业银行会顾及自己的声誉，优先确保投资者利益。否则，以后就没有投资者敢相信该银行，购买其理财产品了，毕竟信用很重要。投资者不需要太多投资专业知识，只要能确保从正规银行购买即可。

目前来说，银行理财年化收益率能到3—5个点，高于银行存款利息。拿一年期限的来说，即使是保本保息的银行理财产品一般年化都能比一年定期存款高1个点以上。如果嫌风险高，投资者还可以选择保本保息的理财产品。不过，银行理财有个门槛，一般都是5万起、10万起的整数倍，定期存款是没有门槛的。所以钱比较多的中老年人，买银行理财比存定期更划算。

适合人群：经济条件较好、害怕风险的人。

● 互联网金融产品投资

从经营主体来看，互联网金融可以分为两大投资领域。一类是知名互联网巨头（如阿里巴巴、腾讯等）和传统国有金融机构（如招商银行、平安银行等）在互联网上开通的余额宝、理财通等投资产品，对应的是货币基金，风险相对较低，收益高于个人银行存款利息，投资期限和金额相对灵活。以阿里巴巴旗下的余额宝为例，其收益主要是银行存款，只不过是作为大额存款而已。由于互联网上企业鱼龙混杂，投资者要想从事这方面投资，一定要认清平台公司背景，选择众所周知的大企业，否则存在上当受骗风险。

适合人群：适合会用智能手机、对互联网了解的人群。

另一类是P2P理财。P2P理财是一个新生事物，出发点是解决投融资信息不对称的问题，但是由于经营平台鱼龙混杂和商业模式本身存在的缺陷，投资风险非常大。前些年，由于年化10%以上的高收益吸引了很多投资者，然而在平台纷纷爆雷的背景下,损失惨重。甚至国有企业参股的P2P平台都存在无法按期兑付风险。建议在政策不明前,投资者谨慎投资,最好不要投资。

● **股票投资**

股票投资具有高风险、高收益的特点。尽管社会上有普遍的说法,股票是回报率最高的投资工具之一,特别是从长期投资的角度看,没有一种公开上市的投资工具能比普通股提供更高的报酬。甚至举出像茅台这样的个股,从2001年34.51元的发行价,到2018年700多块钱,升值20多倍。但是**现实中,我们身边的股民大多数是亏损的,**被称为韭菜被一茬茬收割。究其原因,股票投资需要专业知识,而我们大多数股民投资并不是基于理性分析判断,进行中长期价值投资,而是相信所谓的内幕消息,跟风投机,被套风险巨大。因此,如果不是专业投资者,尽量利用闲钱投资,不要借钱炒股,更不要借助融资融券加杠杆,否则风险很大。

适合人群:有一定投资专业知识和风险承受能力的人。

● **基金投资**

很大一部分基金的行情跟股市的行情是成正比的,因为很多基金的持仓是以股票为主。不少人想投资股市,但是不懂得如何选择适合自己的股票,最理想的方法是委托专家代做投资选择,这种投资方式便是基金。投资基金是指通过信托、契约或公司的形式,通过发行基金证券,将众多的、不确定的社会闲散资金募集起来,形成一定规模的信托资产,交由专门机构的专业人员按照资产组合原则进行分散投资,取得收益后按出资比例分享的一种投资工具。一般来说,一只股票型基金,会配置很多只股票,能分散掉一部分风险。因此,投资基金的优势是专家管理、规模优势、分散风险、收益可观。

个人购买投资基金不仅风险小,亦省时省事,是缺少时间和具有专业知识的投资者最佳的投资工具。因此,**在国外成熟市场的股市,机构投资者占七成,股民只占三成,**而这三成投资者都是具备一定投资能力的,否则早就买股票型基金了。而在中国,股民占股市投资者的七成,这也是股民亏损率高的主要原因。中国股民不太愿意购买基金,也是因为缺乏信任,毕竟之前爆出"老鼠仓"。

适合人群:有一定投资专业知识和风险承受能力的人。

除以上常见的四种投资理财外,还有其他诸如投资艺术品、黄金、期货和初创企业股权以及房产等。究竟该如何选择？本人认为还是根据自身财力和专业能力来选择，发挥个人特长，可以适当多元化投资，尽量避免盲目从众投资、借钱投资。"鸡蛋不要放在一个篮子里"是投资理财的一个永恒法则。

老鼠仓是一种营私舞弊，损公肥私的腐败行径，具体指庄家在用公有资金（管理的基金）拉升股价之前，先用自己个人（机构负责人，操盘手及其亲属，关系户）的资金在低位建仓，待用公有资金拉升到高位后个人仓位率先卖出获利。取自谚语：硕鼠硕鼠，无食我黍，故名老鼠仓。

住房贷款，要注意什么？

存贷款是银行最基本的业务之一，没有存款就没有贷款，没有贷款银行也不能生存。存款，通俗来说就是把钱放到银行或其他金融机构，银行支付一定的利息。贷款，简单来说就是向银行借钱，根据所用时间长短，支付一定的利息。根据用途不同，贷款可分为住房贷款、汽车贷款、助学贷款和其他专项用途贷款等。一般个人向银行贷款需要提供抵押物，如房产或其他固定资产。对于信用良好、有稳定职业的个人，银行也会根据情况不需要抵押物而发放信用贷款。

住房贷款，是我们大多数人在生活中最常接触到的。我们很多人在购房过程中，通常会有房产销售或中介人员帮我们联系银行办理，看似不需要我们操太多心，但在现实中也会遇到一些常见的选择，比如贷款方式是选择纯商业还是公积金贷款或者组合贷，还款方式是选择等额本金还是等额本息等，如果不假思索决定，可能会增加贷款成本，多支付利息。尤其是还款方式的选择，很多人决定时可能不经意，但是若要在贷款期限内提前还款，可能两者区别就很大了。

对于贷款方式，尽量选择公积金贷款或者与商业贷款组合贷，因为公积金是政策性优惠贷款，利率低。这是由于住房公积金制度本身就是一种住房保障制度，具有专款专用的特点，最大的优势是贷款利率比商业贷款低。一般是商业贷款利率2/3左右。不过，前提是单位给你缴了公积金。在贷款限额上，不同城市规定有所不同，以合肥现行政策为例，公积金贷款的额度最高为55万元。其中，夫妻双方都正常缴存公积金，然后申请贷款购买首套房，最高额度是55万元。个人申请公积金贷款购买首套房，最高贷款额度为45万元。另外，申请公积金贷款的最长期限为20年。且贷款申请人年龄与贷款期限之和不得超过其法定退休年龄后5年，并须在未退休前申请贷款。办理组合贷款的，公积金贷款和商业性住房贷款的贷款期限必须一致。一般公积金贷款比商业贷款审批所需时间长，还常常受公积金贷款申请人数影响，因此，有些房地产开发商不愿意接受购房者公积金贷款。

房贷，一般按月还，俗称月供，月供的钱有两部分：欠银行的本金和利息。**等额本金**，是将贷款总额等分，每月偿还数额相同的本金，及剩余本金产生的利息。比如贷款120万，期限10年，按等额本金，每月固定还1万元本金，外加利息。月供=（贷款本金/还款月数）+剩余本金×月利率。它的特点是月供前紧后松，初期月供金额比较大，而随着利息减少，月供按月递减。**等额本息**，是把贷款的本金总额与利息总额相加，然后平摊到每个月，月供金额固定。对年轻人来说，刚买房时月供比较紧张，而随着年龄增大或升职，收入有所增加，选择等额本息能缓解压力。不过，由于很多年轻人买第一套房时是刚需，通常不会太大，随着收入增长，还会改善性换房，若要提前还款，等额本息则不划算了。因此，考虑会提前还款，如果当前还款没有压力，就尽量选择等额本金。因为等额本息前几年还的多是利息，而等额本金前期还的本金更多，显然后者更划算。

商业贷款100万，20年还清，利率以4.90%计算			
等额本息还款		等额本金还款	
贷款总额	1000000.00元	贷款总额	1000000.00元
还款月数	240个月	还款月数	240个月
每月还款	6544.44元	首月还款	8250.00元 每月递减：17.01元
总支付利息	570665.72元	总支付利息	492041.67元
本息合计	1570665.72元	本息合计	1492041.67元

6. 信用与金融服务，为什么要推动信用体系建设？

习近平总书记指出"人而无信，不知其可，企业无信，则难求发展，社会无信，则人人自危，政府无信，则权威不立"。信用是市场经济的基石。金融是现代经济的核心，它的存在和正常运转有赖于良好的社会信用。建立良好的信用体系可以降低市场交易成本，促进金融服务乃至整个市场经济的健康发展，良好的信用也被企业奉为自身核心竞争力。

长期以来，中国中小微企业融资难、融资贵一个极其重要的原因是社会信用体系不够健全，人与人之间，企业与金融机构之间缺乏信任，成为制约其发展的一大障碍。那么，信用与金融和金融服务以及企业融资之间到底是什么关系呢？为什么要推动中国信用体系建设呢？

信用与金融之间是什么关系？

信用，是指依附在人之间、单位之间和商品交易之间形成的一种相互信任的生产关系和社会关系。金融是现代经济的核心，它的存在和正常运转有赖于良好的社会信用。可以说，没有信用就没有金融，信用是金融的立身之本，是金融的生命线。具体体现在三个方面：一是金融企业本身的生命线，金融企业本身要有信用；二是与金融机构借钱的企业也要有信用；三是在老百姓存款、投资的过程中，各种中介服务类的企业当然也要有信用。

从某种意义上说，金融信用本质上是企业信用和个人信用的整合。正如一位银行家所言："信用是银行的生存之本"，金融信用作为银行赖以生存的基础，一方面是银行必须确保存款人自由取款，另一方面需要贷款人确保按时、如数还本付息，缺一不可。如果贷款人都不对银行恪守信用，那么银行最终也无法对存款人恪守信用。在现代金融制度中，货币交换是基础，信用是货币交换的发展，而银行则是综合这二者的精巧的机构。

什么是信用评级机构？

对一个企业的信用行为，如何较为客观地评判？社会上出现了信用评级机构。我们通常听说的某企业资质是2A或1A，就是信用评级机构对企业的评级。

信用评级机构是依法设立的从事信用评级业务的社会中介机构，也是金融市场上一个重要的服务性中介机构。信用评级，又称资信评级，是由专业的机构或部门按照一定的方法和程序在对企业进行全面了解、考察调研和分析的基础上，做出有关其信用行为的可靠性、安全性程度的评价，并以专用符号或简单的文字形式来表达的一种管理活动。国际上比较权威的专业信用评级机构有三家，分别是标准·普尔、穆迪、惠誉。国内比较公认的有中诚信、大公国际、联合等。

信用评级有利于金融市场的公平、公正、诚信。对于投资者，信用评级可以提供相对公正、客观的信息，帮助了解发行主体的信息情况，以优化投资选择，实现投资安全性，取得可靠收益。对于监管部门，可以作为审查决策的依据，保持资本市场的秩序稳定。对于企业，信用评级也有利于低成本地筹集资金。此外，信用评级也是商业银行确定贷款风险程度的依据和信贷资产风险管理的基础。

在资本市场中企业要运用债券等融资工具筹集资金，必须经过有资格的评估机构评定信用等级，而且信用等级必须达到一定程度，才能发行债券；在信贷市场中企业要向金融机构申请贷款同样需要经过信用评级，特别是具有一定贷款规模的重点大户贷款企业必须经过确认资格的独立第三方专业评级机构进行规范评估，才能获得金融机构的贷款支持。所以信用评级是企业进入金融市场必须取得的"通行证"。

信用评级制度实施后，企业信用等级越高，表示企业信誉度越高，各方面的资质实力也更能够让人信服。在对企业信用等级进行划分时，信用评级机构一般划分成三等九级，分别用AAA、AA、A、BBB、BB、B、CCC、CC和C表示，其中，除AAA级、CCC级（含）以下等级外，每一个信用等级可用"+""-"号进行微调，表示略高或略低于本等级。AAA级又称3A，为最高信用等级，表示企业的偿还债务的能力极强，基本不受不利经济环境的影响，违约风险极低。

由于信用评级不是强制的，所以并不是每家企业都愿意进行信用评级。尤其是小微企业，一方面，信用评级会产生一定费用，增加企业负担；另一方面，很难按照现有成熟的企业信用评级标准对小微企业出具一份社会认可的信用报告,即使出具信用评级报告,对企业直接帮助也并不大。因此,一般只有大中型企业才会请信用评级公司出具信用报告。另外,信用评级公司也是企业,向服务的企业收费。由于市场存在竞争关系,出于短期利益考量,也会存在道德风险,即为了迎合客户需要,故意提高企业信用等级。这也是为什么一些不知名的评级机构出具的信用评级,不被社会认可。

信用与中小微企业融资

长期以来,制约中国中小微企业融资难、融资贵的一个极其重要的原因是社会信用体系还不够完善,失信成本较低。以银行贷款为例,在当前的信用条件下,无法快速准确客观掌握一个企业的真实信用情况,银行放贷就会变得小心翼翼,对每家企业都不能掉以轻心,防止不讲诚信。因此,要多花成本和力气从鱼龙混杂的企业中筛选出相对优质的企业,还要求提供资产抵押和公司担保等。即便如此,银行仍面临坏账风险。对于失信企业,过去惩罚力度不够,一些企业和法人能够很容易地改头换面,重新出来招摇撞骗。

由于社会信用体系不够完善,对于中小微企业融资,不仅是银行贷款难,想要获得风险投资,尤其是早期的天使投资更难。天使投资在中国发展缓慢主要原因就是人和人之间缺乏信任。当前,中国中产阶级数量众多,但是大部分人不愿意从事天使投资,主要是担心创业者拿了自己的钱乱花,不敢投。我们身边亲戚朋友之间被骗的现象都屡见不鲜,更何况让我们去投资一个不熟悉的陌生人呢?同时,由于缺乏信任,有些天使投资人生怕投资打了水漂,对投资的企业和创业者管控过严,从而影响了企业的健康发展,造成投资人和创业者之间的矛盾,使原本一个很好的项目不能很好经营下去,偏离了天使投资的本意。

社会信用体系建设与企业发展

社会信用体系也称国家信用管理体系或国家信用体系,是以相对完善的法律、法规体系为基础;以建立和完善信用信息共享机制为核心;以信用服务市场的培育为动力;以信用服务行业主体竞争力的不断提高为支撑;以政府强有力的监管体系作保障的国家社会治理机制。社会信用体系建设,对中小微企业发展影响主要有两个方面:

一是通过加强信用信息公开和共享解决引起信息不对称的问题,降低金融企业和交易成本。通过全球信用信息共享平台归集和信用中国网站公开企业信息，实现信用信息的实时查询，向金融机构等市场主体提供权威的企业金融信息，既能降低尽职调查的业务成本，提供中小企业融资的意愿，也便于实时跟踪企业状况，降低违约事件的发生概率。

二是社会信用体系建设，能够合理地引导中小企业注重自身的建设，对失信联合惩戒，督促中小企业不敢失信，对于恶意拖欠贷款等失信行为的企业，实施行政性、市场性和行业性约束和惩戒。目前，从实际执行情况来看，已有金融机构按照风险定价原则对失信主体采取限制贷款等措施。

7. 中国社会信用体系建设实践，难在哪？

随着数字经济的发展，信用体系的作用更加凸显。在现代经济交往中，如何判断交易对象的履约意愿与支付能力，避免大数据"杀熟"、遏制"刷单炒信"等，都需要信用机制来打破信息的不对称，营造诚信、健康的营商环境。近年来，党中央、国务院高度重视中国信用体系建设，并在2014年正式出台全国性的顶层设计文件，将其提升到国家治理体系和治理能力现代化的高度。不过，在现实生活中，我们很多人可能还是觉得社会信用体系建设不完善，不讲信用的现象比比皆是，尤其是P2P网站平台近年来不断暴露，根本原因就是社会信用体系不健全。

中国信用体系建设发展历程

关于信用体系建设，我们大家比较熟悉或者感受到的是人民银行征信系统的建设，包括企业和个人两个信用信息基础数据库，其中个人征信与每个人息息相关，关系到大家信用卡办理和能不能申请到房贷等。从2015年5月起，我们可以通过互联网查询本人信用报告服务。另外，从2013年起法院对失信被执行人进行公示，以及相关部门采取联合惩戒措施，引起社会普遍关注。人民银行副行长陈雨露在2019年两会期间记者会上说，现在丈母娘挑女婿都要看信用记录了。

与一些发达国家相比，中国的社会信用体系建设起步较晚。20世纪80年代初期,随着中国对外开放的不断深入,西方发达国家的大型跨国公司纷纷进入中国市场。他们对中国企业征信产品和服务的需求,既吸引了发达国家的各类征信机构及其代理人进入中国市场,又催生了国内征信市场和服务企业发展。1988年,中国第一家独立的第三方信用评级机构"上海远东资信评估有限公司"成立,随后国内逐步出现一些与企业发债和资本市场发展相适应的信用评估机构和面向中小企业服务的信用担保机构。

为了推动中国信用体系建设,2002年11月,党的十六大第一次把加快信用体系建设写入了党的文件,提出"整顿和规范市场经济秩序,健全现代市场经济的社会信用体系"。2011年3月,"十二五"规划纲要提出了"加快社会信用体系建设"的总体要求,这是"社会信用体系"首次正式在国家政策层面登台亮相。2013年十八届三中全会提出:"建立健全社会征信体系,褒扬诚信,惩戒失信。"2014年6月,国务院制定并印发了《社会信用体系建设规划纲要(2014—2020年)》,提出到2020年,社会信用基础性法律法规和标准体系基本建立,以信用信息资源共享为基础的覆盖全社会的征信系统基本建成,信用监管体制基本健全,信用服务市场体系比较完善,守信激励和失信惩戒机制全面发挥作用。文如其名,这是社会信用体系建设的总蓝图、总纲领。

在具体实践方面,我们最为熟悉的是**人民银行征信系统**。人民银行征信系统,包括企业和个人两个信用信息基础数据库,两者均在20世纪90年代末开始建设,2006年实现全国联网。2013年3月15日施行的《征信业管理条例》,明确了征信系统是由国家设立的金融信用信息基础数据库定位的。2015年5月,开通了互联网查询本人信用报告服务。个人信用报告包括信贷记录、公共信息和被查询记录等信息。根据新华社瞭望智库发布的《中国社会信用体系发展报告2017》,截止到2016年底,央行征信系统累计接入机构达到2900多个;央行征信中心收录自然人9.1亿。其中个人征信与我们每个人息息相关,关系到大家信用卡申请和能不能申请到房贷等。

个人信用报告（个人版）样本

字体大小：大 小　　　　发布时间：2014-01-14　　　　保护视力色：□□□□□

报告编号：2010113003000014210351　　查询时间：2010.11.30 09:30:15　　报告时间：2010.11.30

姓名：欧阳冠军　　证件类型：身份证　　证件号码：41010519750324xxxx　　已婚

信贷记录

这部分包含您的信用卡、贷款和其他信贷记录。金额类数据均以人民币计算，精确到元。

信息概要

逾期记录可能影响对您的信用评价。

	资产处置信息	保证人代偿信息
笔数	1	2

	信用卡	住房贷款	其他贷款
账户数	7	3	4
未结清/未销户账户数	4	2	3
发生过逾期的账户数	4	1	1
发生过90天以上逾期的账户数	4	0	0
为他人担保笔数	0	0	1

资产处置信息

1. 2010年11月8日东方资产管理公司接收债权，金额400,000。最近一次还款日期为2011年1月8日，余额20,000。

保证人代偿信息

1. 2008年10月5日富登融资租赁担保公司进行最近一次代偿，累计代偿金额400,000。最近一次还款日期为2011年1月8日，余额20,000。
2. 2009年6月21日平安保险公司进行最近一次代偿，累计代偿金额200,000。最近一次还款日期为2011年4月5日，余额135,000。

信用卡

发生过逾期的贷记卡账户明细如下：

1. 2004年8月30日中国工商银行北京分行发放的贷记卡（人民币账户）。截至2010年10月，信用额度10,000，已使用额度500，逾期金额500。最近5年内有11个月处于逾期状态，其中5个月逾期超过90天。
2. 2003年4月1日中国民生银行信用卡中心发放的贷记卡（人民币账户），2009年12月销户。最近5年内有7个月处于逾期状态，其中3个月逾期超过90天。

2010年3月，该机构声明：该客户委托XX房地产开发公司偿还贷款，因开发公司不按时还款导致出现多次逾期。

透支超过60天的准贷记卡账户明细如下：

3. 2007年6月30日中国银行北京分行发放的准贷记卡（人民币账户）。截至2010年10月，信用额度10,000，透支余额5,000。最近5年内有6个月透支超过60天，其中3个月透支超过90天。
4. 2006年3月10日上海浦东发展银行北京分行发放的准贷记卡（人民币账户），2009年12月销户。最近5年内有20个月透支超过60天，其中16个月透支超过90天。

从未逾期过的贷记卡及透支未超过60天的准贷记卡账户明细如下：

5. 2007年6月30日中国光大银行北京分行发放的贷记卡（美元账户）。截至2010年10月，信用额度折合人民币6,800，已使用额度100。
6. 2006年7月1日招商银行发放的贷记卡（人民币账户），2009年12月销户。
7. 2007年6月30日中国光大银行北京分行发放的贷记卡（人民币账户）。截至2010年10月，信用额度10,000，尚未激活。

住房贷款

发生过逾期的账户明细如下：

1. 2008年8月30日中国农业银行北京分行发放的600,000元（美元折人民币）个人住房贷款，2028年8月30日到期。截至2010年9月，余额572,750。最近5年内有1个月处于逾期状态，没有发生过90天以上逾期。

从未逾期过的账户明细如下：

2. 2009年5月8日北京银行金融街支行发放的200,000元（人民币）个人商用房（包括商住两用）贷款，2029年5月8日到期。截至2010年10月，余额50,000。
3. 2006年7月1日招商银行金融街支行发放的200,000元（人民币）个人住房公积金贷款，2009年12月结清。

其他贷款

发生过逾期的账户明细如下：

1. 2008年8月30日中国农业银行北京分行发放的100,000元（人民币）汽车贷款，2018年8月30日到期。截至2010年9月，余额72,750，逾期金额2,200。最近5年内有2个月处于逾期状态，没有发生过90天以上逾期。

从未逾期过的账户明细如下：

2. 2009年5月8日中信银行知春路支行发放的100,000元（人民币）个人经营性贷款，2019年5月8日到期。截至2010年10月，余额50,000。
3. 2008年4月15日福特汽车金融公司发放的100,000元（人民币）汽车贷款，2013年4月15日到期。截至2010年10月，余额50,000。
4. 2004年7月1日中国银行金融街支行发放的助学贷款，合同金额40,000，2009年12月结清。

为他人担保信息

1. 2009年3月2日，为赵四（证件类型：身份证，证件号码：42010519850324xxxx）在中国建设银行金融街支行办理的贷款提供担保，担保贷款合同金额50,000，担保金额50,000。截至2010年10月5日，担保贷款本金余额30,000。

公共记录

这部分包含您最近5年内的欠税记录、民事判决记录、强制执行记录、行政处罚记录及电信欠费记录。金额类数据均以人民币计算，精确到元。

欠税记录

主管税务机关：北京市东城区地税局　　　　　　　　欠税统计时间：2007年10月
欠税总额：500　　　　　　　　纳税人识别号：12485

民事判决记录

立案法院：北京市西城区人民法院	案号：(2007)京民—初字第00056号
案由：离婚纠纷	结案方式：判决
立案时间：2007年1月	判决/调解结果：被告张三赔偿原告李四人民币420,000。
诉讼标的：房屋买卖纠纷	判决/调解生效时间：2007年4月
诉讼标的金额：500,000	

强制执行记录

执行法院：北京市西城区人民法院	案号：(2007)京民—初字第00059号
执行案由：离婚纠纷	结案方式：执行结案
立案时间：2007年6月	案件状态：执行完毕
申请执行标的：房屋	已执行标的：房屋
申请执行标的金额：420,000	已执行标的金额：420,000
结案日期：2007年8月	

行政处罚记录

处罚机构：北京市东城区地税局	文书编号：地税罚字[2007]第7号
处罚内容：扣缴税款	是否行政复议：否
处罚金额：500	行政复议结果：无
处罚生效时间：2007年5月	处罚截止时间：――
处罚机构：湖南省建设管理服务中心	文书编号：HN0923456-CF
处罚内容：暂扣或者吊销许可证、暂扣或者吊销执照	是否行政复议：――
处罚金额：――	行政复议结果：――
处罚生效时间：2007年8月	处罚截止时间：2007年12月

电信欠费信息

电信运营商：中国移动	业务类型：固定电话	记账年月：2008年10月
业务开通时间：2007年6月	欠费金额：500	

查询记录 这部分包含您的信用报告最近2年内被查询的记录。

编号	查询日期	查询操作员	查询原因
1	2010年5月5日	中国工商银行北京分行/user	贷后管理
2	2009年4月23日	中国征信中心北京分中心/user	本人查询

| 3 | 2008年12月10日 | 中国农业银行北京分行/user | 贷款审批 |
| 4 | 2008年12月2日 | 中国农业银行北京分行/user | 贷款审批 |

此外，2010年您通过互联网进行了3次查询。

说 明

1. 除查询记录外，本报告中的信息是依据截至报告时间个人征信系统记录的信息生成，征信中心不确保其真实性和准确性，但承诺在信息汇总、加工、整合的全过程中保持客观、中立的地位。
2. 本报告仅包含可能影响您信用评价的主要信息，如需获取您在个人征信系统中更详细的记录，请到当地信用报告查询网点查询。信用报告查询网点的具体地址及联系方式可访问征信中心门户网站（www.pbccrc.org.cn）查询。
3. 您有权对本报告中的内容提出异议。如有异议，可联系数据提供单位，也可到当地信用报告查询网点提出异议申请。
4. 本报告仅供您了解自己的信用状况，请妥善保管。因保管不当造成个人隐私泄露的，征信中心将不承担相关责任。
5. 更多咨询，请致电全国客户服务热线400-810-8866。

另外，2013年最高法建立了全国法院失信被执行人名单信息公布与查询平台，大家可上"中国执行信息公开网"查询"老赖"信息。根据2013年11月最高法执行局与央行征信中心达成的备忘录，失信被执行人的失信信息要纳入央行征信系统，从而建立了信息共享机制。在法院执行领域，截至2018年5月底，全国法院累计公布失信被执行人1089万人次。对这部分失信被执行人，相关部门采取了联合惩戒措施，累计限制购买飞机票1160万人次，限制购买高铁动车票441万人次，限制担任企业负责人、董事、监事和高级管理人员26.5万人次，254万失信被执行人慑于信用惩戒，主动履行义务。

除了人民银行外，在信用体系建设方面，在有关精神的指引下，近20年来，各地按照先行先试的原则，较早推出了各种各样的信用建设措施。如上海从金融领域起步，分别于1999年7月和2001年10月推出了个人和企业征信系统，信息主要以信贷记录为主，主要服务对象为上海的各类金融机构。深圳从建立信用信息数据库着手，2002年开始建立统一、规范、完整的企业信用信息数据库。杭州2003年以企业信用评级为突破口，通过企业信用品质的提高，推进杭州市信用体系建设。北京中关村1999年开始在企业信用体系建设方面进行探索，并在区域信用体系建设中形成了独特模式——"中关村模式"。其他还有一些省市和地区也按照国家关于社会信用体系建设的总体规划进行了尝试和探索。

如何惩戒"严重失信主体"？

社会信用体系建设最关键的一环，是如何惩治失信主体，让其付出成本代价，成为人人喊打的过街老鼠。近年来，中国关于失信的监督、惩戒措施越来越多，全国统一的惩治机制也越来越完善。

2016年国务院《关于建立完善守信联合激励和失信联合惩戒制度加快推进社会诚信建设的指导意见》提出，"完善个人信用记录，推动联合惩戒措施落实到人"，对企事业单位严重失信行为，在记入企事业单位信用记录的同时，也记入其法定代表人、主要负责人及直接责任人员的个人信用记录；在对失信企事业单位进行联合惩戒的同时，也对相关责任人员采取相应的联合惩戒措施，"使失信惩戒措施落实到人"。

文件对失信及严重失信行为的约束与惩戒措施，分为四类。（1）行政性惩戒。对失信主体，从严审核行政许可审批项目，限制融资，严格限制申请财政性资金项目，限制参与基础设施和公用事业特许经营等；对严重失信企业及其法定代表人、主要负责人和对失信行为负有直接责任的注册执业人员等实施市场和行业禁入措施。（2）市场性惩戒。对有履行能力但拒不履行的严重失信主体实施限制出境和限制购买不动产、乘坐飞机、乘坐高等级列车和席次、旅游度假、入住星级以上宾馆及其他高消费行为等措施；引导金融机构按照风险定价原则，对严重失信主体提高贷款利率和财产保险费率，或者限制向其提供贷款等金融服务。（3）行业性惩戒。支持行业协会商会按照行业标准、行规、行约等，视情节轻重对失信会员实行警告、行业内通报批评、公开谴责、不予接纳、劝退等惩戒措施。（4）社会性惩戒。支持有关社会组织依法对污染环境、侵害消费者或公众投资者合法权益等群体性侵权行为提起公益诉讼。

此外，2018年5月，国家发改委等8部门发布的《关于在一定期限内适当限制特定严重失信人乘坐火车 推动社会信用体系建设的意见》正式施行。自当日起特定严重失信人将限制乘坐火车。2018年8月，国家发改委办公厅、人民银行办公厅在官网发布了《关于对失信主体加强信用监管的通知》，要求全面落实失信联合惩戒措施和追溯失信单位负责人责任。未来，失信联合惩戒制度将迅速完善，"一处失信、处处受限"的信用惩戒大格局将快速建立。

信用体系建设究竟难在哪？

虽然经过多年的探索和发展，中国社会信用体系建设取得了重要进展，但社会信用缺失问题尚未根本扭转，只是在部分领域形成了"不敢失信"的初步氛围，社会整体"不能失信、不愿失信"的局面还远未形成。究竟难在哪呢？

一是社会诚实守信意识和风气尚需时日形成。 在社会中，不执行合同契约、不兑现承诺和不遵守公共道德现象还较为普遍，而且失信成本较低，甚至在现有的法律制度下很难受到应有的惩戒。比如近几年爆出的高铁霸座男、旅游地的天价海鲜和多地的天价理发店以及社会上形形色色的骗局等现象，如果不是被曝光和网络发酵引起关注，很难受到应有的惩罚。这些失信现象已超出经济交易范畴，涉及社会交往、商务交易、政务诚信和司法公信等领域。

二是公共信用机制获取信用信息不够全面。 近年来中国社会信用体系建设主要是由发改委、人民银行等政府部门主导，围绕公共信用机制展开，整体上对市场信用机制建设重视和引导不够。一方面没能与市场信用机制形成互补，获取信息不够全面，重线下信息，轻线上信息。实际上在网络时代，互联网平台企业掌握了我们大量的信用数据；另一方面没能形成互通互动，市场信用机制建设发展困难，相互之间存在信息孤岛，尚未形成完整产业链和生态体系。

三是社会信用体系建设的体制机制还不顺畅。 目前，中国主要依靠部际联席会议推动相关工作，在具体操作执行层面，还存在不同部门重视程度和工作思路不一致，在信息共享、联合奖惩等工作协同方面仍面临诸多困难。

如何克服这些难题呢？

一是要构建以信用为核心的新型市场监管机制，以政务失信专项治理为契机推动重点领域信用建设。推动失信联合惩戒制度和完善各领域红黑名单制度，对失信企业依法依规进行禁止或限制，提高守信收益和失信成本。

二是要推进信用建设立法工作，为操作实施提供法制保障。同时，以信用示范城市创建和城市信用监测为抓手推动信用体系建设，打破部门间信息孤岛，大力推进公共信用信息的归集共享。

三是要大力推动公共信用机制与市场信用机制协同发展，充分重视数字技术在经济社会中快速普及带来的变化。推动中国社会信用体系建设逐渐形成"政府推动、社会共建、信息共享、实时互动、市场自治、行业自律、广泛应用、高度智能"的新格局。

相信随着中国社会信用体系日趋完善，信用工具将广泛应用于中国社会经济治理的各个方面，信用将成为资源配置的重要标准，社会信用体系将成为提升经济发展的质量和效率的有效抓手和重要支撑。

8. 地方如何促进金融服务实体经济高质量发展？

实体经济是强国之本、兴国之基。实体经济发展的规模和水平，决定了一个国家的综合实力和国际竞争力。服务实体经济，推动经济高质量发展，是中国金融服务的天职，也是防范化解金融风险的根本性举措。

什么是实体经济？

近年来由于全国各地房价不断走高，高额的投资回报吸引了大量的社会资本涌入房地产市场。以致越来越多的人喊房地产破坏了实体经济，使实体经济日益艰难。同时，也有很多人高喊互联网和电商的发展导致实体店面凋零，损害了实体经济的发展。那么，究竟什么是实体经济呢？

实际上，实体经济是一个模糊的概念，并没有严格的界定。一般认为，实体经济是指人通过思想使用工具在地球上创造的经济，包括物质的、精神的产品和服务的生产、流通等经济活动。简单地说，就是指那些关系到国计民生的部门或行业。在美国，美联储使用"实体经济"这个词语，与之相关联的是除去房产市场和金融市场之外的部分。制造业，毫无争议是实体经济的主体，也是发展实体经济的重点。

与实体经济相对应的是虚拟经济，但随着经济社会的融合发展，实体经济和虚拟经济界限并不明显。以互联网经济为例，早期被认为是虚拟经济，典型的如线上游戏，只需花钱购买游戏币就可以在虚拟的世界里玩耍，但是现在互联网作为一个工具，已经渗透到我们生产生活的各个领域，并与传统实体行业融合，电商、网约车等各种互联网+出现，可见互联网经济已经不是单纯的虚拟经济了。

还有房地产市场，房子是看得见摸得着的，而且房子开发过程需要建筑施工，按理应该是实体经济，但为什么很多人认为房地产不是实体经济呢？这主要是因为房子在当今社会演变成带有一定金融属性的投资品。我们知道很多人购买房产并不是用来住，而是预期房价会涨，所以用来投资甚至投机，从而推高了房产价格，严重背离了实际需求价值。而房价上涨进一步吸引了社会资本进入房地产领域。

实体经济和虚拟经济两者相辅相成。关于虚拟经济，社会上有两种模糊认识：一种是随着金融服务业和互联网的发展，过分夸大虚拟经济的重要性；另一种是把虚拟经济等同于投机和"泡沫"，视其为实体经济发展困难的"首恶"，对发展虚拟经济持怀疑甚至反对态度。实际上，实体经济是虚拟经济的基础，而虚拟经济是依附着实体经济才发展起来的。两者之间互为促进，在某种程度上而言，虚拟经济有利于促进实体经济发展，而实体经济是虚拟经济发展的重要支撑。

实体经济面临的困境

中国近年来的快速发展，离不开实体经济的发展，由此也成为世界制造大国。但是，当前受多种因素影响，实体经济发展面临了一些困难，具体有以下表现。

一是中小微企业生存困难。一方面是融资难融资贵。绝大多数企业都得不到金融部门的有效支持，导致企业因为融资问题而陷入困境，相对来说，大型企业融资较为容易，成本也较低。二是负担沉重。虽然减税力度很大，收费问题也得到了有效治理。但是，劳动力成本、环境保护支出、原辅材料价格等，都是小微企业的主要问题。

二是民营企业比国有企业困难。这主要源于民营企业大多是中小企业和竞争性激烈行业的企业，受市场影响波动性大。在当前"去杠杆"和经济转型发展以及股市低迷的大背景下，很多民营企业出现了资金链紧张甚至断裂。2018年，国内债券市场违约债券高达124只，违约规模高达1205.61亿元，这一规模几乎比此前四年违约债券金额总和高出三成。违约主体以民营企业为主，不乏一些规模较大、过往经营情况良好的龙头企业，甚至是上市公司。还有一些上市公司股票质押，由于股价暴跌，造成控制权转移。

三是脱实向虚加剧。近年来，由于虚拟经济投资回报率高、回收快，越来越多的企业家离开了实体行业，大量资本也流入虚拟领域，社会资本"脱实向虚"和企业"弃实投虚"加剧，造成实体经济存在一定程度的"失血""抽血"问题。很多大中型企业，做大规模或上市融资后，不是做大做强主业，而是去参与金融和房地产。现在像华为这样的知名企业，坚持主业不做房地产开发或金融的寥寥无几。几乎所有的企业家都想搞金融、搞房地产、搞投资。

四是实体经济大而不强。随着中国步入工业化后期，中国已经成为一个世界性实体经济大国，号称世界工厂。但是，实体经济发展的"大而不强"问题突出，虽然具有庞大的实体经济供给数量，但一方面缺乏独立自主的核心技术，容易受制于上游企业，中兴"缺芯"事件给我们上了生动一课；另一方面知名企业和品牌不多，供给质量不高，高品质、高性能产品有效供给不足，无法满足消费结构的转型升级的需要，实体经济结构供需失衡。

如何借助金融服务实体经济？

利用金融服务实体经济发展，首先要从国家层面做好顶层设计工作。包括要深化金融体系改革，充分发挥金融服务实体经济的功能。推进利率、汇率市场化改革，加强货币政策、信贷政策和产业政策的协调配合，以货币政策工具引导金融机构加大对实体经济的支持力度。积极探索金融发展新模式，加快构建多层次、多样化、服务能力更强、适用对象更广的多元化金融服务体系。进一步完善社会信用体系建设,降低交易成本。健全中小企业融资政策法规体系,建立中小企业贷款和信用担保风险补偿机制,使金融更好地服务于实体经济。

而地方政府能做的是在现有的金融体系内,利用好金融工具来操作实施服务实体经济发展,具体来说可以从以下几个方面来做:

一是鼓励政策性融资担保企业发展。省市可以构建政策性融资担保体系,发展再担保机构,同时加强征信、银行、担保和财政风险代偿机制的协同配合,充分发挥"四两拨千斤"的作用。县区开发区要加大对现有政策性担保公司资本金补充等方面的政策支持,考核目标,要从企业追求利润向服务本区域更多的中小微企业转变。政策性融资担保体系在某种程度上担当了民企和金融机构间的桥梁,为民企借贷融资提供信用增进,有利于减少金融机构对其还款能力的疑虑,从而推动民企信用扩张。

二是鼓励天使投资、风险投资、私募和产业基金等股权投资的设立与发展。由于小微企业的特性,大多数企业很难获得银行贷款,尤其是缺少抵押物的科创型企业。而股权投资为优质创新创业项目和企业提供了一个融资渠道。一方面,地方政府要出台政策鼓励发展民营天使投资、风险投资、私募股权投资和产业投资,为处于不同成长阶段的中小微企业提供全生命周期的股权融资服务;另一方面,在股权投资不发达、不活跃的地方,地方政府可以出资设立天使投资、风险投资和产业投资基金。

三是鼓励企业积极利用资本市场进行直接融资,包括IPO上市、新三板和四板挂牌以及发债等。地方政府要出台奖励政策,调动企业利用资本市场的积极性,鼓励符合条件的企业在沪深交易所上市,在"新三板"、在区域性股权交易市场等多层次资本市场挂牌融资。通过股份制改造,促进企业规范治理,提高资信水平,从而吸引直接融资,激活带动银行贷款。同时,鼓励符合条件的中小微企业通过交易所和银行间债券市场发行债券融资。

第三章 资本市场

为实体经济发展创造良好金融环境，疏通金融进入实体经济的渠道，积极规范发展多层次资本市场，扩大直接融资，加强信贷政策指引，鼓励金融机构加大对先进制造业等领域的资金支持，推进供给侧结构性改革。

——2017年4月25日，习近平在中共中央政治局第四十次集体学习时讲话

20世纪90年代初，在改革开放总设计师邓小平同志的倡导和推动下，沪深交易所陆续成立，标志着我国资本市场开始正式起步。

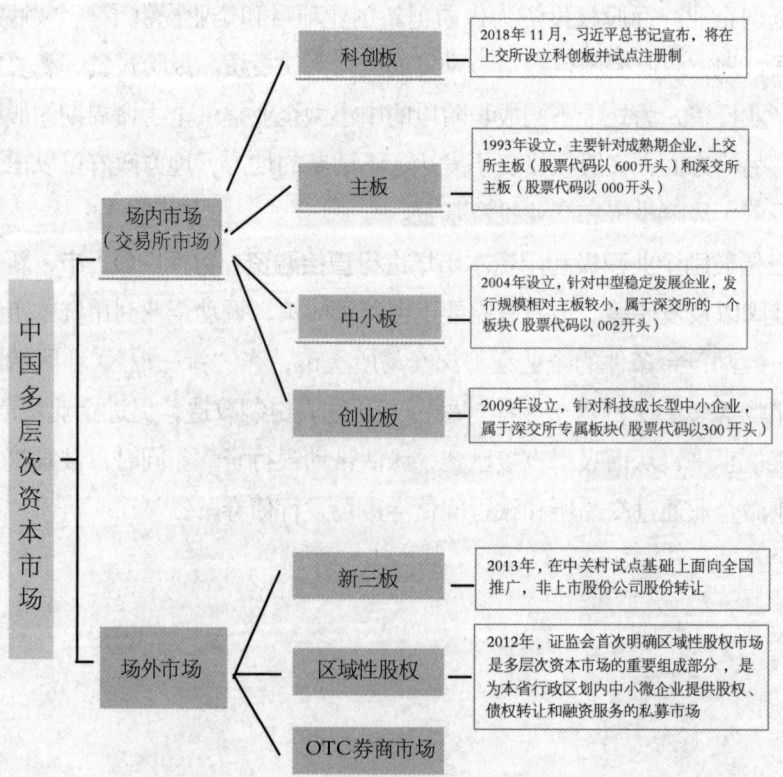

20世纪90年代初，在改革开放总设计师邓小平同志的倡导和推动下，沪深交易所陆续成立，标志着中国资本市场开始正式起步。经过近30年的发展，中国已经基本形成比较完备的多层次资本市场体系，包括以区域性股权市场、新三板等场外交易为底座，以主板、中小板、创业板为塔尖的"正金字塔"式的股权市场，和产品相对丰富的债券市场。

当前，中国资本市场在规模上已经成为世界第二大。数据显示，截至2019年4月底，中国沪深交易所上市公司数达到3627家（其中一半以上是民营企业），市值规模达到55.53万亿元，经济的证券化率超过50%。实践证明，资本市场作为现代金融体系的重要构成，既是中国经济结构转型、高质量发展的动力，也是企业科技创新、快速腾飞的翅膀，还为社会增加了投资渠道，真正地将改革开放、经济发展的成果惠及广大人民群众。

然而，由于中国资本市场是在改革开放之后，从无到有、从小到大，逐步发展壮大起来的，发展时间较短，目前还存在着不少需要改进的地方，比如资本市场总量还不够大，直接融资在社会融资规模中占比还不够高，板块之间雷同，投资者结构不合理，散户投资者多、机构投资者少，退市制度不健全，发展和监管的法律制度建设需要加强等。

因此，深化资本市场改革的重要性日益凸显。2019年，设立科创板并试点注册制，无疑是中国资本市场发展的一项重要决策，有助于补齐资本市场服务科技创新的短板。这意味着在未来一段时间内，以科创板为"发令枪"，以券商为重要工具，以资本市场为"蓄水池"的中小企业、创新型企业直接融资格局将持续优化，唱响资本市场"春天的故事"。

1. 企业上市，什么是IPO？

公司上市，用通俗的话说，就是把公司的所有权分成若干份，放在市场上流通，机构或个人投资者如果看好公司的行业或者前景，就可以到公开市场上买入该公司的股票。公司上市通常有两种方式，一种是首次公开募股（Initial Public Offerings，简称IPO），一种是借壳。什么是IPO？为什么大多数企业热衷于上市？为什么又有一些诸如华为、老干妈等知名企业不愿意上市呢？企业如果想通过IPO，具体的流程是什么呢？

IPO是什么？

IPO就是首次公开发行。什么叫发行呢，就是增发股票，让新的、更多的投资者把钱投资到公司里面来，同时给这些投资者一些新的股票，允许他们以后参加企业的分红。公开发行以后，企业的资质得到认可了，这时候企业一般就会要求上市。上市就是股票可以在上海、深圳这些交易所公开买卖了（普通企业能够私下自己卖，但是不能在这些交易所公开交易）。

IPO和上市经常是紧密联系的，尤其我们国家的证券法规定上市之前必须要进行公开发行，没有公开发行的企业也不能上市，所以两者几乎是捆绑在一起了。但是从法律上讲，**IPO和上市是两个环节，公开发行在先，上市在后。**

IPO，一般采用网下向符合条件的投资者询价配售（简称"网下发行"）与网上向持有上海/深圳市场非限售股股份市值的社会公众投资者定价发行（简称"网上发行"）相结合的方式进行，发行价统一。网上发行，对于老百姓来说，就是打新股，或者叫新股申购。一般就是在自己具有相应证券市场一定申购额度的前提下，在新股的网上发行日，按照正常交易流程购买，即申购。这个时候，其实一般意义的IPO，就已经结束了。

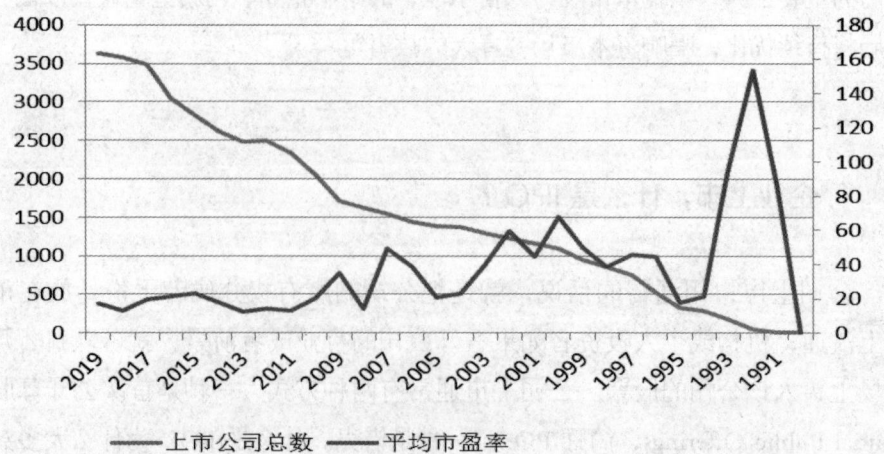

沪深交易所上市公司数量及平均市盈率（1991—2019年）

从IPO结束到上市还要经历若干天等待。上市，通俗来说，就是把打到的新股拿到证券市场（即证券交易所）完成首次的公开交易。第一个交易日，就是上市日。股票发行人（通常就是某公司）的股票上市，我们也就说这家公司上市了。这家公司就叫上市公司。只有股票上市后，老百姓才能通过自己在证券公司开通的证券账户，公开地买卖，直到这只股票退市为止。

IPO破发是指上市交易的股票价格，比发行时候投资者投资的股票价格要低，跌破发行价了，成为破发。长期以来，很多股民喜欢打新股，是因为一旦申购成功，上市后多数会是连续多个涨停，收益颇丰。但是近年来也会有些新股因为前期定价太高，上市后出现破发。

企业为什么要上市？

对于多数企业而言，上市虽然不是最终目的，但却是企业发展的一个重要里程碑，也是创业者奋斗取得阶段性胜利的重要标志。因此，"敲钟"才会成为如此多创业者孜孜以求的奋斗目标。

站在企业的角度。首先，股票上市发行后，企业能够直接进行低成本融资，不需要还本付息，企业能够安心做想做的事。除外，估值还会迅速成倍提升，有利于扩大生产规模，提高市场竞争力，达到盈利效果，这样又会达到提升股价的效果，从而形成良性循环，实现多方共赢。其次，上市有利于优化治理结构，提升经营管理的透明度。企业受公众监督，有利于科学化管理，对公司发展来说大有益处。这也是一些不需要卖股权得到现金，同时融资成本也很低的大型国有企业上市的重要原因之一。再者，扩大知名度，增加在同类竞品中的优势，获得消费者的信任，买你的产品也更加放心一些。上市还有利于吸引优秀人才，一般来说，求职者更愿意去上市公司上班。有些企业通过上市，往往能够快速获取资源，实现跨越式发展，成为行业领军企业。最后，上市后，获得再融资的能力增强。IPO不是一锤子买卖，上市之后，能获取各种成本低廉的融资渠道，例如增发和企业债券等，如果不上市，这些再融资的资格就没有。

站在创始人及投资方的角度。无论对于投资人还是创始人来说，股票上市后，企业估值提升，股东凭借手中的股份都实现了手中资产迅速增值。并且上市后，股票的流动性从以往较低的状态迅速转换成无限制性的快速流通，直白地说，通过上市可以简单地将手中的股票折现。对于创始人来说，一方面能够实现个人财富的巨大增长，另一方面也不用担心老了，孩子不愿意接班，可以通过持有的股票公开交易来转让控制权。对于投资人来说，只有通过退出套现才能获得收益，而后再转向下一个投资目标。

站在地方政府的角度。 地方政府推动企业上市已经成为普遍的一种现象。在一定程度上，上市企业质量和数量，能够推动地方经济发展，树立地方品牌形象，提高地方知名度和综合竞争力，因此很多省、市、县（区）三级政府都出台奖励政策鼓励企业上市，甚至最高给予1000万元以上的奖励。

华为、老干妈这些企业为什么不愿上市？

对于很多自主创业者来说，能让自己的公司顺利上市是一直以来最大的目标，因为公司一上市就会有很好的融资渠道，在企业的经营和管理方面以及知名度方面可以迅速提升，对于公司自身来说也会受到更多的关注点，关注点一高那么随之而来的利益也会不少。不过，也有不少具备上市实力的企业，对于上市并不是很感兴趣，比如我们现在比较熟悉的华为、老干妈。

究其原因，华为不愿意上市，一是不差钱。华为的赚钱能力非常强，2018年营业额超过6500亿，知名度也高，在多个领域都有很强的竞争力。二是不愿意受制于资本。华为的创始人任正非曾表示，如果上市，企业会更受制于资本的压力，上市了以后可能会逼着企业横向发展，那就没办法实现现在的一些前进目标了。也就是说，资本市场的短期利欲和不确定性，会让企业做一些短期的盈利性行为来刺激市场，虽然会使得企业取得很大的利益，但也会影响企业经营行为，资本的急功近利会让企业无法实现一些较长期的目标。三是由于华为的股权结构问题不能够上市，我们都知道华为采取的是一种全员持股的股权结构，不符合IPO规定。另外，任正非担心一旦华为上市，会造就众多富豪，工作激情衰退，与华为的奋斗者核心企业文化背道而驰。

而老干妈作为全球最火辣"全民女神"，可谓无人不知，无人不晓，甚至不少人现在手边就有着一瓶老干妈，企业不上市的理由，主要是行业市场占有率高，企业不差钱，知名度高。老干妈发展至今，产品行销全球，无论是在国内还是国外都有良好的声誉，现在还受到很多国外的消费者的热捧，甚至被奉为"奢侈品"，在行业内几乎就没有什么能造成大的影响的对手出现。而且现金流对于老干妈来说根本就不是问题，年销售6亿瓶突破45亿元，并且从不赊账。另外，老干妈认为假如引入战略投资（IPO），会在一定程度上造成企业对于资本的不断妥协。由于老干妈从管理到企业账目再到渠道都相对比较简单，此举也是为了避免企业陷入对于资本的纷争。

总结下来，**大多数具备上市实力的知名企业选择不上市理由主要有以下三点**。一是不差钱，诸如华为、老干妈、娃哈哈这样的公司，现金流好，不需要上市来进行融资。或者规范化内部管理流程的理由去进行上市。二是不想"透明"，上市后作为一家公众公司意味着你要每年披露年报，依据各种法律法规公开各种信息，不少企业是不能接受这些的。三是不愿被资本操控，不想让资本来干预企业发展和决策，尤其是近年来中概股（中国境内资本直接控制的上市公司股份）在美国受到资本恶意做空，甚至惨遭退市。

因此，对于企业来说，如果没有考虑好不可盲目上市。企业上市的话，在公司的透明度上会大大加强，还有义务去履行信息披露等事宜，有什么重大事项都需要发布公告。我们可以看到现在有些公司，因为企业上市就伪造谣言包装业绩、违规披露信息，出了问题就很有可能受到监管部门的处理，在企业形象上大打折扣。而且公司上市融资也不是免费的，随着企业股权稀释，以及资本的辖制，曾经的掌权人可能最后会失去对公司的控制权。哪怕是曾经的苹果公司也出现过这个问题，由于资本的利益需求，一些原本的初衷还没有得到市场的认可就被否决，乔布斯还一度出走苹果。最后总结一句，公司上市有弊端，企业上市需谨慎。

企业境内IPO主要流程

不同国家和地区制定的企业IPO上市规则不同，各个交易场所要求不一。就中国境内交易场所（上交所、深交所）而言，除了科创板上市外，企业通过IPO上市，一般要经过改制、辅导、申报、审核和发行五个阶段。具体流程如下。

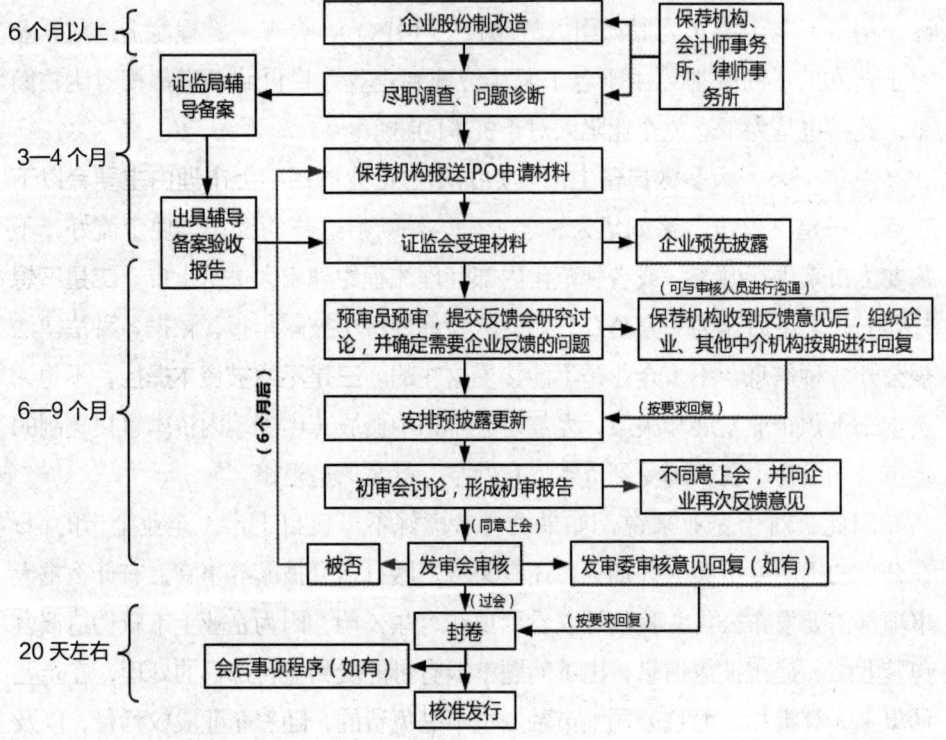

一是企业股份制改造，简称**改制**。在中国，一般公司分为有限责任公司和股份有限公司两种。一般早期的、中小型的公司都是有限责任公司，但是法律规定上市的必须是股份有限公司，所以要把法律形式改变为股份有限公司。

二是尽职调查与辅导，简称**辅导**。改制为股份公司之后，保荐机构与其他中介机构对公司进行尽职调查，问题诊断，专业培训以及上市辅导，一般需要一到三个月，偶尔也有更长的。主要是让企业建立起完全符合上市要求、相对完善的运营体制。

三是材料申报。辅导完成以后就是制作上市的申报材料，然后将申请文件提交证监会。证券会在5个工作日会对符合申报条件的申请文件进行受理。从开始制作到申报，顺利的话大概需要两三个月时间。

四是申请文件审核。证监会受理申报材料之后会和企业以及相关中介机构反馈沟通，先是对符合要求的申请文件进行初审。初审结束之后，对申请文件进行披露，将初审报告以及申请文件提交发行审核委员会进行审核，俗称

"上会"。最后，根据发审委审核意见，对发行人申请作出决定。

五是发行与上市。通过发审会后，一般来说意味着证监会同意了企业的发行申请。再对申报材料进行一些小的修改完善以后，证监会就会给发行批文（正式名称叫核准文件），企业拿着这个文件就可以开始发行，然后向交易所申请挂牌上市。

1990 年到 2019 年沪深上市公司概况

年度	上市公司总数	总市值（亿元）	平均市盈率
2019（截至 5 月 10 日）	3630	592163.575	16.984
2018	3584	487551.382	13.138
2017	3485	631832.557	19.507
2016	3052	557519.995	21.408
2015	2827	584464.410	23.180
2014	2613	428620.566	17.425
2013	2489	272499.640	12.408
2012	2494	267848.812	13.861
2011	2342	250115.896	12.849
2010	2063	305214.865	20.061
2009	1718	290727.179	34.992
2008	1625	148383.091	14.425
2007	1550	401296.955	49.087
2006	1434	103524.918	38.598
2005	1381	34952.963	20.914
2004	1377	39897.630	22.899
2003	1287	45646.375	39.476
2002	1224	40964.698	59.215
2001	1160	46326.733	44.676
2000	1088	50752.315	67.537
1999	949	28153.554	49.731
1998	852	20916.877	38.426
1997	745	19000.829	45.575
1996	530	10902.880	44.703
1995	323	3938.393	17.838
1994	291	4051.503	21.423
1993	183	3655.139	94.757
1992	53	1060.050	153.677
1991	13	120.316	86.958
1990	8	23.822	

数据来源：Wind 金融数据库

2. 企业上市，什么是借壳？

借壳上市是A股近年来持续不衰的热门主题，尤其是随着A股市场行情的变化和IPO放行的速度以及监管政策的变化。借壳上市，一方面能够为企业上市提供一个快速通道，利于产业重组；但另一方面上市公司被借壳后一夜之间"乌鸡变凤凰"的预期，使得壳资源被爆炒，产生了很多乱象。那么，什么是借壳上市？借壳上市的模式是什么？借壳上市存在什么弊端呢？

借壳上市产生原因？

借壳上市是指一家非上市公司通过把资产注入一家市值较低的已上市公司，也就是注入壳资源，得到该公司的控股权，利用其上市公司地位，使母公司的资产得以上市，随后再将壳公司改名。简单地说，借壳上市就是通过收购资产、资产置换等方式获得该上市公司控股权，这家公司就可以以上市公司增发股票的方式进行融资，从而实现上市的目的。在西方发达资本市场，没有"借壳上市"这个概念。有个类似的概念，叫"反向收购"，也叫"后门上市"。但与国内A股资本市场不同的是，由于企业IPO相对容易，上市"壳"公司没有什么价值（约一两百万美元）。

与一般企业相比，上市公司最大的优势是能在证券市场上大规模筹集资金，以此促进公司规模的快速增长。另外成为上市公司以后，股份是有市场价的，可以使用股份支付激励团队，或者兼并收购。因此，上市公司的上市资格已成为一种"稀有资源"，所谓"壳"就是指上市公司的上市资格。由于有些上市公司不善于经营管理，其业绩表现不尽如人意，丧失了在证券市场进一步筹集资金的能力，要充分利用上市公司的这个"壳"资源，就必须对其进行资产重组。借壳上市就是将上市的公司通过收购、资产置换等方式取得已上市公司的控股权，然后以上市公司增发股票的方式进行融资，从而实现上市的目的。

在中国，借壳上市的意义以前可能多一些。2014年《上市公司重大资产重组管理办法》修订发布之后，借壳上市标准与IPO等同，最大的意义就是可快速上市。中国科创板推出之前,境内IPO流程太长,且常常暂停,企业存在发行失败的可能,而借壳上市审核相对快捷。发行部对于IPO的审核时限过长,在会两三年非常常见,往往上会时的报告期已经不是申报时的报告期了,本来要上市的企业很多急需资金快速发展,错过了黄金发展期可能后续增长就乏力了。雪上加霜的是,A股市场曾经动辄暂停审核,准备改革要暂停,市场不好也要暂停,暂停成了一种常备手段。而借壳上市,表现为重大资产重组,本质上是一种市场化的交易行为,上市部的审核较快,半年左右即有结果,相关的监管政策也相对透明,时间就是金钱,这是企业选择借壳上市的最主要原因。

IPO 与借壳上市比较

项目	IPO	借壳上市
发行审核	证监会发审委审核,排队企业较多,审核时间长,审核标准严格。	证监会重组委员会审核,审核程序简单,审核时间短,审核标准较宽松。
适用范围	绝大部分企业都适合采取IPO路径上市,但是对财务状况、公司治理、历史沿革等问题要求很高。	IPO受限企业主要选择借壳上市。主要为房地产企业和证券公司。前者受国家宏观调控政策影响,后者因为盈利能力波动太大而导致不能符合连续三年盈利的基本要求。
保荐人签字	需要两名保荐人签字	不需要保荐代表人签字,不占名额
上市时间	一般需要1年半至2年的时间,复杂的企业需要3年的时间,另外时间跟证监会审核速度也有直接关联。	一般需要1年至1年半的时间,重组委审核一般较快。
融资费用	一般按照募集资金额的一定比例来计算。费用包括律师费用、会计师费用和支付券商费用,一般为募集资金额的6%—8%,费用大部分在上市之后支付。	首先公司需要支付给壳公司大股东一定的对价,作为对其出让控股的补偿,也就是买壳费用,一般是5000万元至1亿元。其次上市后再融资的费用一般为募集金额的2%—4%。

如何借壳上市？

一般借壳上市基本环节包括：1.在上市公司中寻找具备卖出条件的合适壳公司。2.取得壳公司的控制权，方式包括：股份转让方式、增发新股方式、间接收购方式。3.对壳公司进行资产重组：壳公司原有资产负债置出，借壳企业的资产负债置入。具体流程包括四个方面，分别是准备阶段、协议签约及材料申报、证监会审核、收购及重组实施阶段和收购后整理阶段。

借壳方案一：转让股权、置换资产

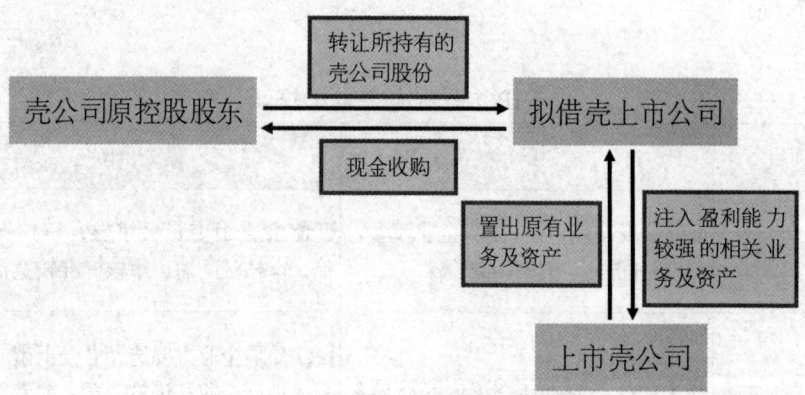

第一步，上市壳公司原控股股东把所自己持有的上市公司股份通过股权转让协议方式，转让给拟借壳上市企业，拟借壳上市企业用现金收购该部分股份；第二步，借壳方收购完成，并对上市壳公司进行控股后，与上市壳公司进行资产置换，收购其原有业务及资产，同时把拟上市的业务及资产注入上市公司，作为收购其原有资产的对价。

借壳方案二：转让股权+换股增发

第一步，壳公司原控股股东将所持有的壳公司股份通过股权转让协议方式，协议转让给拟借壳上市企业，后者以现金作为对价收购该部分股份；第二步，借壳方完成对上市壳公司的控股后，由上市壳公司向拟借壳上市企业的全体（或控股）股东定向增发新股，收购其持有的拟借壳上市企业股权；第三步，上市壳公司向其原控股股东出售其原有的业务及资产，后者以现金为对价收购该部分资产。

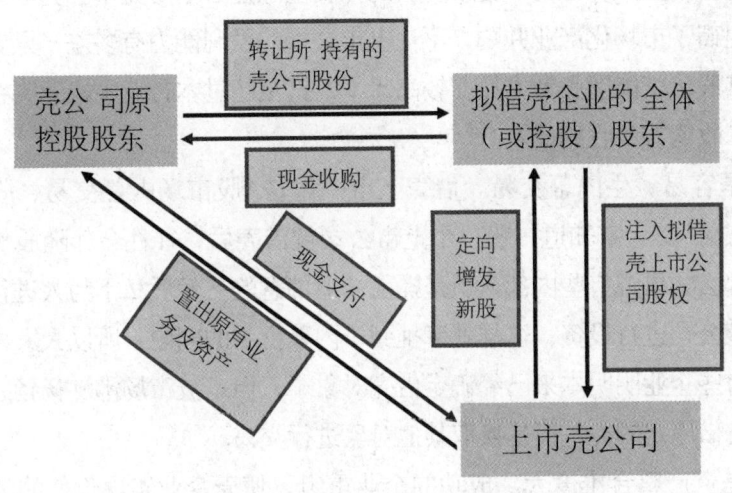

借壳上市有什么弊端?

借壳是实现企业上市的一个快捷有效的途径,相比于IPO上市,它的优点在于更加节省时间与金钱,在近几年上市的企业中,通过借壳上市的企业有很多。这其中除了IPO上市政策的原因阻碍,还有借壳上市的好处一直吸引着广大企业家进行投资上市,但是借壳上市也存在不少弊端。

一是壳公司质量不确定性强,若企业选壳不当,会对企业自身造成损失。什么叫选壳不当呢? 一般来说我们借壳的公司都是因为经营不下去才需要卖壳的。当然股市行情不好的情况,由于股权质押惨遭控制权转移的情况也有一些优质企业成为壳公司。大多数经营不当的壳公司,难免有一些负债,欠得少还好说,如果这个壳暗地里都是负债,那么就是说这个壳也就陷入了黑壳的状态了,它的壳被你收购后,有可能债务直接转移到收购方这边。由于壳资源稀缺,"壳市场"信息不透明,而拟借壳的公司往往对时效要求很高,导致拟上市公司找到的壳往往存在质量不确定性,若选择了有很多问题的壳后期处理过程较为复杂,会对企业自身造成损失。

二是借壳上市的价格炒作一直是一个问题。在过去审核制的发行制度下,由于企业上市机会的稀缺性,使得壳公司往往很值钱,一个壳的价格甚至被炒至上亿元。由于证监会对申请IPO上市的企业审核严格,出现了一些落选上市的企业,其中不少选择借壳来实现上市梦。由于市场的需要,加上外界的压迫使得壳的价格上涨，经过一番炒作后的壳费上涨是必不可免了。壳泡沫在一定程度上阻碍了市场化产业并购，不论上市公司的盈利能力有多差，只要有重组预期，其股价就能够长期维持在较高水平，甚至超过本行业中的龙头企业，大大抬高了收购方的收购成本。

　　三是容易滋生内幕交易。借壳上市一直是A股市场内幕交易、股价操纵的"重灾区"。大家知道一般一个上市公司被借壳后，往往会伴随股价的短期暴涨。那么如果说有些内部人员是提前知道消息的，然后私下与人进行沟通泄露，对该公司进行投资，这样就牵扯到了内幕交易的问题。所以大家可以经常观察到有些企业明明本来已经确定借壳对象了，但是被市场沸沸扬扬之后，最终却没有借原定的壳，而是换取其他对象进行交易。

　　四是资产整合难度大。成功的企业重组，使壳企业实现价值的突变与上升才是借壳上市的终极目标。交易双方原为两家不同的企业，技术、风格以及理念等方面必然存在很多的不同，如果忽视了并购之后的继续整合，忽视了企业文化的再融合，忽视了管理的协调等方面，"壳"公司经营状况将不会产生实质性的改观，这样的借壳上市不仅不能为借壳公司带来任何收益，反而是花钱买了个包袱。此外，还有一个很普遍的现象，借壳成功后，壳公司的注册地与拟上市公司的注册地大都不一致，为了管理方便，拟上市公司往往希望将壳公司迁往自身所在地，然而上市公司带来的利税、政绩太大，壳公司注册地政府部门会各种阻挠，迁址很难实现。

　　五是存在审核不通过风险。借壳上市一个重要优势在于审核较IPO更为容易，但目前两者已逐渐趋同。中国证监会2012年修改《上市公司重大资产重组管理办法》（以下简称《重组办法》），明确了借壳上市的概念及审核要求，2014年进一步修改《重组办法》，对借壳上市的审核要求等同于IPO，意味着借壳上市相比之前审核更加严格，且创业板不得借壳上市。2016年9月修订后的《重组办法》给"炒壳"现象再一次降温，抑制了部分借壳上市等行为。监管层在近一年里持续收紧并购政策，对借壳交易、跨界并购从严审核，同时严厉打击"忽悠式重组"，遏制借并购重组的套利行为。2017年2月份发布的再融资新规与2017年5月份发布的减持新规，也在一定程度上为"高烧"的上市公司并购重组市场降低了温度。

何谓并购、重组?

企业并购（Mergers and Acquisitions，M&A）包括兼并和收购两层含义、两种方式。国际上习惯将兼并和收购合在一起使用，统称为M&A，在中国称为并购。并购是一种通过转移公司所有权或控制权的方式实现企业资本扩张和业务发展的经营手段，是企业资本运作的重要方式。并购的实质是一个企业取得另一个企业的资产、股权、经营权或控制权，使一个企业直接或间接对另一个企业发生支配性的影响。

并购是企业利用自身的各种有利条件，比如品牌、市场、资金、管理、文化等优势，让存量资产变成增量资产，使呆滞的资本运动起来，实现资本的增值。在中国企业的发展壮大过程中，受某些因素限制，早期缺少并购的成功经验，特别是海外并购方面的经验。但近年来随着探索与发展，中国企业在并购重组方面有所成长，成功案例与失败案例均不断增多。如2004年联想17.5亿美元成功并购IBM个人电脑业务，2010年吉利以18亿美元收购沃尔沃汽车公司100%股权（不是沃尔沃集团）等。

资产重组是指企业改组时将原企业的资产和负债进行合理划分和结构调整，经过合并、分立等方式，将企业资产和组织重新组合和设置。资产重组又分为内部重组和外部重组。内部重组，仅是企业内部管理机制和资产配置发生变化，资产的所有权不发生转移。外部重组，是企业或企业之间通过资产的并购、互换等形式，剥离不良资产、配置优良资产，使现有资产的效益得以充分发挥，从而获取最大的经济效益。这种形式的资产重组，企业买进或卖出部分资产或者企业丧失独立主体资格，其实只是资产的所有权在不同的法律主体之间发生转移。借壳上市，就是典型的外部重组。

3. 主板、中小板、创业板和新三板有何区别?

在当前的多层次资本市场体系中，有主板、中小板、创业板、新三板市场和区域性股权市场。我们常听说企业选择到境内主板上市或中小板上市或创业板上市，这几个市场究竟有什么不同呢？还有企业到新三板挂牌，那么新三板挂牌是不是上市呢？对我们投资者来说有没有区别呢？

中国资本市场的构成

实际上，主板、中小板、创业板、新三板和区域性股权市场都是中国多层次资本市场的组成部分，板块之间互为补充。中国的资本市场像一个金字塔结构，根据上市企业的规模、类型和行业特点分为不同的层次。从上至下看，顶楼是上交所、深交所的主板市场；往下是由中小板和创业板，都是在深圳市场设立；而新三板属于场外市场。所谓场外市场则是交易所之外的市场，包括新三板、区域性股权交易市场、券商otc市场等，对应的企业均为非上市公司。而场内市场是指交易所市场，包括上交所和深交所。主板、中小板、创业板都是场内交易所市场，对应的企业均为上市公司。

中国多层次资本市场构成

层次	板块	市场
成熟期	主板	公开市场（沪深交易所）
成长期	中小板 创业板 / 科创板	
	三板、新三板（全国股份转让系统）	场外交易市场
成长前期	区域股权中心、产权市场	

主板、中小板、创业板、新三板都属于直接融资渠道，面向全国企业申报。主板：称为一板市场，主要针对大型蓝筹企业挂牌上市，分为上交所主板（股票代码以600开头）和深交所主板（股票代码以000开头）。中小板：主要针对中型稳定发展企业，发行规模相对主板较小，属于深交所的一个板块（股票代码以002开头）。中小板是细分领军企业的摇篮。创业板：称为二板市场，主要针对科技成长型中小企业，相较主板和中小板更看重企业的成长性，属于深交所专属的一个板块（股票代码以300开头）。新三板：称为三板市场，主要为

那些还未上市的中小微企业提供股权交易的场所，准入门槛低，交易所位于北京（股票代码以8开头）。

板块之间有何区别？

由于主板、中小板和创业板可以统称为A股市场，很多人容易把不同板块弄混淆，甚至把主板等同于A股市场。另外，由于新三板和其他板的相同之处在于他们都是全国性的交易场所，有着相同的监管体系和相同的运作体系，也有人错误地认为新三板挂牌也是上市。下面就从上板企业定位、准入门槛和投资者群体三个方面来进行分析比较。

企业定位不同

- 主板：指传统意义上的证券市场，是一个国家或地区证券发行、上市及交易的主要场所，是大型企业的首选上市方式。企业一般是大国企、大蓝筹，综合实力较强。
- 中小板：主要是针对中型稳定发展，但是未达到主板挂牌要求的企业。中小板适合各个细分行业的龙头企业。
- 创业板：主要针对科技成长型中小企业。属于新兴行业、创新高科技的企业大多会选择在创业板上市。
- 新三板：主要为暂时达不到以上三个板块无法上市的中小企业和新兴公司提供融资途径和成长空间。主要以民营中小微企业为主，企业综合质量与上市公司存在不小的差距，但其中也不乏一些行业领军者。

准入门槛不同

主板、中小板

- 股票经中国证监会核准已公开发行；
- 公司股本总额不少于人民币5000万元；
- 公开发行的股份达到公司股份总数的25%以上；公司股本总额超过人民币4亿元的，公开发行股份的比例为10%以上；
- 公司最近3年无重大违法行为，财务会计报告无虚假记载；
- 交易所要求的其他条件。

创业板
- 股票已公开发行；
- 公司股本总额不少于 3000 万元；
- 公开发行的股份达到公司股份总数的 25%以上；公司股本总额超过4亿元的，公开发行股份的比例为 10%以上；
- 公司股东人数不少于 200 人；
- 公司最近三年无重大违法行为，财务会计报告无虚假记载；
- 交易所要求的其他条件。

新三板
- 依法设立且存续满两年。有限责任公司按原账面净资产值折股整体变更为股份有限公司的，存续时间可以从有限责任公司成立之日起计算。
- 业务明确，具有持续经营能力。
- 公司治理机制健全，合法规范经营。
- 股权明晰，股票发行和转让行为合法合规。
- 主办券商推荐并持续督导。
- 全国股份转让系统公司要求的其他条件。

一般规模比较大的企业通常在主板上市，比较小的企业会去中小板或者创业板。创业板有一定行业要求和业绩要求，还要求主营业务突出。新三板对企业没有具体的财务指标的要求，只需要申请的公司合法合规、治理健全、结构清晰、业务明确即可。

投资者群体不同

主板、中小板、创业板

除了法律规定禁止买卖股票的人群之外，其他成年人在证券公司开立证券账户即可买卖股票，对最低资金并无要求。

以下为法律禁止买卖股票的人群：证券交易所、证券公司和证券登记结算机构的从业人员，证券监督管理机构的工作人员以及法律、行政法规禁止参与股票交易的其他人员，在任期或者法定限期内，不得直接或者以化名、借他人名义持有、买卖股票，也不得收受他人赠送的股票。

新三板

机构投资者需满足以下条件
- 实收资本或实收股本总额500万元人民币以上的法人机构；
- 实缴出资总额500万元人民币以上的合伙企业。

自然人投资者需满足以下条件
- 投资者本人名下近10个转让日日均金融资产500万元人民币以上；
- 具有2年以上证券、基金、期货投资经历，或金融从业经历。

新三板如今正处于成长期，企业业绩波动较大，其风险远高于主板。故其实行了较为严格的投资者适当性制度，并以机构投资者为主。

4. 创业板，为什么没有成为中国版的"纳斯达克"？

2009年10月30日，创业板正式登上中国资本市场的历史舞台，第一批28家企业上市。由于头顶创新型、高科技、高成长性的"光环"，创业板一度被寄予厚望成为中国版的纳斯达克。因为美国的创业板——纳斯达克孕育了全球最好的科技创新企业，像苹果、亚马逊等。

然而时光荏苒，转眼间中国创业板走过已近10年，却终究没有成为第二个"纳斯达克"，虽然助推了很多优质的企业，但是却没有培育出中国的"苹果""亚马逊"等科创型巨头，甚至养猪企业温氏股份一度成为创业板市值最大的企业，还有像乐视网这样过山车的企业，股价跌幅甚至超过95%，给资本市场和投资者带来很多苦涩。因此，有人甚至怀疑创业板变成了赤裸裸的"圈钱板""套现板"。

为什么要设立创业板？

从全球来看，创业板出现于20世纪70年代的美国，兴起于90年代。一方面，由于石油危机引起经济环境恶化，股市长期低迷对企业缺乏吸引力，各国传统的证券市场都面临着很大危机，主要表现在公司上市意愿低，上市公司数目持续减少，投资者投资不活跃；另一方面，知识经济的兴起和风险投资的发展使大量新生高新技术企业成长起来，迫切需要针对新兴企业的股票市场。在此背景下，很多国家证券市场开始了新一轮的设立二板热潮，而其中美国1971年设立的创业板——纳斯达克市场发展迅速，迄今为止已成为世界上最大的股票市场之一，为各国股市的发展指出了一个方向。

在中国，创业板的诞生可谓十年磨一剑。1998年3月，成思危代表民建中央提交了《关于借鉴国外经验，尽快发展中国风险投资事业的提案》，此提案是当年全国政协会议的"一号提案"，被认为开启了在中国设立创业板的征程。同年，成思危提出了创业板"三步走"的发展思路：第一步是在现有法律框架下，成立一批风险投资公司；第二步是建立风险投资基金；第三步是建立包括创业板在内的风险投资体系。不久，美国纳斯达克神话随着互联网泡沫一起破灭，对标纳市的中国创业板也暂且搁置。直到2006年下半年，时任中国证监会主席的尚福林才表示将适时推出创业板。从2007年的框架初定到2009年10月底的开板启动，创业板经历了2年多的充分准备。

正是因为创业板的搁置，中小板作为创业板的过渡于2004年被推出。2001年纳市神话破灭，且国内股市频传丑闻，成思危建议缓推创业板。高层也认为股市尚未成熟，需先整顿主板，创业板计划搁置。2002年8月，《中小企业促进法》出台后，深交所在国内学术界、业界对创业板纷争不已的情况下，果断调整思路，选择了第三条路，将自己定位于为中小企业服务。成思危也提出创业板"三步走"的建议，将中小板作为创业板的过渡。2004年5月，证监会同意深交所设中小板，6月深市恢复发新股——8只新股在中小板上市，时称中国股市"新八股"。

2009年10月，创业板的推出被社会和投资者给予了厚望，首批上市的28家创业板公司，平均市盈率为56.7倍，而市盈率最高的宝德股份达到81.67倍，远高于全部A股市盈率以及中小板的市盈率。按照初衷，创业板的推出，既给中小企业，尤其是高科技企业，提供了更方便的融资渠道，又为风险投资基金提供了"出口"，有利于营造一个正常顺畅的退出机制，促进高科技投资的良性循环，提高高科技投资资源的流动和使用效率，还可通过上市促进企业规范运作，建立现代企业制度，增加创新企业股份的流动性，便于企业实施股权激励计划等，鼓励员工参与企业价值创造。

发展现状及问题

创业板自推出以来，获得了快速发展，根据Wind数据显示，截止到2019年4月底，A股市场共有3610只股票，其中创业板755只，总市值52868.72亿元。其中有不少企业，随着创业板一起，已经发展成为行业标杆或者龙头。然而，从发展现状来看，暴露出了诸多问题。

一方面，中国创业板培育出的真正大型科技股、生态型公司、超级独角兽企业还很少。在创业板未开板前，市场纷纷憧憬创业板将成为中国的"纳斯达克"，将打造出中国的"微软"与"谷歌"。但至少到目前为止，我们还没有看到中国"微软"与"谷歌"的影子，分享其高成长更是犹如"空中楼阁"。相反，投资者还因投资创业板而亏损累累。像乐视网曾被誉为创业板标杆，却陷入困境，股价从历史最高价170.03元一路跌到不足3元，跌幅超过95%，极大地打击了投资者信心。甚至养殖行业的温氏股份，曾经一度是创业板的第一大权重股，令人啼笑皆非。

2009—2018年创业板上市概况

	2018年	2017年	2016年	2015年	2014年
上市公司数	739	710	570	492	406
总股本（亿股）	3728.17	3258.49	2630.61	1840.45	1077.26
流通股本（亿股）	2647.45	2186.49	1700.44	1168.89	687.69
总市值（亿元）	40459.59	51288.81	52254.5	55916.25	21850.95
流通市值（亿元）	24542.95	30494.77	30536.9	32078.68	13072.9
创业板指数	1250.53	1752.65	1962.05	2714.05	1471.76
加权平均股价（元/股）	10.85	15.74	19.86	30.38	20.28
平均市盈率	32.1	49.15	73.21	109.01	64.51

（续表）

	2013年	2012年	2011年	2010年	2009年
上市公司数	355	355	281	153	36
总股本（亿股）	761.56	600.89	399.53	175	34.6
流通股本（亿股）	430.01	242.05	142.22	50	6.48
总市值（亿元）	15091.98	8731.2	7433.79	7365	1610.08
流通市值（亿元）	8218.83	3335.29	2504.08	2006	298.97
创业板指数	1304.44	713.86	729.5	1137.66	--
加权平均股价（元/股）	19.82	14.53	18.61	42.07	--
平均市盈率	55.21	32.01	37.62	78.53	105.38

注：数据整理自深圳证券交易所年度统计

　　另一方面，创业板不但没有变成投资者的乐土，反而成了富豪的"制造基地"。套现、圈钱成为不少创业板高管上市后的目标，创业板因此也被投资者称为"创富板"，背离了创业板的初衷。毕竟创业板的设立，是为支持创新科技企业融资需要，培养创业创新的企业家精神。IPO的目的是为实体经济服务，而不是单纯的上市套现。另外，创业板中还出现了业绩造假、讲故事、炒题材、炒垃圾股的玩法和忽悠式重组以及过于依赖外延式增长的局面，"资本玩家"满天飞，不少公司老板无心主业，不是正并购就是在并购的路上。

　　巴菲特说，只有在退潮后，才知道谁在裸泳。10年时间，创业板已毫无遮掩地"裸露"在市场面前。创业板终究没有变成中国的"纳斯达克"。如今，创业板头顶创新型、高科技、高成长性的"光环"早已"被褪色"。从挂牌公司的类型来说，尽管不乏创新型与高科技企业，但创业板更像是深市的第二个"中小板"；而从成长性来讲，创业板不仅无法与中小板相媲美，甚至常常被沪深主板远远地抛在后面。所谓的高成长性有名无实。有人认为，创业板之所以没能成为中国版的纳斯达克，是因为没有坚持初心，坚持上市公司的科创型；也有人认为，创业板不是采用的注册制，而是审核制，与主板、中小板上市本质并无大区别。

正因如此，上交所新推出的科创板，试点注册制，能否打造出中国版的纳斯达克，值得我们拭目以待！

5. 新三板挂牌是上市吗？什么是做市商制度？

很多人对新三板有个误区，认为企业到新三板挂牌就是上市了。实际上挂牌≠上市，新三板挂牌并不属于真正意义上的上市，我们通常说的上市是指主板、中小板和创业板。为了解决"中小企业融资难"的问题，继2009年深圳推出了创业板后，中国资本市场在前期新三板试点的基础上于2013年将其推向全国，在北京建立了中国第三大证券交易所。同时，与上交所、深交所不同，组建全国股转公司由其负责形式审查，而不是由证监会的发审会负责实质审核。

新三板面向全国企业推出，一度使广大达不到上市门槛又想通过资本市场融资的中小企业燃起了希望。然而，一路走来，却磕磕绊绊。经历过低迷，经历过火爆，也经历了沉浮；有一开始的无人问津，有初露锋芒时的被众人追捧，也有疯狂过后的不断降温直至冰点。这期间，从试点到发展、从一系列政策红利的推出到企业争先恐后的挂牌，再到很多挂牌公司谋求一条新的出路，很多投资者等着有人接盘跑路，甚至有三板圈外的人说"不会沦落到上新三板"。

那么，新三板到底是什么？吸引企业到新三板挂牌的原因是什么？而企业不愿意去挂牌，甚至已挂牌企业又纷纷退市的原因又是什么？还有曾经为了活跃市场，而效仿发达国家经验做法推出的做市商制度又是什么？效果如何呢？

什么是新三板？

新三板全称是全国中小企业股份转让系统，是经国务院批准设立的全国性证券交易场所，为非上市股份有限公司的股份公开转让、融资、并购等相关业务提供服务。全国中小企业股份转让系统有限责任公司是其运营管理机构，是经国务院批准设立的中国证监会直属机构。

三板市场起源于2001年"股权代办转让系统"，最早承接两网公司和退市公司，称为"老三板"。

2006年，中关村科技园区非上市股份公司进入证券公司代办转让系统进行股份报价转让试点，称为"新三板"。随着新三板市场的逐步完善，中国逐步形成由主板、创业板、场外柜台交易网络和产权市场在内的多层次资本市场体系。新三板与老三板最大的不同是配对成交，设置30%幅度，超过此幅度要公开买卖双方信息。

2012年，经国务院批准，决定扩大非上市股份公司股份转让试点（即新三板）到4个国家级高新区，包括上海张江、武汉东湖和天津滨海。

2013年底，证监会宣布新三板突破试点国家高新区限制，正式扩容至全国所有符合新三板条件的企业。

2014年1月24日，266家公司集中挂牌，新三板迎来一次史无前例的大扩容。新三板市场也正式成为一个全国性的证券交易市场。

2015年，新三板进入指数时代，即三板成指（899001）和做市指数（899002）。

2016年，新三板分层制度正式落地。迄今为止新三板挂牌企业已破万家。

2012—2018年新三板挂牌概况

	2018年	2017年	2016年	2015年	2014年	2013年	2012年
挂牌规模							
挂牌公司数（家）	10691	11630	10163	5129	1572	356	200
总股本（亿股）	6324.53	6756.73	5851.55	2959.51	658.35	97.17	55.27
总市值（亿元）	34487.26	49404.56	40558.11	24584.42	4591.42	553.06	336.10
股票发行							
发行次数	1402	2725	2940	2565	327	60	24
发行股数（亿股）	123.83	239.26	294.61	230.79	26.43	2.92	1.93
融资金额（亿元）	604.43	1336.25	1390.89	1216.17	129.99	10.02	8.59
股票转让							
成交金额（亿元）	888.01	2271.80	1912.29	1910.62	130.36	8.14	5.84
成交数量（亿股）	236.29	433.22	363.63	278.91	22.82	2.02	1.15
换手率（%）	5.31	13.47	20.74	53.88	19.67	4.47	4.47

（续表）

	2018年	2017年	2016年	2015年	2014年	2013年	2012年
市盈率（倍）	20.86	30.18	28.71	47.23	35.27	21.44	20.69
投资者账户数							
机构投资者（万）	5.63	5.12	3.85	2.27	0.4695	0.1088	0.0937
个人投资者（万）	37.75	35.74	29.57	19.86	4.398	0.7436	0.4313

注：数据整理自全国中小企业股份转让系统年报

新三板挂牌有什么好处？

自2013年新三板面向全国推出以来，企业挂牌数量增长迅速，目前已突破万家。若以家数论，可以堪称世界第一大交易所。新三板为什么对企业有如此强大的吸引力？企业到新三板挂牌有什么好处呢？概括来说，主要有以下五个方面。

一是有利于提高企业融资能力。新三板的存在，使得企业的融资途径拓宽，不再局限于银行贷款。一些优质企业，在挂牌前可以有私募基金参与进来，挂牌后可以利用定向发行股票增资和发行债券以及股权质押等方式融资。另外，挂牌后，银行对公司的认知度和重视度明显提高，公司更容易以较低利率获得商业银行贷款。

二是有利于提升公司股份价值。公司挂牌，通过市场化的股份转让定价机制反映公司股份的价值，股份的流动性得以大大增加。做市商制度通过券商专业的投资价值判断能够提升公司的整体估值水平，有效提高了公司股票的流动性，连续的交易形成公允价格，更好地体现了挂牌公司的价值。

三是有利于提高企业知名度。公司挂牌后成为公众公司，能够吸引到全国投资机构和优质供应商及客户的关注，引进投资者的机会和议价能力提高。也能够为公司在资金、管理、人才、品牌、渠道和经营理念等方面提供全面提升，拓展公司的发展空间，成为公司的宣传平台。

四是有利于规范企业发展。公司在新三板挂牌，就必须在专业机构的指导下先进行股份制改革，可以初步建立起现代公司治理结构和管理机制，很好地促进企业的规范管理和健康发展，增强企业的发展后劲，从而为公司提供管理、技术、销售等方面的支持，大大提高企业管理能力和经营能力。

五是有利于企业快速上市。作为多层次资本市场的一部分，新三板本身具有对接主板、中小板、创业板市场的功能定位，是通往更高层次资本市场的绿色通道。通过主办券商后续持续督导，公司逐渐了解资本市场的运作规则和监管法规，对公司今后进入中小板、创业板、主板上市起到热身作用，这将大大缩短上市进程。

为什么企业不愿意挂牌或退市？

虽然新三板对中小企业有上述诸多好处，进入门槛也较低，但凡事有利必有弊。通过对新三板挂牌企业的表现来看，融资能力有限和流动性差使原本观望的企业放弃了挂牌。还有一些挂牌的企业，感觉没有带来多少实质性好处，却因为挂牌每年要额外增加几十万的费用而选择退市。数据显示，2018年新三板挂牌公司家数较2017年净减少近1000家。那么究竟有哪些原因呢？

● **增加直接费用**

新三板挂牌会产生两个方面的费用，一是挂牌费用，包括券商、律师事务所和会计师事务所等中介费用，约150万元；二是维护费用，挂牌要按照股份系统要求进行公司治理，不但管理成本增加，税收、社保支出也要规范，还要考虑每年增加的券商持续督导费用、审计师费用、律师费等，这对于利润并不高的中小企业而言也是一笔不小的开支。尽管全国多数地方对企业新三板挂牌都有一定补贴，但是补贴费用只能覆盖挂牌费用，对于每年几十万元的维护费用，需要企业自行承担。

● **出现隐形成本**

企业挂牌变成公众公司后，会出现不少隐形成本，一是公司要公开财务报表和经营情况，竞争对手、客户和供应商都会看到；二是企业做出决策时，不再是一言堂，而必须按照法定股东大会、董事会决策程序进行；三是企业之前未规范交税、未规范缴纳员工工资福利、社会保险等都会被公之于众，企业要认真考虑可能带来的不利影响。

● **信息需要公开**

一方面，信息披露对公司的经营管理层带来压力，督促企业规范公司治理。作为公众公司，要做到财务公开，履行完备的信息披露义务，接受第三方监督，企业的经营状况、盈利水平都处于外界关注之中，同时财务信息公开，企业难以通过调整报表来降低经营业绩的波动，这必然给公司的经营管理层带来压力。而且挂牌后，企业决策需要更规范，很难再一言堂。另一方面，成为公众公司后，企业的客户、经营情况、商业模式、财务状况等一举一动全都暴露在竞争对手、供应商和客户面前，企业再无秘密可言。

● 融资能力有限

虽然新三板理论上能够为挂牌企业提供丰富的融资渠道，但是并不意味着所有的企业都一定能融到资，尤其在当前宽松的挂牌条件下，挂牌公司良莠不齐，僵尸企业增多。有些公司虽然符合挂牌条件但是自身的发展阶段并不适合尽快接触资本市场，企业挂牌后很可能很难从资本市场上取得融资，却会增加无谓的成本，这类企业在认识到真实情况后可能会选择暂时离开资本市场。

● 股权流动性差

回顾新三板2018年发展状况，行情指数持续下行，交易量、挂牌企业数量均出现萎缩。根据全国股转公司近日披露的统计数据显示，2018年新三板挂牌公司家数较2017年净减少近1000家，总市值缩水近1.5万亿元；全年市场合计成交888.01亿元，较2017年减少六成以上，日均不足3亿元。为破解交易清淡困局而引进的做市商制度总体来看有效性并不显著，几乎失去价格发现功能。另外，配套制度完善程度落后于发展速度，挂牌公司信披质量不高等问题也影响了市场流动性。

引入做市商交易的尴尬

正是为了提高股权流动性，新三板引入了做市商制度。所谓做市商制度，一般是由券商或别的投资机构作为做市商，以市场上的其他投资者为对手进行的股票买卖，通过设定买入和卖出区间，在这区间内连续报价，与对方达成交易。从海外市场的情况来看，设计这一制度的主要目的在于提高股票的流动性，同时引导合理定价，因此特别适用于刚上市的中小市值公司。美国的纳斯达克市场就明确，在其小型股票市场上市的公司，必须实行一定期限的做市商交易。无疑，这一模式也是适合新三板的。

做市商交易作为新三板制度创新的一个重要组成部分，自2014年8月25日实施以来，受到各方的高度关注。因为海外多层次股票市场体系的发展历程表明，低层次股票市场引入做市商制度是一种较优的选择。引入做市商制度，有利于增加市场流动性、提高交易价格的稳定性，有助于发现挂牌公司股份价值等，其不仅曾是海外各主要证券交易所的主导交易制度，而且在各国近年来先后设立的低层次市场中也得到普遍采用。

但是中国新三板做市商制度实施4年多的实践表明，效果并不理想。特别是2018年以来，一些券商纷纷开始减少做市高交易的力度，甚至退出，以至在不少市场人士看来，如今做市商交易是形同鸡肋，食之无味，弃之可惜。数据显示，与2017年全年478起做市商退出事项的数据相比，2018年全年1549起做市商退出事项，数据增至3倍之多，而且做市商退出的热潮仍在持续。究其原因，据业内人士消息，做市亏成狗，基本没听说过哪家是在赚钱的。

事实上，在中国新三板做市商交易实行的初期，确实起到了活跃市场、推动合理定价的作用，相关的券商做市机构亦从中获取了不错的收益。然而，随着新三板的快速发展，挂牌公司越来越多，但与此同时对于投资者的准入门槛一直比较高，这就产生了供求失衡的问题。另外，部分新三板挂牌公司的业绩不尽如人意，有的在治理结构上也存在很多问题，即便是在实行做市商交易的公司中，有些也同样存在着多方面的缺陷，这就直接导致交易活跃度下降和价格的回落。

此外，在海外市场，做市商交易本身不以营利为目的，其把赢利点放在驱动交易的活跃上。而在新三板中，因为投资者数量少，即便有了做市商，交易也很难真正活跃，因此一些做市商也就想方设法低价获取库存股票，然后尽可能以相对高价在市场上出售，在这个过程中显然不是把创造合理的流动性及引导理性估值放在最重要的位置上。于是乎，做市商交易也就逐渐失去了它本来应该具有的特点，无法充分发挥积极作用了。

新三板做市商交易图

下面举个例子让大家了解一下做市商做些什么。

● 你急需现金，于是想要卖掉车来筹集资金。你在网站上发了广告，但是一直没有买家出现，于是你只剩下两种选择：要么降价，要么继续等待。

● 做市商的角色，就好比随时准备买车的人或者机构。只是，他们愿意支付的价格低于你期望的价格，但是好处是他们能随时让你拿到现金。

这个例子展示了一个做市商的优势和劣势，优势是能随时给你便利，劣势是你不得不在价格上作出让步。很多人陷入两难，是继续观望等待满意的买家呢，还是牺牲一些利益换取立马拿到现金呢？

在金融市场，做市商的角色也是一样的。它们为市场提供足够的流动性，让订单能够快速成交。

6. 为什么要发展四板，区域性股权交易市场？

在中国，主板市场主要针对成熟的大型企业，创业板主要培育和推动成长性的中小企业，新三板主要针对完成股份制改造的非上市企业，而四板的推出究竟为何呢？什么是四板呢？为什么现在很多企业不愿意去四板挂牌呢？

什么是四板？

四板，区域性股权交易市场的俗称，是为特定区域内的企业提供股权、债券转让和融资服务的私募市场。四板与新三板一样都属于场外交易市场，只是在挂牌条件上，比新三板更低，企业甚至不需要完成股份改制，主要的交易主体是中小微企业。把中国的多层次资本市场比作金字塔，四板即是"塔基"，主要是为省级区域内的中小微企业提供融资、股权转让等服务。

2008年，为了解决"中小企业多、融资难；社会资金多、投资难"的"两多两难"问题，中国首家区域性股权市场——天津股权交易所成立，从此中国区域性股权市场正式起步。在初始阶段，按照"谁审批、谁监管、谁负责"的原则，在地方政府主导下，全国多地陆续建立起区域性股权市场。

为了规范区域股权市场发展，2012年中国证监会出台文件，首次明确区域性股权市场是多层次资本市场的重要组成部分，是为本省行政区划内中小微企业提供股权、债权转让和融资服务的私募市场，亦是中国多层次资本市场建设中必不可少的部分。按照规定，区域性股权市场以企业挂牌融资和配套服务为主、交易业务为辅，旨在帮助更多中小微企业获得低成本资金，同时企业只能在本省的四板市场挂牌。

随着政策的明确，四板市场得到了快速发展，区域性市场覆盖全国的态势已经形成，全国范围内基本呈现"一省一市场"的格局。截至2018年底，全国共有34家区域性股权市场，挂牌企业24808家（其中股份公司8395家），展示企业98647家，纯托管企业6809家，累计为企业实现各类融资9063亿元。此外，沪深两个证券交易所在区域性股权市场发展初期也参股了14个区域性股权市场。

四板存在的意义

区域性股权市场的发展，进一步丰富了中国多层次资本市场体系，有利于与现有公开市场错位发展、有序衔接和功能互补。在资本市场上，不同的投资者与融资者都有不同的规模与主体特征，存在着对资本市场金融服务的不同需求。投资者与融资者对投融资金融服务的多样化需求，决定了资本市场应该是一个多层次的市场体系。

一是有利于满足资金供求双方的多层次化要求。从资金供给方来说，由于风险偏好的不同，投资者也是具有不同层次的。四板市场作为中国多层次资本市场的构成之一，为投资者提供了一个投资的渠道。从需求方来说，处于不同发展阶段的不同规模的、不同风险状况的企业对股权融资的需求不尽相同。对于中小微企业，特别是处于创业初期阶段的科技企业来说，获得银行贷款相对较难，而四板提供了一个融资的渠道和展示的机会。

二是有利于提供优化准入机制和退市机制。从场外市场到创业板市场、主板市场，入市标准逐步严格，企业素质也呈阶梯式排列状态，这实际上形成了一个市场筛选机制。一方面，在下一级市场上挂牌交易的企业经过培育，会有优秀企业脱颖而出，进入上一级市场交易；另一方面，对于长期经营不善，已不符合某一层次挂牌标准的企业，则可通过退出机制，退到下一级市场交易。这样就形成一种优胜劣汰机制，既有利于保证挂牌公司的质量与其所在市场层次相对应，又能促进上市公司努力改善经营管理水平，提高自身的发展质量。

三是有利于防范和化解金融风险。直接融资有利于分散融资风险，能够有效地避免风险向金融系统集中，从而降低金融系统性风险。当前，中国的融资结构仍以间接融资为主，直接融资比例还较低。而多层次的资本市场可以通过改善企业质量，满足多元化的投资需求，吸引资金进入资本市场，扩大直接融资额度，从而降低金融风险。随着多层次资本市场体系规模的扩大和直接融资比重的提高，会逐步形成风险程度存在明显差异的子市场，使风险承担主体多元化，有利于分散和化解金融风险，实现金融市场的稳定。

发展中出现的问题

虽然四板市场能为省级区域内的小微企业提供融资、股权转让等服务，但是由于缺乏顶层设计，在运行过程中区域性股权市场也暴露出不少问题，诸如市场定位与新三板重叠、跨区域经营、监管机构不明确、运营机构无序竞争、产品风险大、投资者准入门槛低、信息披露不完善等。

一方面，企业挂牌意愿降低。

与新三板类似，融资能力有限和流动性差使得企业挂牌积极性不高。由于门槛太低和政府政策奖励以及有关部门动员，四板市场前期挂牌企业数量很多，据不完全统计，全国四板市场挂牌企业近10万家，但是真正能够通过挂牌获得融资的企业较少，多数企业只是起到展示的作用。因此，一些挂牌企业感觉没能带来实质性好处。另外，虽然四板挂牌企业后期维护费用几乎没有，但是信息披露等相关要求，也给企业带来了一些约束和隐形成本。总体来看，越是发达地区，越是优秀的企业，挂牌意愿越弱。

另一方面，挂牌企业存在风险隐患。

一些四板市场发展贪多求快。由于四板门槛相对较低，对申请挂牌企业没有太高的财务指标要求，大量缺乏资金的企业将其视为唯一现实的融资场所，就会使其在短期内吸纳大批企业挂牌，甚至包括有投机套现动机的不良企业。场外交易市场在为企业提供融资机会的同时，也为投机商提供了套现的空间。另外，四板市场对机构和个人投资者的要求大大降低，使投资者范围明显扩大，专业素质难以保证，投资风险增大。

安徽省四板市场——安徽省股权托管交易中心

安徽省股权托管交易中心成立于2013年8月1日，是经安徽省人民政府批准设立的省内唯一一家区域性股权交易市场的运营机构。中心由国元集团、国元证券（控股股东）、华安证券、安徽省产权交易中心、兴泰集团、芜湖建投及蚌埠产权交易中心出资设立，注册资本2亿元，全资拥有安徽省股权登记结算有限责任公司，参股安徽安元投资基金管理有限公司。其前身是合肥股权托管交易所，成立于2004年，由合肥市产权交易中心、安徽省投资集团有限责任公司及合肥兴泰信托投资有限公司联合发起设立。2007年，经安徽省工商行政管理局核准，更名为安徽省股权托管交易中心有限公司。

目前中国区域性股权交易中心四种运行模式

	主导模式	代表
模式一	产权交易机构主导模式	天津股交所、北京股交中心
模式二	地方政府主导的事业单位模式	齐鲁股权交易托管中心
模式三	地方国企主导模式	上海、安徽股权托管交易中心
模式四	证券公司主导模式	前海股权交易中心

中心自成立以来，立足安徽，积极对接全国多层次资本市场，致力于为全省中小微企业提供优质高效的股权综合服务，为PE/VC投资皖企提供进退渠道，初步形成了股权挂牌、股权托管、私募债券发行、清算交收、金融创新产品五大业务体系和一市多板的市场架构，足以满足广大皖企在不同发展阶段的股权管理和投融资需求。截至2019年4月，挂牌企业超过3000家。中心还于2019年4月，在全国率先推出了科创专板，对标孵化上交所科创板上市后备企业。

第三章 资本市场

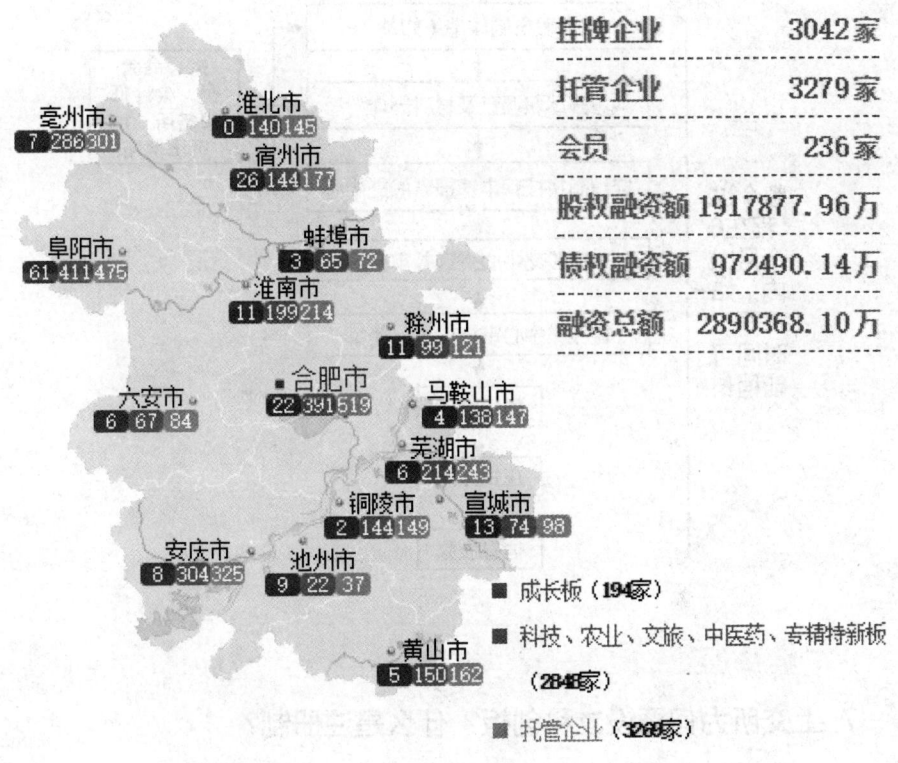

安徽省股权托管交易中心挂牌企业数据及城市分布（截至2019年5月15日）

中心经营范围包括：办理各类非上市企业股权集中登记托管，并提供确权、非交易过户、挂失、查询、分红派息和股权质押登记服务；为股权、债权和其他权益类产品的挂牌、转让、融资、登记、托管、结算提供场所、设施和服务；为企业债权备案与交易、理财产品交易、金融产品交易提供服务；为企业改制、重组、并购、上市、投资提供业务咨询服务；与上述经营范围相关的产品和服务的信息发布；其他经监管部门核准的业务。

四板挂牌流程与新三板相似，只是股份制改造不是必需的，以安徽省股权交易中心为例，具体如下图。

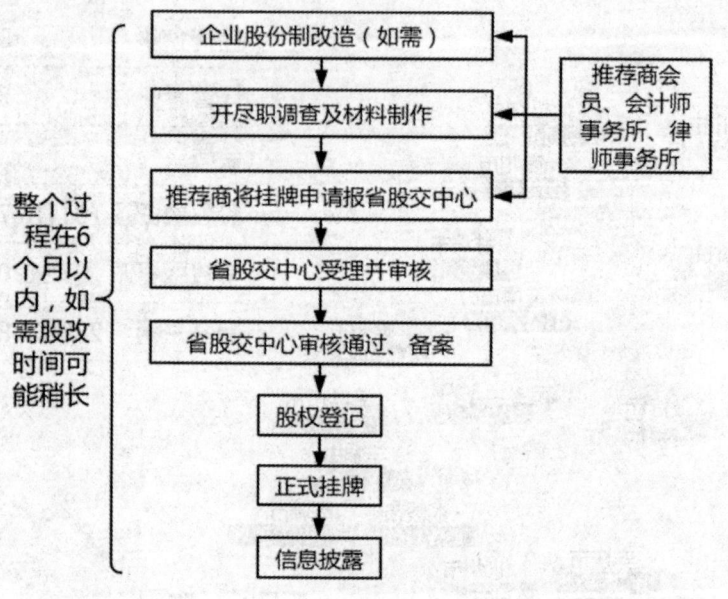

7. 上交所为何要设立科创板？什么是注册制？

中国的资本市场一直以来都有一个纳斯达克梦。无论是由深交所主板机制演化而来的中小板，还是2009年出现的创业板，抑或是2014年扩容的新三板，都曾被视为中国版"纳斯达克"的制度尝试，但最终这些板块因种种问题而名不副实。而科创板的设立再一次燃起市场的激情，同时引起社会关注的还有过去核准制向注册制的转变。

为什么要推出科创板？

2018年11月5日，在首届中国国际进口博览会开幕式上，国家主席习近平宣布，将在上海证券交易所设立科创板并试点注册制，支持上海国际金融中心和科技创新中心建设，不断完善资本市场基础制度。

科创板这个词在市场上并不陌生。2015年12月，上海股权托管交易中心（不是上交所）曾推出"科技创新板"，全名叫"科技创新企业股份转让系统"，成立初衷是为支持"四新"企业的发展，是一个规模较小，流动性有限的区域性OTC市场，只接受上海市内企业挂牌。而习近平主席提出的科创板，是由上交所推出设立又独立于现有主板市场的新设板块，并在该板块内进行注册制试点，面向全国企业申报。这意味着上交所设立的科创板属于股票市场的大范畴，实行公开发行、连续交易等基本制度，与俗称"新三板"的全国股转系统和俗称"四板"的各地股交中心有根本不同。

实际上，市场对于创新企业上市早有预期，有关文件显示已经纳入时间表，但后期因证券市场环境等因素发生重大变化又被停下。这次提出，并升格到在上交所开设新板块，也是中国高层对优质创新企业上市的事情表示重大关切，亦是境内资本市场对新经济企业的"制度性迎回"。过去几年，关于如何提高资本市场服务创新企业能力的探索未曾停过，从2015年提出战略新兴板的概念，拟设立专门板块支持初创企业融资，到试行中国存托凭证，支持符合国家战略、掌握核心技术、市场认可度高的创新企业在境内上市，监管层通过多项制度改革拟提高A股对科技创新企业的支持力度，但由于市场运行情况和经济结构调整等因素，推进效果并不如人意。

一方面是资本市场制度改革无法满足创新驱动和高质量发展的实际需要，另一方面是科技创新企业仍频频选择赴香港、美国等地上市。改革急迫性显而易见，要留下好企业、创新型企业，增强资本市场的融资能力，就必须在确保市场平稳运行的基础上大刀阔斧地推进改革，科创板应运而生。可以说，本次上交所设立科创板并试点注册制，一是为了支持新兴产业的发展；二是为了让新股发行节奏和价格更加市场化，适应经济发展的需要。

哪些企业可以登陆"科创板"？

板块设计对于任何一个板块定位都非常重要，是板块建设的基础。资本市场主要服务的是发展期到成熟阶段的企业，那么什么样的企业可以进入资本市场？在科创板推出之前，一个重要的衡量标准就是财务指标达到一定条件，因为财务指标能够很好地体现公司的经营情况。而科创板则是把科技创新能力作为筛选企业的标准，财务指标只是一个参考。如果企业科创能力足够优秀，甚至不硬性要求一定盈利。不过，在运行过程中也存在难度，毕竟科技创新的表征，不像财务指标那么显性、硬性，有很大的弹性。

关于科创板的定位，实施意见中提到"准确把握科创板定位，面向世界

党员干部金融知识必修课

科技企业、面向经济主战场、面向国家重大需求,主要服务于符合国家战略、突破关键核心技术,市场认可度高的科技创新企业,优先支持新一代信息技术、高端装备、新材料、新能源、节能环保、生物医药等高新技术产业和战略性产业,推动互联网、大数据、云计算、人工智能与制造业,引领中高端消费,推动质量变革、项目变革、动力变革"。这个表述实际上是说,科创板的目标是三个面向,重点支持的是六大领域,目的是推动高质量发展。

注册管理办法里讲三个面向,并提出要优先支持符合国家战略、拥有核心关键技术、科技创新能力突出,主要依靠核心技术开展生产经营,具有稳定的商业模式,市场认可度高,社会影响良好,社会形象良好,具有较强成长性的企业。这个表述既符合中央的要求,也符合中国的经济实际。**目前,在科技创新领域,跟跑的企业比较多,并跑的企业较少,真正领先的企业凤毛麟角。**基于这一现实,把握科创板的定位必须处理好现实和长远的关系、重点支持和一般支持的关系、优先推进和兼顾包容的关系,这样才能有生命力。

对于哪些企业可以登陆科创板,首先要符合科创板的定位。当然,一个企业能不能上科创板,关键还不是其所处行业,更重要的是其科技创新能力。科技创新能力如何进行自我评估呢?一般来说,可以从六个是否的角度:第一,是否拥有自主知识产权;第二,是否拥有研发体系;第三,是否拥有比较好的研发成果;第四,是否具备将研发成果转化成生产经营条件;第五,是否形成相对竞争优势;第六,是否符合战略需要。这六个是否是把握科创板定位的核心。

科创板与新三板、创业板有何不同?

尽管中国资本市场不同板块都有体现支持创新创业、支持民营企业、支持中小微,但是各有侧重。新三板主要为中小微企业发展服务,特点在于量大面广,挂牌条件较宽松;创业板的定位是暂时无法在主板上市的创业型企业、中小企业和高科技产业企业,上市公司大多从事高科技业务;科创板则定位于服务科技创新和交易所注册制的试点实践。

创业板、新三板和科创板最大的区别,是上市挂牌企业处于不同阶段并具有不同行业特征,只是没有明确的界限。几个板块之间,虽然发行机制方式不同,科创板"出生"就实施注册制,但在新股发行注册制改革完成之后,几个市场既相互补充，也相互竞争。不可否认，科创板的设立从长期而言，对创业板和新三板的冲击肯定有，但对中国多层次资本市场健康发展是有利的，尤其是审核制向注册制的转变。

最终，科创板能否真正成为中国的纳斯达克，关键是看运行能否坚守定位，不忘初心，真正面向科技创新能力强的企业。实际上，当年创业板设立之初，定位清晰，要建中国的纳斯达克，服务处于创业阶段的企业。但不幸的是，创业板已经和现有的中小板、主板几乎完全一样。

注册制与核准制的区别？

目前世界上有关国家、地区依据其证券市场成熟程度，以及法律背景、文化传统不同，对股票发行监管主要采取注册制和核准制两种模式。

注册制，又称"申报制"或者"登记制"，是指证券主管机关对证券发行人发行有价证券事先不做实质条件的限制，发行人在发行证券时只需全面、准确地将投资人判断证券性质、投资价值所必需的重要信息和材料做出充分的公开，经证券主管机关所确认公开的信息全面、真实、准确即可允许。证券主管机关不对证券发行行为及证券本身作出价值判断，对公开资料的审查只涉及形式，不涉及任何发行实质条件。发行人只要按规定将有关资料完全公开，主管机关就不得以发行人的财务状况未达到一定标准而拒绝其发行。**注册制的代表是美国、中国香港等资本市场相对发达的市场。**

核准制，又称"准则制"或者"实质审查制"，是指发行人申请发行证券，不仅要公开披露与发行证券有关的信息，还必须符合法律所规定的发行条件，政府有权对证券发行人资格及其所发行证券做出审查和决定，只有符合条件的发行人经证券监督机构的核准方可在证券市场上发行证券。因此该制度以维护公共利益和社会安全为出发点，发行人必须符合法定条件，否则申请将被否决。一般来说，实质性审查的内容主要包括以下几个方面：拟发行人的营业性质及其未来是否具有商业成功机会，拟发行人的资本结构是否合理，拟发行人是否规范运行等。**新兴市场国家多数采取证券发行核准制。**

作为两种完全不同的证券发行监管制度，注册制与核准制在理念、实施效果、具体操作等层面皆有所区别，各有利弊。两种不同的证券发行监管制度，反映了不同的政府监管理念，实质就是政府在证券发行过程中到底应该扮演什么样的角色、发挥怎样的作用。在核准制看来，无论是证券发行者还是投资人都是有优劣之分的，不是所有人都有能力做出准确判断，因此需要政府进行裁决；而在注册制的支持者看来，在既定的制度下，只要个人和企业都具有完全的信息，也具有完全的理性，个人追求效用最大化，企业追求利润最大化，各种稀缺的资源在竞争中可以达到均衡状态，完全尊重市场经济的自由。由于政府部门对证券市场的实质性监管，可以在一定程度上克服市场失灵，阻止经营管理不善的垃圾股票发行上市，并可通过发行证券实现产业倾斜，从而实现国家对经济的宏观调控。**简单来说，注册制和核准制的根本差异在于，把对企业的选真和选美交给市场，而不是证监会。**

实际上，注册制与核准制各有优劣，这也是二者长期并存的根源。注册制的优点在于：对证券发行者而言，所有有发行证券意愿的公司都可以公平地获得发行证券的机会；对证券监管部门而言，形式审查缩短了证券审核和发行的时间，提高了监管部门的效率，降低了制度运行成本；对投资者而言，把证券的发行交由市场来选择有助于市场机制的培育和成熟，培养和提高投资者接受信息能力和理性投资能力，投资者的成熟理性是证券市场理性的根本所在。核准制的优点在于：由于政府部门对证券市场的实质性监管，可以在一定程度上克服市场失灵，阻止经营管理不善的垃圾股票发行上市，并可通过发行证券实现产业倾斜，从而实现国家对经济的宏观调控；缺点是证监会背负的责任太大，既要对企业的材料负责，还要对企业的美负责，出现了大量的扭曲。

IPO 核准制与注册制对比

	核准制	注册制
概念	符合条件的发行人，经证券管理机关批准后方可取得发行资格，在证券市场上发行证券	发行人依法将有关的一切信息和资料公开，制成法律文件，主管机构只负责审查发行申请人提供的信息和资料是否履行了信息披露义务
目的	禁止质量差的证券公开发行	发挥资本市场价格发现、融资、资源配置等三大基础功能
对发行做出实质性判断主体	中介机构、证监会	中介机构

(续表)

	核准制	注册制
发行监管制度	中介机构和证监会分担实质性审核职责	证监会形式审核，中介机构实质审核
市场化程度	逐步市场化	完全市场化
发行效率	较低	较高

8. 内地企业为什么选择到境外上市？

近年来，有不少内地企业选择到境外上市，而其中美国和中国香港都是热门的选择地。尤其是2018年，在境内A股IPO审核趋严、过会率下降的背景下，以及小米、美团点评、海底捞等独角兽企业在香港上市的明星效应，赴港上市一度成为"热词"，很多原本打算在A股上市的企业为了早日获得上市资格，纷纷转变方向，"摩拳擦掌"欲在香港上市。而在之前，赴美上市也一度也成为国内互联网公司的宠儿，包括百度、阿里巴巴、新浪等。

境外上市的主要场所：美国纽交所、纳斯达克、香港联交所

目前，从国内企业境外上市的场所来看，主要分布是美国的纽约证券交易所（简称纽交所）、美国的纳斯达克和香港联合交易所（简称港交所）。Wind数据显示，截至2019年5月15日，纽交所上市的中概股110只，其中退市35只；纳斯达克上市的中概股164只，其中退市18只；港交所上市的中资股（含H股、红筹股、中资民营股）1105家，其中H股272只，红筹股173只。

● 纽约证券交易所

纽约证券交易所的起源可以追溯到1792年5月17日，当时24个证券经纪人在纽约华尔街68号外一棵梧桐树下签署了梧桐树协议，协议规定了经纪人的"联盟与合作"规则，通过华尔街现代老板俱乐部会员制度交易股票和高级商品，这也是纽约交易所的诞生日。1863年改为现名，纽约证券交易所。1934年10月1日，交易所通过美国证券交易委员会注册为一家全国性证券交易所。

纽约证券交易所因为历史较为悠久，因此市场较成熟，上市条件也较为严格，像那些还没有赚钱就想上市筹资的公司是无法进入纽约证交所的，而历史悠久的大企业大多在纽约证交所挂牌。在200多年的发展过程中，纽约证券交易所对美国经济的发展、社会化大生产的顺利进行、现代市场经济体制的构建起到了举足轻重的作用。

● **纳斯达克**

纳斯达克是英文缩写"NASDAQ"的音译名，全称是美国"全国证券交易商协会自动报价系统"。它建于1971年，是世界上第一个电子化证券市场。它利用现代电子计算机技术，将美国6000多个证券商网点连接在一起，形成一个全美统一的场外二级市场。1975年又通过立法，确定这一系统在证券二级市场中的合法地位。纳斯达克的发展与美国高技术产业的成长是相辅相成的，被奉为"美国新经济的摇篮"。

纳斯达克市场又分为三个层次，按照上市标准从高到低，分为纳斯达克全球精选市场、纳斯达克全球市场和纳斯达克资本市场。全球精选市场的公司最多，资本市场的公司最少，而且三个层次之间可以灵活转换。原本在全球精选市场的公司，如果不能满足标准，就会被降到全球市场，而在纳斯达克资本市场的小公司，当小资本额公司发展稳定后，他们通常会提升至纳斯达克全球市场。

● **港交所**

香港的证券交易历史悠久，早于19世纪香港开埠初期已出现，但到1891年香港股票经纪协会成立，香港才有正式的证券交易市场。1914年，该会易名为香港证券交易所。1921年，香港股份商会注册成立，属香港第二间交易所。1947年两所合并，成为香港证券交易所。由于股票市场繁荣和发展的需要，1969年以后相继成立了远东、金银、九龙三家证券交易所。1973—1974年的股市暴跌，充分暴露了香港证券市场四会并存局面所引致的各种弊端，1986年，四家交易所正式合并组成香港联合交易所，并开始享有在香港建立、经营和维护证券市场的专营权。

为什么互联网公司喜欢去美国上市？

国内互联网行业发展初期非常缺资金，一般互联网企业在上市前都经历过好几轮融资，银行不给贷款，所以主要的资金来源是天使投资+VC+PE。

投资于互联网行业的VC/PE投资机构一般都有境外背景，为让其投资能顺利退出，早日获得收益，国内公司普遍会采取离岸注册，股权结构都是外资。通常的流程是，引入外资—变成合资企业—采取VIE架构—境外上市。这是为什么早期互联网企业都跑到国外去的主要原因。近年来，虽然人民币基金越来越多，也有不少投资互联网行业，但是总体来看还是偏少。

互联网企业去美国上市，还有一个主要原因是境内外的审批差异。美国资本市场采取注册制，对于拟上市公司不设盈利门槛。只要你的公司业务高速增长，占据很大市场份额，即便亏损也能上市。互联网企业正是这种特性，在快速发展期为了抢占市场和业务，总是非常缺钱，如果达到境内上市需三年盈利的条件再去上市筹资，可能就错过最好的发展时机了。

另外，在美国上市时间短，不用排队，再融资能力强，而且从总体融资环境看，美国对于互联网公司、高科技公司普遍看好，并会给予高估值。

企业赴香港上市的理由

热闹的背后，除了知名企业的明显效应和中介机构为开拓市场业务大力宣传推动外，也有内地企业自身上市需求。由于长期以来，国内A股上市采取相对严格的审批制，造成企业IPO难，周期长，不能充分满足内地企业上市需求，而上市相对较为容易的香港也成为内地企业上市的一个重要选择。

概括来说，内地企业选择香港上市的理由大致有以下6个方面：

● 时间相对较快。由于香港IPO实行注册制，企业IPO所需时间一般是6—12个月，相比内地采取审批制来说所需时间要短一些。

● 走向国际化。借香港国际公认的金融中心、资讯中心和商业中心的地位，公司在此上市及宣传，将有利于大幅扩大其影响力以及提高公司国际形象。

● 制度相对完善。香港是全球重要的资本市场之一，业界精英云集，资本市场规模庞大，相比内地市场更加成熟和规范，制度也更加完善。

● 再融资能力强。市场可以灵活配合企业的需求，在投资银行帮助下，一般在很短的时间内就能筹到所需要的资金，帮助企业发展。

● 不受外汇管制。香港没有任何外汇管制条例，也不会对股息及任何售股的利润征税。

● 沟通便利性。由于香港与内地特殊的关系，从地理位置上和心里情结来说，其成立最能为内地企业接受的海外市场。

境外上市优缺点

优点	缺点
上市门槛低，筹资速度快	发行成本较高
市场和投资者相对成熟	上市后维护成本高（每年需要聘请境外的机构进行审计等，费用高）
市场制度完善有助于企业成长	存在语言、文化和法律壁垒
有利于走向国际化	不熟悉境外法律体系，面临种种诉讼风险
再融资能力强	估值相对境内上市低

境外上市的两种主要模式

由于不同国家和区域交易所上市规则不同，中国内地企业想要到境外上市并不容易。尤其是在早期制度不健全的情况下，国内一些高增长、利润率不高甚至尚在亏损的互联网企业，暂不符合A股上市条件，却又想通过上市融资，探索了一些境外上市途径。这也是为什么很多国内我们熟知的企业突然变成了外资（控股）企业。当然也有不少企业变成外资控股企业是为了避税，或是绕开外汇管制。目前，内地企业在美国（纽交所、纳斯达克）上市主要是采取红筹模式，而在香港联交所上市除了红筹模式外，还有H股模式。

● 红筹股上市。指公司注册在境外，通常在开曼、百慕大或英属维尔京群岛等地，适用当地法律和会计制度，但公司主要资产和业务均在中国大陆，如百度、京东、阿里、腾讯、美团、滴滴等很多互联网企业。红筹一般有两种模式，一种是股权模式，又称大红筹；另一种是VIE模式，又称小红筹。大红筹的主体为国有企业，指境内公司或机构在海外成立控股公司（由境内企业或机构控制），把境内的经营性主体变成境外控股公司的子公司，通过境外控股公司进行融资或完成上市的操作模式。小红筹的主体为民营企业，指境内自然人在海外成立控股公司（由境内自然人控制），把境内的经营性主体变成境外控股公司的子公司或变成可变利益实体（VIE），通过境外控股公司进行融资或完成上市的操作模式。

● H股上市。指中国境内（不包括港、澳、台地区）的股份公司，直接向香港联合交易所（以下简称"香港联交所"）申请发行境外上市外资股（H股）股票并在香港联交所上市交易的境外上市模式。此种上市模式，相对简单，只需获得中国证监会的批准，即可向香港联交所申请，后期资本运作要受中国法律监管。根据香港联交所的数据显示，**具有国资背景的内资企业近期前往香港上市主要是采取H股上市模式，而早期采取"大红筹"模式上市**。目前，国家有关部门、中国证监会皆鼓励境内企业通过H股在香港上市，并且境内企业在香港以H股上市后，仍然可以在国内A股上市，实现A+H股两地上市。

目前，内地企业成为港股上市重要主体。截至2019年5月15日，港交所上市公司2385家，而中资股（含H股、红筹股、中资民营股）1105家，几乎占半壁江山。尽管内地企业赴香港上市有很多优势，但是也存在一些风险。一是香港的法律税务制度与内地不同，在香港上市就意味着要遵循香港的游戏规则，内地企业需要高薪聘请相关专业人员，在无形中增加了沟通成本；二是在香港上市虽然可以吸引全球的投资者，但是受多种因素影响，内地投资者投资港股的人数并不多，而内地的投资者数量众多；三是香港上市发行定价完全由市场决定，破发现象屡见不鲜，上市容易退市风险也较大，而A股上市跌破发行价相对少见。因此，企业要冷静理性决策，上市不是目的，目的是通过上市让企业获得更好的发展，而不是羁绊。上市也不是终点，而是借力资本市场的起点，如果发展不好可能还会有退市风险。

9. 债券发行？企业债 = 公司债？

企业发行债券是一种重要的直接融资方式。以资金成本较低、不分散公司控制权、易于被投资者接受等优点而被融资者普遍采用；同时，也因其投资风险小，收益稳定而受到众多投资者的青睐。在国外成熟的资本市场，发行债券融资是企业融资的最主要手段，比重往往大于通过股票、信贷等其他融资方式。

在中国，企业债券融资占比也在逐步提升，甚至已经超过同属于直接融资的股票融资，成为金融市场体系的重要组成部分。大力发展债券市场，既有利于改善企业融资结构，优化市场资源配置，也能够有效地促进储蓄向投资转化，降低金融系统性风险。随着中国经济增长方式的转变以及市场化程度的提高，近年来债券市场在经济金融中的重要性越发凸显。

中国债券市场发展概述

中国债券市场真正的起步是在改革开放之后。债券根据发行主体的不同可以分为国债和信用债（包括金融企业和非金融企业）。一般的信用债是指企业债。1981年，中国开始启动国债的发行。而发行企业债券则始于1983年，最初主要是以集资方式出现，随后迎来了快速发展。2005年开始发行首批短期融资债券；2007年第一支公司债长江电力发行；2008年发行首批中期票据。目前，尽管以银行信贷为主的间接融资仍在社会融资中占据主导地位，但是企业债券融资占比在逐步提升。

相对于国债和金融债，企业债有一定的违约风险，所以称为信用债。从中国整体债券市场来看，占比最大的是国债以及地方政府债，其次是金融机构发行的金融债，剩下的大部分是企业信用债。中国企业发债最早从发改委监管的企业债开始，是因为中国从计划经济过渡到市场经济，过去很多投资需要发改委审批。

目前，信用债根据监管机构可以大致分为三类：发改委监管的企业债；证监会监管的公司债；人民银行监管，银行间交易商协会注册发行的非金融企业债务融资工具（短融、超短融、中票、PPN等）。另外还有银保监会和人民银行共同监管的金融企业（主要是商业银行）发债。这三大监管体系下的债券融资工具本质上没有差别，都属于企业直接融资工具，监管没有太大差别。

企业债 VS 公司债

在西方国家,由于只有股份公司才能发行企业债券,所以在西方国家,企业债券即公司债券。在中国,关于企业债和公司债的概念存在模糊和争议。有观点认为,企业债券也称公司债券,与公司债券没有区别。还有观点认为,企业债券包括公司债券,但不仅限,泛指各种所有制企业发行的债券。

企业债,发行主体多为国企,多为非上市公司,根据发行主体可分为城投债(发行人为城投平台类公司)和产业债。发债资金的用途主要限制在固定资产投资和技术革新改造方面,并与政府部门审批的项目直接相连。随着市场的发展,发改委主导的企业债,逐渐成为地方政府融资平台发行债券的通道。2014年,国务院开始加强对地方政府债务管理改革,要求以后不得增加政府债务融资,地方政府债务统一纳入预算管理,而且要清理存量控制增量,对发改委体系的企业债发展产生重要影响。另外发改委对地方政府融资平台的批复,由过去一般性融资未来逐渐向具体项目对接的专项债引导,保证债券发行融资跟一定的债券项目对应,要求债券的偿还与项目未来的现金流挂钩,从而避免和约束地方政府非理性融资。由此最近两年发改委体系推出了地下城市综合管廊专项债、城市停车场建设专项债、养老产业等与具体产业项目对应的项目债券。

公司债,最初中国只允许上市公司公开发行,根据2015年新修订的规定,现在非上市民营企业也可以发行债券。企业除了公开发行债券,即公募债,也可以发行私募债。目前,根据发行对象的不同,公司债可细分成三类:面向公众投资者的大公募(需由证监会核准,债券信用评级达到AAA),仅面向合格投资者的小公募(交易所审批)和私募(仅面向合格投资者,不超过200人,交易所备案)。以下是2015年上半年证监会出台新的《公司债券发行与交易管理办法》一些重要修订内容。

- 扩大发行主体范围,扩大至所有公司制法人。
- 丰富债券发行方式,建立非公开发行制度。
- 增加债券交易场所,将公开发行公司债券的交易场所由沪深交易所拓展至全国中小企业股份转让系统;非公开发行公司债券的交易场所由沪深交易所拓展至全国中小企业股份转让系统、机构间私募产品报价与服务系统和证券公司柜台。

● 简化发行审核流程，取消公司债券公开发行的保荐制和发审委制度。

● 实施分类管理，将公司债券公开发行区分为面向公众投资者的公开发行和面向合格投资者的公开发行两类，并完善相关投资者适当性管理安排。

从中国现状来看，发改委监管的企业债和证监会监管的公司债，区别主要体现在四方面。一是发行主体不同：公司债券是由股份有限公司或有限责任公司发行的债券，2005年中国《公司法》和《证券法》对此做了明确规定，因此，非公司制企业不得发行公司债券。二是募集资金用途不同：企业债券的募集资金一般用于基础设施建设、固定资产投资、重大技术改造、公益事业投资等方面；而公司债券可根据公司自身的具体经营需要提出发行需求。三是监管机构不同：公司债券的发行实行核准制，证监会审核发债公司的材料是否符合法律制度规定。而发行企业债则由发改委审批。四是对信息披露要求的差异：企业债券的发行人没有严格的信息披露义务；公司债券发行人的信息披露较为严格。

企业债与公司债主要区别

	企业债	公司债
发行主体	中央政府部门所属机构、国有独资企业或国有控股企业	股份公司或有限责任公司
监管主体	国家发改委	中国证监会
募集资金用途	主要用于基础设施建设、固定资产投资、重大技术改造、公益事业投资等方面	根据公司自身的具体经营需要提出发行需求，包括固定资产投资、技术更新改造、改善公司资金来源结构、调整公司资产结构、降低公司财务成本、支持公司并购和资产重组等
信息披露要求	没有严格的信息披露义务	信息披露较为严格
发行期限	1年以上，3—5年为主	1年以上，多在3—10年，7年为主
发行市场	可在单个市场上市交易，也可以跨市场上市交易	沪深交易所（公募）、全国股转系统、地方股权交易所（私募）
发债额度	发债数额不低于10亿元	最低限大致为1200万元和2400万元

债券市场投融资结构

投资机构包括：各类金融机构和非金融机构。另外交易所市场过去个人投资者可以参与，2015年对投资的规范，由于信用债券违约的情况越来越多，交易所市场建立了合格投资者制度。目前债券市场参与主体是各类机构构成，主要是商业银行（近6成），其次是保险公司、证券公司、资管公司等非金融机构（占比近30%），另外还有境外机构（占比3%左右），境外机构过去通过QFII，未来还可以通过债券通进入中国市场，个人投资者占比最小，不足0.1%。

公司债融资主体主要是企业，融资方的主体评级需要在AA级以上（国内最高等级为AAA）。对发行企业可持续经营能力要求较高，一般能够进入中国债券市场融资的企业都是当地比较大型、有竞争力的企业。

公司债从融资主体企业类型来划分，国有企业发行规模占据主导地位（超过60%），其次民营企业占比相对较小，在20%左右，外商发行债券规模在10%左右，并且近几年有较大提升。

10. 地方政府如何推动企业利用资本市场？上市、挂牌？

我们知道中国多层次资本市场构建，主要是为了满足不同层次企业直接融资的需要，旨在解决早期和成长期中小微企业融资难、融资贵的问题，助推成熟期大中型企业进一步做大做强。企业通过资本市场发展壮大，又能在一定程度上助推和反哺地方经济的发展。企业上市，不仅提高了地方城市的知名度，有利于对外宣传和招商引资，而且还成为各地经济发展比拼的一个重要参考指标。因此，推动企业上市成为地方政府的一项重要工作。虽然企业作为市场的主体，挂牌、上市和发债等都应该是出于自身发展的自主行为，但是政府在其中发挥着重要作用。一些地区上市企业数量众多，除了自身创新创业氛围浓厚外，也离不开当地政府的支持和推动。

如何推动企业上市、挂牌？

从目前全国各地省市县三级政府做法来看，较为普遍的做法是对符合条件的企业挂牌、上市直接奖补，而且在具体金额上各地大有比拼赶超之势，尤其是对于企业IPO。连深圳最不缺少上市公司的城市都有奖补，更不用说经济发展水平一般的内陆省份及西部等这样的"困难户"。一些地区由于现有上市企业数量少，后备资源有限，政府开出的直接奖补政策，甚至超千万，多数地方省市县三级均有奖补，企业可叠加享受。奖励金额从几百万到几千万不等，有些是固定金额，有些是按照过程中产生的中介费用和募资比例，规定一个上限。在实际兑现上从事后奖补开始向过程中分阶段奖补转变，以上市为例，分为完成股改，报会辅导和完成上市三个阶段。除了支持本土企业上市外，一些地方对于区域外已上市公司迁入或本地企业借壳上市并把注册地迁入同样给予奖补。

直接奖补虽然能够快速提高企业的上市积极性，但是一个地方能否培育出更多的上市公司，关键还是要看创新创业氛围和营商环境。毕竟企业上市有一定的门槛和规模，不是所有企业都能上市，企业发展也需要过程。奖补金额再多，如果地方后备资源不足，也无法真正实现企业上市。尽管有些地方开出重金挖其他兄弟城市的墙脚，但是真正冲着奖金来变更注册地址的企业毕竟还是少数。另外，即使企业上市，也只是一个新的起点，而且资本市场是把"双刃剑"，用好了是帮助，用不好则是羁绊。能否借力资本市场做大做强，关键还是看企业自身基本功是否扎实，尤其在注册制的试点下，制度将会更加健全，稍有不慎，甚至会退市。

因此，本人认为中西部地区要从长远发展的视角来推动企业上市工作，既不能急功近利，更不能错误地认为本地没有符合上市条件的企业就不用急着开展相关工作了，而恰恰相反，更要高度重视，而且要多部门联动。推动企业上市是一个长期性、系统性的工作，如果今天没有育出优质的种子企业，明天就很难长成上市后备企业。具体做法可以从以下几个方面考虑：**一是营造良好创新创业氛围，增加市场主体数量**，加强科技创新发展，通过孵化器和众创空间的建设来鼓励创新、创业；二是**建立上市后备企业资源库**，筛选具有发展潜力的重点企业，有计划、有针对性地分层培育；三是**建立领导包联企业服务制度**，增强服务意识，帮助协调解决企业发展中的问题；四是**加大企业上市扶持力度**，妥善解决上市后备企业历史遗留问题，支持企业进行规范股改等。

案例：合肥高新区推动企业挂牌、上市做法

合肥国家高新技术产业开发区（简称合肥高新区）是1991年经国务院批准的首批国家级高新区，管理面积128平方公里，常住人口20余万人，是合肥综合性国家科学中心的核心区、国家自主创新示范区和首批国家双创示范基地，是创新型国家建设的战略支点和合肥建设"大湖名城 创新高地"的主要载体。2018年4月，合肥高新区被科技部火炬中心纳入世界一流高科技园区建设序列，跻身参与全球科技竞争的国家队。

经过多年的奋力建设，目前合肥高新区已经形成了较为完善的现代产业体系，培育了科大讯飞、科大国盾、四创电子、华米科技、阳光电源、科大国创、安科生物等领军企业，形成了人工智能、公共安全、新能源、生物医药、先进制造等高端产业集群。区内市场主体3万余家，高新技术企业852家，自主培育上市公司22家。上市企业数量，约占合肥市总量的近一半，占安徽省的五分之一。

作为中部地区，合肥高新区产业发展取得的成效离不开长期以来资本市场的助力，具体做法包括：

一是积极培育市场创新创业主体。发挥合肥科教资源丰富的优势，营造良好创新创业氛围。截至2018年底，集聚了中科大高新园区和中科大先研院、中科院创新院等重大协同创新平台，建有量子信息与量子科技创新研究院、类脑智能国家工程实验室等国家级研发平台，建成省级以上技术（工程）研究中心169家，拥有战略新兴产业领军人才127人。区内建有合芜蚌自主创新综合试验区合肥创新平台，建成众创空间37家（国家级12家），孵化器19家（国家级9家），加速器8家，孵化面积300万平方米，并且对于创新型创业企业和完成绩效考核的孵化器给予一定奖补支持。

二是建设区域性金融中心。除了支持企业通过政策性担保公司——高新担保和科技银行等获得间接融资外，大力发展股权投资基金，支持早期和成长期优质企业做大做强。自2010年合肥高新区管委会利用下属国有投融资平台公司——合肥高新集团发起设立风险投资基金以来，目前合肥高新区集聚基金150余只，总规模超1600亿元，提供天使投资、省青年创业引导资金、创新贷、助保贷、上市融资等全方位、全周期的投融资服务。而且出台政策鼓励培育企业通过引进专业风险投资机构或行业龙头企业获得投资。如2018年政策,对当年获得投资(最后一轮融资达1亿元及以上)后估值达10亿元的培育企业,且当年实际到位资金不少于5000万元,给予一次性100万元奖励;对获得投资后(最后一轮融资达1亿美元及以上)估值超过10亿美元的培育企业,且当年实际到位资金不少于5000万美元,给予500万元一次性奖励。

三是分层培育上市后备企业。自2010年开始,合肥高新区启动了"科技小巨人培育计划",集中政策资源对培育企业给予重点支持。截止到2017年,共认定467家"科技小巨人培育企业",这些企业在自主创新及主要经济指标等方面增长迅速,部分企业年销售收入首次突破亿元。后来又实施了"瞪羚计划",对达到"瞪羚企业"认定标准,纳入计划的企业,除给予科技小巨人培育企业政策支持,还在研发投入和发展空间以及税收优惠上给予政策支持。

四是建立领导包联上市重点后备企业制度。动态筛选出符合国家产业政策、主营业务突出、竞争能力较强、盈利水平较高、具有发展潜力、近两三年内有望上市的重点企业,建立合肥高新区管委会领导直接包联制度。包联企业在发展过程中遇到诸如发展空间不足、高端人才引进、供应链上下游企业合作等需要协调解决的问题,除了通过相关的部门外,还可以直接联系管委会包联领导,而且包联领导也会经常到企业主动上门服务。

五是企业上市直接奖补一千万元。在安徽省、合肥市两级政府奖补政策的基础上,合肥高新区对于企业上市又给予一千万的奖补。2018年发布的《合肥高新区加快企业股改上市三年行动计划(2018—2020)》明确,对设立股份有限公司完成工商注册登记,并通过园区直接融资后备企业备案审核手续的企业,按照拟上市和拟挂牌,分别给予公司核心管理团队100万元和50万元一次性股改奖励。此外,奖励额度大幅提升,对上市企业分市场分阶段给予每户奖励,由原先的400万元直接提升到1000万元。

对于未来展望,合肥高新区管委会网站显示,进入新时代,合肥高新区将牢记习近平总书记视察高新区的重要讲话,坚守"发展高科技实现产业化"的立区宗旨,承载国家使命,参与全球竞争,重点实施"创新驱动,产业引领,开放发展,产城融合"四大战略,倾力打造合肥国家综合性科学中心和产业创新中心核心承载区,激发各类创新主体活力,聚力营造创新创业生态,把高新区建设成为创新驱动示范区、大众创业引领区、产城融合样板区、开放发展先行区、中部崛起增长极，朝着世界一流园区的目标阔步前行，到2035年，综合实力进入全球高科技园区前列，成为全球创新创业网络核心枢纽、全球原创科技和产业的重要策源地，成为中国建设创新型国家的核心力量之一，实现"财富高新、和谐高新、美丽高新"的美好愿景。

第四章　互联网金融

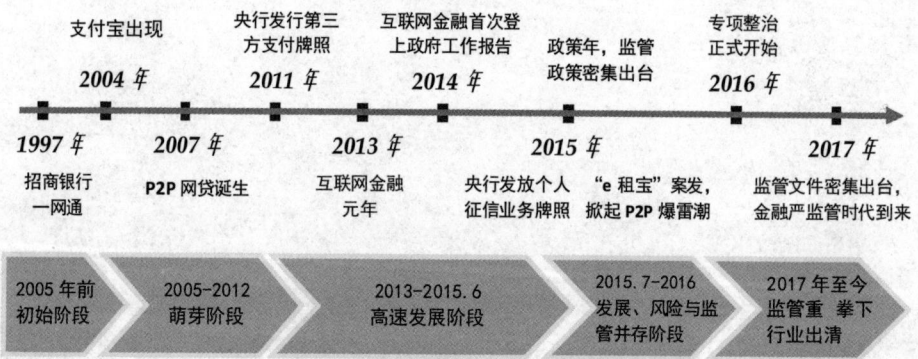

中国互联网金融发展历程

　　尽管当前受P2P网贷平台负面影响，提到互联网金融，很多人对相关风险都心存警惕，但是随着信息化、数字化时代的深入发展，"无网络不金融""无移动不金融"已成为现代金融业体系的一个重要特征。

　　实际上，国内最早意义上的互联网金融是兴起于20世纪90年代的商业银行开展的网上银行业务。2000年后，随着互联网的发展，支付宝、微信支付等第三方支付平台的诞生，互联网金融逐渐从技术领域深入到业务领域，第三方支付、网贷平台、众筹等互联网新兴形态相继出现。2013年，在国内资产证券化大发展的背景下，"余额宝"的诞生被业界认为互联网金融元年正式到来。随后，微信支付和支付宝的普及应用，让手机扫描二维码支付的时代快速到来。由此，2014年，互联网金融首次登上了政府工作报告。

　　然而，在互联网金融发展呈井喷之势背后，也埋下了不少隐患。2015年，总成交量超过740亿元的"e租宝"平台爆雷，随后P2P跑路、裸贷等恶性事件频发，校园贷引起了社会关注。由此，行业监管开始拉开序幕并进入密集期。为促使互联网金融行业快速出清，淘汰不规范的平台，保障互联网金融行业长期稳定、健康和可持续发展，从2016年至今，互联网金融进入专项整治阶段，并还在继续。回顾互联网金融在中国发展历程，从促进发展、异军突起、规范发展到警惕风险，再到健全监管，从政府工作报告措辞中，可以看出政府对行业发展的态度。

1. 什么是互联网金融？对传统金融业有什么影响？

近些年，互联网金融突破了传统金融业存在的信息不对称、交易成本高、小微企业贷款需求及民间小额理财需求难以满足等难点和盲点，利用监管空白，短时间内蓬勃发展，成为金融新业态、新势力。同时，由于监管空白和滞后，也滋生了一些金融乱象。总体来说，互联网金融的迅猛发展在很大程度上是互联网巨头带领民间资本和草根力量利用信息技术优势突破存款利率管制和金融机构准入资格限制向金融业渗透的结果。

尽管受P2P网贷平台风险频发不利影响，但是互联网金融是未来发展的必然趋势。一是有利于解决小微企业融资难问题，促进民间金融阳光化；二是可对传统金融业发挥"鲶鱼效应"，在理念、技术和模式等方面的创新，促使中国金融机构不断改变业务模式和服务方式，为其改革发展注入了新动力，为金融体系的市场化、普惠化发展带来了新鲜元素。另外，互联网所倡导的开放、平等、草根、共享、去中心化，对中国金融体制改革意义十分明显。

什么是互联网金融？

互联网金融是利用互联网技术和移动通信技术等一系列现代信息科技术实现资金融通的一种新兴金融模式。在此种模式下，市场信息不对称程度相对较低，资金供需双方能够通过网络直接对接，交易成本减少。互联网金融并不是一个严格的学术概念，是传统金融业与互联网技术相结合的新兴领域，它是从商业角度描述的互联网环境下的金融业务模式。不过，互联网金融不是互联网和金融业的简单结合，而是在实现安全、移动等网络技术水平上，被用户熟悉接受后（尤其是对电子商务的接受），自然而然为适应新的需求而产生的新模式及新业务。

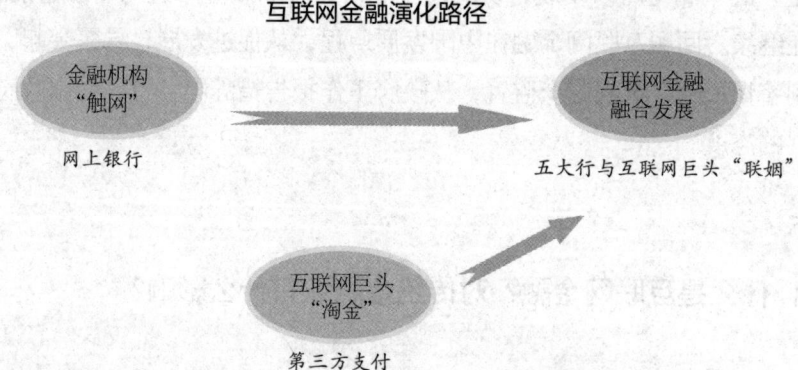

互联网金融演化路径

从中国发展情况来看,互联网金融有两条演化路径:一是从金融机构"触网"出发,学习升级互联网技术,将传统的线下业务转变为线上业务,从而更好地为客户提供金融服务;二是互联网企业"淘金"向金融领域靠近,借助互联网技术提供创新的金融模式,尤其是第三方支付蓬勃发展,非金融机构利用所掌握的客户群及数据开展金融服务。以阿里巴巴、腾讯、京东和百度为代表的传统互联网巨头正是采取了第二种策略,充分发挥各自在互联网领域的优势,或是电子商务体系或是客户群体或是搜索优势等,与金融展开嫁接业务。

在互联网金融发展的过程中,中国互联网金融呈现出多种多样的业务模式和运行机制,有支付结算、信用融资、渠道业务和信息服务等。具体来说,移动支付发展迅速,商业银行占据主体地位,非银行支付呈笔数多、单笔交易额较小的特点;P2P网贷行业整合、退出现象明显,随着整顿规范,运营平台数量有所下降;互联网保险业务扩张较快,创新较为活跃,业务渗透率不断提高;互联网基金销售稳步增长,业务集中在互联网货币基金销售;消费金融参与主体多元化,发展快速,以小额、短期的贷款业务为主等。

中国互联网金融发展历程

实际上,国内最早意义上的互联网金融是商业银行开展的网上银行业务。银行业开始建立网上银行,如早在1997年招商银行便开通了自己的网站,金融电子服务从此进入了"一网通"时代,1998年"一网通"推出"网上企业银行",为互联网时代银企关系进一步向纵深发展构筑了全新的高科技平台。网银由于其灵活、便捷等特点，受到用户的好评，迅速获得了快速发展。

随着支付宝等第三方支付平台的诞生，互联网金融逐渐从技术领域深入到业务领域，第三方支付、网贷平台、众筹等互联网新兴形态相继出现。2011年5月18日人民银行正式发放第三方支付牌照，同年27家第三方支付公司拿到支付牌照，正式标志着互联网与金融结合的开始。2012年，平安陆金所推出P2P网贷业务，网贷平台迅速发展，互联网金融进入一个新的发展阶段。

2013年，在国内资产证券化大发展的背景下，"余额宝"诞生，以其为代表的互联网金融理财产品一经推出规模增长迅速，互联网金融实现了爆发，所谓的互联网金融元年正式到来。2014年春节，微信红包业务一经推出就火遍全国，并彻底激活了微信支付，令其拥有了与支付宝一决高下的资格。而微信支付和支付宝的普及应用，让手机扫描二维码支付的时代快速到来。

2014年，互联网金融发展呈井喷之势。互联网金融首次登上了政府工作报告，报告中提到"促进互联网金融健康发展，完善金融监管协调机制"，政府鼓励互联网金融发展的意图十分明显。同年12月，中国首家互联网银行"微众银行"经监管机构批准开业，总部位于深圳。

2015年，既是互联网金融爆发式增长的一年，也是名副其实的"政策年"。一方面互联网金融创新再现新局面，互联网巨头纷纷抢滩个人征信市场，芝麻信用、腾讯征信等八家民营征信机构正式成为央行"开闸"后首批获准开展个人征信业务的机构。4月蚂蚁小贷旗下个人信贷产品"花呗"宣布正式上线，6月浙江网商银行宣布正式开业。另一方面在互联网金融爆发式增长的同时，风险也不断聚集。总成交量超过740亿元的"e租宝"平台爆雷，随后P2P跑路、裸贷等恶性事件频发，校园贷引起了社会关注。因此，监管进入密集期。

从2016年至今，互联网金融进入专项整治阶段。2016年10月，国务院办公厅印发《互联网金融风险专项整治工作实施方案》，对网贷、股权众筹、互联网保险、第三方支付、互联网资产管理及跨界从事金融业务等领域进行大范围排查，旨在促使互联网金融行业快速出清，淘汰不规范的平台，保障互联网金融行业长期稳定、健康和可持续发展。随后监管政策密集出台。至今，互联网金融风险专项整治工作还在继续。

从促进发展、异军突起、规范发展到警惕风险，再到健全监管，2014年到

2018年,"互联网金融"连续5年都出现在政府工作报告中,我们从措辞上可以看出政府对行业发展的态度,也反映了互联网金融行业5年来经历的从高速发展到规范整治的历程。归根结底,互联网金融本质还是金融,没有改变金融的功能属性和风险属性。互联网金融发展得好不好,关键取决于风险管控做得好不好。

与传统金融业有什么关系?

一是两者相互融合、共同发展

传统金融业和互联网企业之间是相互融合、共同发展的"竞争—合作"关系。从发展现状来看,互联网金融没有脱离金融的本质,更多是理念和思维的创新,更多依靠互联网技术来完善金融服务及其渠道,是金融服务提供的多元化。一方面,互联网公司从事金融业务,依然需要传统金融机构的配合。另一方面,金融机构和互联网企业各具优势,通过共设子公司等形式,共享牌照、研究、平台、技术、数据积累方面的优势。

互联网金融同传统金融行业相比,一是能够更精确地把握用户互联网生活中及时性、零碎性和个性化的需求,注重产品创新和产品升级,用户黏性较高;二是运营成本低,多数是纯线上运营模式,没有线下实体网点。不过,传统金融行业经过多年的深耕细作,在用户资源、线下渠道、风险控制等方面具有较大优势,而且部分优势是互联网金融短期内难以补上的短板。因此,二者由竞争到合作会是大势所趋,从目前互联网巨头纷纷向金融机构靠拢也可以看出这一趋势。

二是互联网金融具有"鲶鱼效应"

互联网金融的兴起给传统金融业造成一定的压力,带来了新的活力和冲击。从互联网金融主流模式来看,互联网企业降低了信息不对称程度和交易成本,蚕食了金融机构核心业务领域。尤其是银行支付结算业务和小微贷款服务。比如,微信支付结算、淘宝网上购买基金、保险代销等,在便捷性上胜过传统金融机构。因此,在一定程度上对银行业、证券业等传统金融机构造成竞争压力。

互联网金融发展势头迅猛,未来对传统金融业的影响将不断加强,"鲶鱼效应"明显。互联网金融在理念、技术和模式等方面的创新,促使中国传统金融机构不断改变业务模式和服务方式，为传统金融机构的改革发展注入了新动力。面对互联网金融的"攻势"，传统金融业已开始积极应对，不断审视自身经营模式、盈利模式和服务模式，做出了调整和改变，纷纷完善互联网金融业态，线上交易和线下金融对接融合，以及与互联网巨头"联姻"。随着传统金融业积极主动拥抱互联网，革新技术并革新理念，加快互联网金融业务的布局和转型，未来传统金融业将成为推动互联网金融深入发展的核心角色。

2. 互联网巨头为什么布局金融业？

互联网公司布局金融业

从中国互联网金融发展来看，互联网公司布局金融业务，大致可分为两个阶段，第一个阶段在2015年之前，属于探索与示范阶段，是互联网公司基于自身场景的延伸，百度、阿里巴巴、腾讯和京东（简称BATJ）这类互联网巨头占据主导地位；之后则进入第二个阶段，属于模仿与跟随阶段，金融业务与自身场景的关联度下降，成为很多互联网公司流量变现的工具。有数据显示，在中国前二十大互联网公司中，除了陌陌外，均已布局金融业务。

互联网巨头BATJ在拥有大量用户、高频交易、场景优势后，金融自然成为流量变现的最佳渠道。在互联网金融行业野蛮生长的时期，出于对互联网金融浪潮的先知先觉，BATJ完成了从互联网到互联网金融的悄然蜕变。其中，阿里从电商开始，支付结算需求自然会与财务相结合；腾讯依靠社交起点，入口是其最大的优势；百度拥有庞大的搜索数据和领先的人工智能，更具技术性；京东依托电商和物流体系形成供应链金融生态圈。

BATJ 金融布局

公司 / 牌照	百度	阿里巴巴	腾讯	京东
组织形式	度小满金融	蚂蚁金服	分散在多个事业群	京东数科
银行	百信银行	网商银行	微众银行	无

（续表）

公司/牌照	百度	阿里巴巴	腾讯	京东
证券	国安证券	华泰证券	中金公司 富途证券	无
保险	百安保险 与太保集团合资财险公司	国泰产险 信美相互 众安保险 阿里健康保险公司	和泰人寿 众安保险 香港英杰华	京东保险
第三方支付	度小满支付	支付宝	财付通 微信支付	京东支付 京e汇
小贷公司	重庆百度小贷、上海百度小贷	重庆蚂蚁小微小贷、重庆蚂蚁商诚小贷	财付通网络金融小贷	重庆两江小贷、重庆京东同盈小贷、北京京汇小贷、上海京汇小贷、西安京汇小贷
基金销售	百盈基金销售	蚂蚁基金销售	腾安基金销售、好买财富	肯特瑞财富小白基金
保险中介	联保龙江	上海蚂蚁韵保保险代理、杭州保进保险代理	微民保险代理（微保）	天津津投保险经纪、天津元丰保险公估
征信	百誉信征信	芝麻信用（个人征信试点）、微众税银	腾讯信用	京东蓝鲸征信
保理	无	商融保理、商诚保理	联易融	帮汇保理、方博恒立保理、方博同信保理
交易所	百金交	天金交、网金社	厦门国金	合众金交、天津滨海京东众筹交易中心

备注：基于公开信息整理，数据截至2018年底

众所周知，牌照是互联网公司能否深入金融业务的关键，BATJ等互联网巨头因布局金融业务较早，在牌照合规方面很早就积累起先发优势。以腾讯金融为例，其牌照版图横跨第三方支付、保险、证券、银行、基金、征信、小贷等几乎全部领域，这为腾讯深入金融业务提供了充分保障。而今，BATJ这类有充足牌照者，如今在市场和技术积累上都渐渐成熟，互联网金融业务迈入稳步发展阶段。而牌照相对稀缺或没有牌照的新兴互联网公司则面临更多掣肘，只能从边缘开始试水和金融有关的业务。

当前，牌照缺失成为互联网公司布局金融的最大掣肘。随着近两年市场迅速涌入大批P2P类金融机构，行业乱象涌现，金融监管政策渐趋收紧，属于互联网金融的蛮荒时代正在远去，很多互联网金融牌照停止或放慢审批。如今，互联网公司想获取金融牌照十分艰难，这越发成为大批互联网公司的一道门槛，牌照的稀缺甚至催生了牌照买卖市场的火热，如美团、小米和滴滴（简称TMD）等互联网公司都是通过投入巨资收购拿到支付牌照。据悉，一个第三方支付牌照已经被炒到5亿元左右，且有价无市。

互联网公司布局金融的意义，主要有三个方面：一是"收益增强"。利用网络资源优势开展金融业务获得直接收益，如用自身渠道销售金融产品。二是"业务增强"。通过提供金融服务增强原业务体系收益能力，如启动"京东白条"业务之后，给京东带来了30%—40%的收入增长效应。三是"生态增强"。这类业务要么是生态体系内的基础资源，基于他们能衍生其他业务；要么能与其他业务协同，获取新的大市场机会。这也是互联网公司拿下多个金融牌照的主要原因。

互联网巨头BATJ的金融帝国

基于用户在搜索、电商、社交、门户网站等不同领域的数据以及流量优势积累，以BATJ为代表的互联网巨头在金融布局上各显神通。

百度金融布局：数据为王，全面布局

百度作为全球最大互联网入口之一，拥有超6亿用户和14款用户过亿的APP。百度也是国内互联网行业搜索引擎领域的巨头，自身有客户，有数据，有资源。2013年，百度开始互联网金融业务，2015年成立金融服务事业群组，正式发力布局互联网金融，虽然时间晚于腾讯与阿里，但是凭借自身的搜索市场和技术优势发展迅速。

目前,百度金融业务架构主要包括消费金融、互联网银行、互联网证券、互联网保险、第三方支付、小贷公司、基金销售、征信等多个板块,基本覆盖金融服务的各个领域。2018年,百度金融完成拆分并引进19亿美元战略融资,同时更名为"度小满金融",实现独立运营。此外,还获得了基金销售牌照。

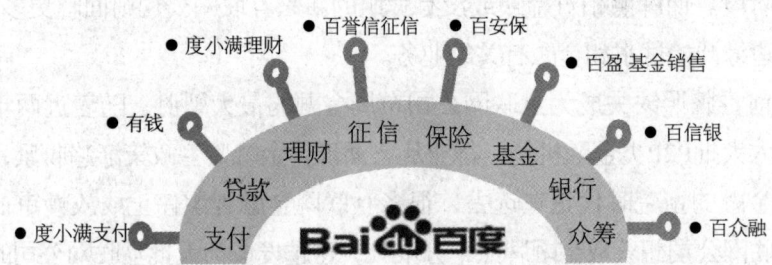

百度在互联网金融领域业务布局

阿里金融布局:立足平台打造金融生态圈

阿里巴巴作为中国电子商务的旗舰,在金融领域的思路和战略非常清晰。早在2012年,马云就提出"平台、金融、数据"的三大战略。除了深耕电商产业链建造闭环生态、开发卖家资源外,阿里还充分利用其在金融、技术、广告等领域的资源及经验,建立"数据、技术、服务"三大开放核心平台金融生态。

目前,阿里凭借旗下蚂蚁金服将人们生活与金融相关的方方面面都涵盖进去,已经齐集了银行、保险、基金、小贷、第三方支付等多个领域的金融牌照。从上线的第一款金融服务产品——支付宝开始至今,阿里金融大致走过三段历程,分别是以支付业务为中心的发展,阿里金融的探索,以及旗下蚂蚁金融服务集团成立的整合。

阿里巴巴在互联网金融领域业务布局

腾讯的金融布局：战略目标"连接一切"

以社交起家的腾讯，其互联网金融最大的优势之一在于背靠月活跃用户数分别超过8.89亿和8.69亿的微信和QQ，基于两大社交平台的微信支付和QQ钱包，为用户提供了便捷、普惠的移动支付服务。腾讯金融以"连接一切"为战略目标，倾向于打造开放平台，金融业务多为渠道、流量入口、平台等模式，强调合作共生。

腾讯虽然从2005年推出财付通开始进军金融业，但是真正布局金融的转折点是2014年微信支付的兴起。近几年在巩固移动支付优势的基础上，正在以社交和连接为核心优势打造普惠金融体系，金融牌照种类丰富，是名副其实的金融帝国。目前，腾讯金融业务条线包含4个部分，理财：腾讯理财通、腾讯微黄金；证券：腾讯微证券；支付：微信支付、QQ钱包、财付通；创新业务：手机充值、一生保、腾讯征信、腾讯金融云、腾讯区块链、微信信用卡还款。

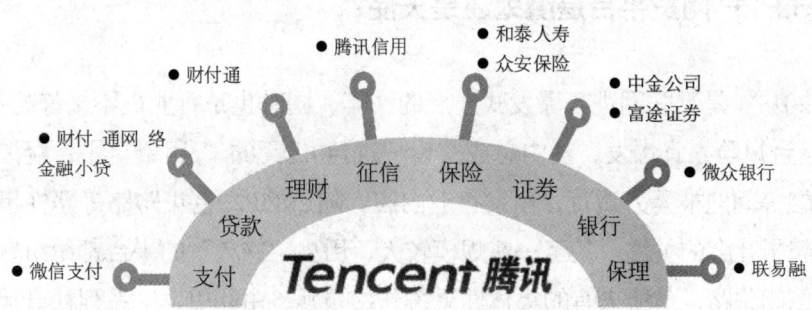

腾讯在互联网金融领域业务布局

京东的金融布局：提供金融解决方案

京东作为电商领域两大巨头之一，进军金融时间并不长，但是利用集团在电商、物流和大数据以及技术等方面的突出优势，快速崛起。尤其是在消费金融领域，京东金融继承了电商基因，孵化出了中国第一款互联网消费金融产品——京东白条。众筹也一度占据50%以上市场份额。2013年10月，京东金融开始独立运营，并于2017年6月完成重组交割，从京东集团拆分出来。

虽然牌照数量并没有同一阵营的BAT多，但是自2012年对外正式发布首个金融服务类产品"供应链金融服务系统"以来，京东金融集团现已建立了七大业务板块，分别是供应链金融、消费金融、众筹、财富管理、支付、保险和证券。此外，近年来，京东金融在银行圈里很"红"：已经有多家银行先后跟京东金融牵手，其中既有国有大行、股份行，也有城商行、农商行。

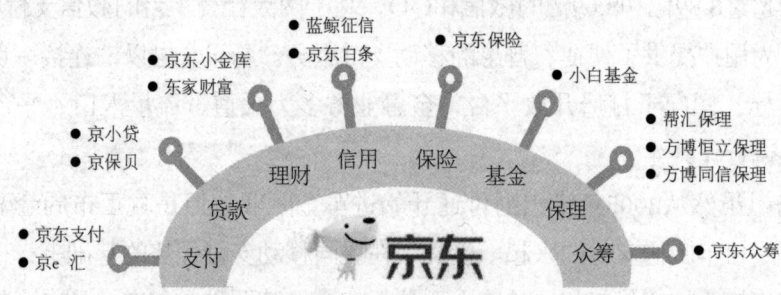

京东在互联网金融领域业务布局

3.P2P 网贷平台是魔鬼还是天使？

2015年是互联网进入爆发式发展的一年，同时也是行业最不平静的一年。P2P平台风险累计爆发，其中总成交量超过740亿元的"e租宝"平台疑涉嫌非吸自融等问题被警方调查，引发行业内震。随后的P2P密集跑路等恶性事件频发引起了社会的关注。甚至一些规模较大、历史"悠久"的平台都纷纷宣布逾期或倒闭跑路，前所未有的集体性恐慌开始蔓延，由此引发一系列社会风险问题，且导致群体性事件频发。舆论也从过去对P2P一窝蜂似的热捧，迅速转变为一边倒的责难和否定。那么，P2P网贷平台究竟是魔鬼还是天使呢？

何谓 P2P 网贷平台？

P2P是英文Peer to Peer的缩写，意即"个体对个体"。P2P网贷平台，是指从事点对点信贷中介服务的网络平台。有借贷需求的借款人可以通过P2P网贷平台寻找到有出借能力并且愿意基于一定条件出借的出借人。这种模式起源于英国，创始鼻祖是一家叫Zopa的网站。该网站2005年3月在伦敦开始运营，提供P2P社区贷款服务。而P2P真正兴起则是2006年Prosper在美国加州旧金山市创立之后，受其影响该模式在世界范围内引发效仿。

P2P网贷平台核心运作模式，即为借贷双方搭建平台，促成交易，收取中介费。平台本质是一个中介桥梁，一方面帮助借款人在相对充分的信息中选择有吸引力的利率条件，降低融资成本；另一方面帮助确定借贷的条款和准备好必需的法律文本，尽可能降低出借人的放贷风险。P2P网贷平台的出现在客观上可以为一些个人和小微企业提供新的融资选择，即提高了外源融资的可获得性，而且市场规模的扩大能够改善竞争效率。因此，这种模式在欧美西方信用体系比较完善的国家一经推出即获得了成功，而且从现状来看发展和运行良好。

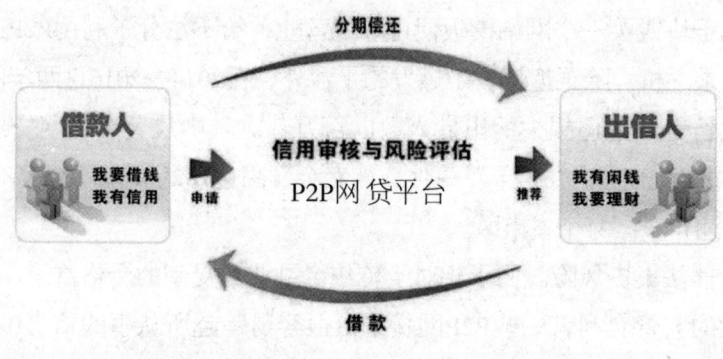

P2P网贷平台运作模式

由于P2P网贷平台在国外的成功，而且具有普惠金融的特点（在增加小微金融供给和降低融资成本方面理论上能够发挥一定的作用，还可以增加获得投融资服务的社会人口），政策层面初期从鼓励创新的角度给予了宽容。中国自2007年第一家P2P网贷平台成立至2014年，P2P网贷平台基本上是处于自发成长状态，没有市场准入的限制，在经营上也缺乏明确的专业性规则，监管部门的干预几乎很少。因此，中国P2P网贷平台数量和交易规模这一时期发展迅速。然而，由于没有门槛，鱼龙混杂，乱象丛生，问题平台频频出现，尤其是近期集中爆发的一些严重风险事件对整个行业的发展带来了很大负面影响。

P2P在中国异化及风险

P2P网贷平台作为信息中介，模式本身没有问题。为什么在中国会出现如此多的问题？究其原因，既有中国信用体系不够健全的客观因素，也有政策监管不力，更有P2P信息中介的本质在中国发生了异化。这种异化披上了创新的外衣，不再是定位信息中介，而是带有多种目的。由此，产生了诸多风险，最为典型的有以下三种：

一是诈骗跑路风险。一些平台开办人本身品行不端、动机不纯，从成立伊始，就带有"庞氏骗局"的诈骗行为。即乘着P2P网贷的风口，成立虚假平台，虚构项目标的，大量融资，建立资金池，利用新出借人的钱来向老出借人支付利息和短期回报，以制造投资高收益的假象进而骗取更多的投资，直到资金链断裂，组织者携款跑路，出借人血本无归。由于初期P2P网贷平台没有市场准入的限制和行业监管，从业门槛相当低廉，只需要简单注册一个公司，几万甚至几千块钱买一个网站模板便可上线营业，给不法分子利用P2P进行诈骗提供了可乘之机。除了近期集中爆发的平台外，在2014—2016这两年间，跑路平台比比皆是，遭遇损失的出借人数以百万计。其中最著名的网贷事件当属2015年末爆发出来的"e租宝"事件，涉案金额高达762亿，涉及受害出借人约90万名，遍布全国31个省市区。

二是非法集资风险。由于相对于传统金融业务受到的严格监管，P2P行业存在很大的监管套利，一些P2P网贷平台很容易跨越所从事的信息中介业务，进行产品异化，甚至可以对接任何标准化或非标准化的线下资产，吸引大量社会资本投资，陷入非法集资陷阱和误区。有些平台利用大众信息不对称，通过超常广告投放和线下大规模营销以及政府官员或社会名流背书等方式进行快速扩张，对外允诺高收益率，以自身名义为债权提供担保或利用关联企业进行自保自融等，建立资金池归集出借人的资金，用于别的投资用途或非法项目，然而一旦项目投资失败，就会造成资金链断裂。长期以来，中国民间借贷大多处于灰色地带，而缺乏外部监管约束的P2P网贷则为其提供了"转正"机会，也使原来民间借贷的风险扩大化、显性化。

三是经营坏账风险。一些平台虽然定位信息中介，但是由于自身经营不善和P2P行业所服务的对象在客观上存在较高的风险特质，以及借款人的违约成本极低，造成实际坏账率居高不下，从而影响到平台的正常运营，导致出借人的钱收不回来。同时，中国P2P网贷平台大多有"刚兑"承诺，容易出现兑付危机。一方面，P2P市场上很多借款人往往自身资质较弱，缺少可抵押的资产，而承诺支付的高利率很可能远高于其所经营的项目收益，因此在债务到期时，即使有还款意愿，也缺乏偿还能力。另一方面，绝大多数P2P网贷平台急于扩大规模以及市场竞争，内部缺乏必要的风控机制与管理能力，尤其是民营性质的P2P网贷平台，前期资金和技术投入非常有限，缺乏金融专业人才，造成内部管理不规范，风控机制不健全。而P2P网贷平台从事的信息中介业务，实质上是利用互联网技术手段与理念从事金融服务，它与传统的金融业务并无本质区别，甚至对专业人才和风控能力要求更高。

4. 什么是第三方支付？移动支付安全吗？

第三方支付作为互联网金融的一个重要应用领域，在快速发展的同时也推动了移动支付的发展。当前，我们的生活正在被移动支付改变，不管是去大型商超购物，还是在街边小摊买菜，以及搭乘公共交通，都能通过微信或者支付宝来完成支付。可谓是一部手机在手，走遍天下，吃喝玩乐皆不愁。因此，移动支付也被大家称为"中国新四大发明"之一。

什么是第三方支付？

第三方支付和移动支付是两个不同的概念。移动支付，又称手机支付，是指交易双方用移动终端设备（如手机、移动PC等）为载体，通过移动通信网络实现的商业交易。第三方支付，是指具备一定实力和信誉保障的独立机构，通过与网联对接而促成交易双方进行交易的网络支付模式，一般是指非银行支付。从业务的角度来看，第三方支付分为网络支付、银行卡收单和预付卡发行与受理三类。

自2011年5月起，央行开始发放第三方支付牌照，即支付业务许可证，先后分8批发放270张牌照，包括互联网支付、移动电话支付、银行卡收单、预付卡受理、预付卡发行、固定电话支付和数字电视支付等7个类别。不过，从2016年以来，随着互联网金融监管趋严，央行暂停了第三方支付牌照的发放，后来因为违规吊销了三张牌照，之后是鼓励同一集团法人进行牌照的合并，又减少了12个左右，所以截至目前，剩余的牌照仅有255张。

第三方支付机构，最具代表性的是业界两大巨头——阿里旗下的支付宝与腾讯旗下的财付通，即微信支付。两强地位短期内无人能敌，合计占到中国第三方互联网支付交易规模市场份额的绝大部分。首先，两者都具有良好的群众基础，支付宝与微信月活跃量都在4亿以上；其次，两者的用户使用体验良好，不仅有快捷支付方式，而且在全国线上线下都能通用。

第三方支付 VS 移动支付

第三方支付和移动支付有联系，也有区别。举例来说，我们用手机在京东或天猫APP上购物，付款方式就是移动支付。而在这个过程中，可以选择银行卡支付、京东支付、微信支付或支付宝，除了选择银行卡号支付外，其他付款方式都属于第三方支付。当然，第三方支付不一定完全是移动支付，在电脑上登录京东或天猫网站购物，选择非银行以外的支付就不属于移动支付。移动互联网和移动支付的普及应用在一定程度上推动了第三方支付的发展，反过来，以微信钱包和支付宝为代表的第三方支付又为移动支付提供了便利，使移动支付进一步发展。

实际上移动支付出现的时间早于第三方支付。早期，消费者可以通过发送彩信（MMS）服务，对音乐、手机铃声、壁纸图片进行购买；接着，消费者在电商网站结账时选择以移动账单付款，可以通过账户密码与短信一次性密码进行支付；后来，用户在手机网页上登录银行网站或者下载银行APP进行支付，这些都是移动支付。不过，现在人们所熟悉的移动支付主要是二维码支付（微信钱包和支付宝）和各种"pay"（华为Pay、Apple pay等）以及NFC支付等。

移动支付之所以现在这么火，主要是移动互联网时代颠覆了桌面互联网时代的生活方式。一是移动支付渗透性强，以前，现金在小额支付领域是长期不会替代的。我们平时去吃碗面条或喝一杯奶茶，不会用银行卡，必须带着零钱，现在用手机微信或支付宝支付非常方便。二是创造了新的信息传播模式和商业模式，催生了共享单车、滴滴打车和美团等。三是移动支付数据连接性强，用一笔现金付款很难被记录，而移动支付交易完成后自动记录了相关信息。正是因为简单又快捷的使用体验，移动支付正赢得越来越多智能手机用户的青睐。

如何防范移动支付存在的风险？

随着移动支付的进一步普及和应用以及人们在工作生活中对其逐渐形成依赖，大家在使用移动支付时存在的风险要引起我们足够重视。身边一些谨慎的人，一方面羡慕移动支付的便利性，另一方面又担心资金安全，迟迟不敢使用。其实，他们的顾虑不无道理，使用移动支付确实发生过一些风险事件。不过，只要我们适当注意，这些风险可以尽量避免。

移动支付存在的风险主要有两个方面：

一是移动设备（主要是指手机）的管理风险。使用移动支付需要在手机中绑定银行卡和支付平台用户名、密码等信息，一旦手机被盗抢或不慎遗失，很可能造成恶意转账、泄露隐私信息等风险。很多人在使用移动支付时图方便，APP经常处于登录状态，他人若拿到该手机可直接进入支付平台进行操作。还有些人甚至不设置屏保密码，致使手机又缺少一道安全防护。多数用户在处置旧手机时风险意识不强，只将手机卡拔出，内存没有彻底删除，即使已经刷机，也有人用软件恶意恢复手机信息，导致用户隐私泄露。还有人使用手机误点了一些钓鱼网站或链接，致使手机感染上木马病毒，有关移动支付信息和其他个人隐私被盗。

二是移动支付交易过程中的管理风险，尤其是在免费Wi-Fi的状态下。有些人会在有免费网络选用的情况下，为节约费用或提高网速而关闭手机流量。商家为给顾客提供联网便利，在餐饮、旅游、商场等公共场所都提供免费Wi-Fi热点。违法入侵者经常设置具有钓鱼性质的Wi-Fi热点，设置这种接入点的成本很低，只需一台电脑和一个路由器，几分钟就可设置完毕，用户只要接入该热点，输入的用户名和密码就统统显示在该非法站点的电脑上。此外，当前移动支付的通信环境还面临多种威胁，包括钓鱼网站和虚假二维码等盗取用户移动支付信息。

风险防范措施

如何应对以上存在的风险，要提高风险防范意识，采取积极应对措施。

针对移动设备的管理风险，主要是防止手机丢失或中毒造成信息被窃取或使用，一是手机要尽可能设置屏保密码；二是微信支付、支付宝账户也要尽量设置支付密码；三是绑定的银行卡尽量不要有大额现金；四是在没有确认安全的情况下尽量不要点击短信和微信中的网络链接地址，防止中毒；五是手机一旦丢失要第一时间挂失，让原有的手机SIM卡失效，使他人无法通过手机号码找回密码和验证码。

针对移动支付交易过程中的管理风险，主要是防止被伪基站、钓鱼网站和虚假二维码等盗取信息，一是在公共免费的Wi-Fi场景支付，要关掉无线网络，使用流量，这样伪基站就很难盗取用户名和密码信息；二是要注意信息保密工作，防止银行卡账户信息泄露；三是开通快捷支付，要设置限额，一些第三方付款平台提供小额快捷付款服务，用户只需输入银行卡号，不用输入密码，就可付款。

5. 什么是区块链？比特币是庞氏骗局吗？

近年来，一个名词——区块链火了，一时间各路大神闻风而上。无论是个人，还是企业，甚至是地方政府，都想抓住这拨风口。作为互联网"领跑者"的杭州，更是一马当先，意图成为"区块链之都"，创造了不少第一，包括：开建全国首个区块链产业园，第一个将区块链写入政府工作报告，宣称成立全国首个百亿人民币规模的区块链创新基金。

提到区块链，很多人就把它与比特币联系在一起，不少人甚至把区块链等同为比特币。随着比特币的价格逐步推高到暴跌，从几千块一个变成几万块一个再到几千块钱，越来越多的人开始关注比特币。那么，区块链是什么？比特币又是什么？为什么会有人投资比特币呢？

区块链是什么？

一般认为，区块链是一种去中心化的分布式账本数据库，没有中心，数据存储的每个节点都会同步复制整个账本，信息透明难以篡改。

百度词条里对其定义，从狭义上来讲，区块链是一种按照时间顺序将数据区块以顺序相连的方式组合成的一种链式数据结构，并以密码学方式保证的不可篡改和不可伪造的分布式账本。从广义上来讲，区块链技术是利用块链式数据结构来验证与存储数据、利用分布式节点共识算法来生成和更新数据、利用密码学的方式保证数据传输和访问的安全、利用由自动化脚本代码组成的智能合约来编程和操作数据的一种全新的分布式基础架构与计算方式。

我们常听到的说法是，区块链技术应用广泛，其中一个重要应用领域是金融服务，能大大促进金融的秩序和公正性，并且大大提升交易处理速度，更重要的是安全性远远大于目前网络。区块链技术的优点是：作为数据库参与一块在链中的每个节点，不依赖中央服务器，保证数据安全；加密技术和"共识"的独特特点，确定数据不会被轻易篡改；每个节点的信息可以控制公众，转移和节点之间的数据通信中的应用是非常快的；不再依赖于发送到中心服务器，可独立完成。

百度词条里介绍，区块链概念的第一次提出，是2008年一位叫中本聪的美籍日裔人，在随后的几年中，成为电子货币比特币的核心组成部分。按照中本聪的说法，比特币是区块链的一种呈现方式，但区块链并不等同于比特币。区块链是比特币的底层技术和基础架构，而比特币是区块链的成功应用，但并不意味着区块链只能应用到比特币上。

区块链被大家关注后，很多人认为其是继物联网、大数据、云计算、人工智能、虚拟技术等互联网热词后的又一个风口。**由于无锡成就了物联网之城，贵阳抢占了大数据之都，深圳布局了人工智能，作为互联网"领跑者"的杭州生怕错过区块链这趟"快车"**。在2016年杭州G20峰会上，区块链技术就与普惠金融一起被列为重要议题。2017年，杭州率先成立全国首个区块链产业园，但是从发展现状看，真正入住的区块链企业并不多。

从以上信息，我们大致可以知道区块链是一种新兴的信息技术。不过，笔者发现一个有意思的现象就是身边很多人貌似对区块链很懂，但是有关解释除了上面这些信息外，似乎讲不出更多通俗易懂且有说服力的东西。而且到处讲区块链的人很多是金融从业者，或者是比特币的投资者，却很少有精通信息技术的人。另外，对所谓区块链技术应用的比特币，随着越来越多的人参与讨论，有人指出比特币就是一个庞氏骗局。

比特币是庞氏骗局吗？

比特币，英文名称Bitcoin，最初由日裔美国人中本聪（该人也是区块链的提出者）在2009年提出。按照宣传介绍，比特币是一种去中心化的P2P形式的数字货币，具有没有集中发行方、总量有限、使用不受地域限制和匿名性等特点。与大多数货币不同，比特币不依靠特定货币机构发行，它依据特定算法，通过大量的计算产生，比特币使用整个P2P网络中众多节点构成的分布式数据库来确认并记录所有的交易行为，并使用密码学的设计来确保货币流通各个环节安全性。为了保证其价值，比特币的总数量被永久限制在2100万个。

在中国，比特币被定义为虚拟商品，而不是法定货币。早在2013年12月，央行、工信部、银监会、证监会、保监会就联合印发了《关于防范比特币风险的通知》，正式将比特币定义为"商品"，它不具有与货币等同的法律地位，因此不能且不应作为货币在市场上流通使用。该《通知》明确表示，普通民众在自担风险的前提下拥有参与比特币交易的自由，但仍需理性投资，注意维护自身财产安全，树立正确的货币观念和投资理念。从网上公开信息了解到，目前，世界上对待比特币的态度主要有三种：一是可以将比特币作为数字货币进行支付；二是将比特币定义为"商品"，可以交易；三是将比特币定义为洗钱、金融诈骗的工具，要求坚决抵制。

从对比特币的介绍，我们可以看到，比特币本质上就是一种网络虚拟货币，如同我们玩游戏时使用的游戏币。游戏币的价值是游戏公司自行制定的，离开了游戏公司就无法作为货币使用，一文不值。关于比特币的发行，这违背常理。我们知道各国货币的发行是由其央行决定，有国家信用背书。而比特币的发行，靠所谓的代码算法和未知的系统，显然不合常理。关于总量有限，也经不起推敲。没有计算机的时代，比特币是否存在？随着信息技术的进步，比特币会增加吗？

前世界银行行长金墉曾表示："就比特币或一些加密货币的使用而言，我们也在进行研究，但是据我所知绝大多数加密货币基本上都是庞氏骗局，现在仍然不是很清楚它是如何运作的。"稍加分析，我们就会发现，比特币的流程与游戏中的经典诈骗模式一模一样。即一个系统被建立起来，承诺价值，获得信任，但是你根本不知道系统背后的人是谁。最后，当主谋将比特币全部变现，所有人的比特币一文不值以后，这个游戏就结束了。可是，令人奇怪的是，比特币近年来却受到很多人欢迎，最高价甚至被炒到2万元一枚。那么为什么比特币这么火呢？很多人去投资比特币，是不了解，还是明知道是一个骗局呢？

比特币之所以火，本人认为主要有三个方面原因，一是利用人贪婪的这个心理。比特币从2009年推出几元一枚被一路炒到2万元一枚，让人误以为投资回报率高。更吸引人的是说它的数量是恒定的，会越来越值钱。二是利用人不懂装懂的虚荣心。比特币披上了加密算法、挖矿等神秘的外衣，很多人并不懂，但是为了显示自己接受新事物快，不懂装懂，甚至还到处帮助传播。还有人以持有比特币来显示自己的身份高大上。三是媒介的推波助澜。作为一个新兴事物，绝大多数人并不了解，而媒介的作用就很关键。可是过去我们从网上获取的信息大都来源于比特币自己发布或被引用或被转载，并不客观真实。直到近期网上才有一些揭开比特币骗局的信息。另外，还有人把比特币当作洗钱或者绕开外汇严格管制的工具。比如在国内用人民币购买了比特币，出国可以卖掉换成外币。

受比特币骗局启发，国内外一时间出现了很多类似所谓的虚拟货币，如以太币、莱特币、狗币、猫币等，还成立了所谓的虚拟货币交易所。这些实际上和金融没有任何关系，也不是互联网金融，但是因为涉及资金，又是所谓的虚拟货币，所以容易被人误以为是互联网金融。总之，如同前世行行长金墉所言，类似比特币的这些虚拟货币就是庞氏骗局，不值得投资。虽然中国法律没有禁止大家投资，但是大家切莫轻易上当受骗，更不要妄想一夜暴富。

6. 地方政府，互联网金融专项整治怎么干？

互联网金融的发展对解决小微企业融资难、融资贵发挥了一定作用，对中国金融体制改革意义也十分明显，但是由此带来的风险不容小觑。尤其是2015年"e租宝"事件的爆发，规模之大，时间之快，涉及人群之多，让人触目惊心。由此，互联网金融领域风险浮出水面，引起了中央层面高度警惕和重视，监管政策密集出台，并制定了《互联网金融风险专项整治工作实施方案》。

自2016年4月中国全面启动互联网金融专项整治工作以来，相关部门和属地密切协作、共同努力，按照统一部署扎实开展整治工作，互联网金融领域总体风险水平显著下降，监管制度机制逐步完善，行业无序发展、生态恶化的局面有所改善。但是当前，互联网金融领域风险防范化解任务仍然艰巨，尤其是P2P网贷行业风险仍然没有出清，暴雷事件依然不断。如何更好地开展互联网金融专项整治工作？尤其是地方政府怎么干才能落实好相关决策部署呢？

互联网金融专项整治时间表

2016年4月，国务院组织14个部委召开电视会议，将在全国范围内启动有关互联网金融领域的专项整治，为期一年。同年10月，国务院办公厅公布了《互联网金融风险专项整治工作实施方案》（以下简称《实施方案》），对互联网金融风险专项整治工作进行了全面部署安排。国家层面，中国人民银行主导下的互联网金融整治工作领导小组成立。在《实施方案》牵头下，17部委针对互联网金融领域的主要风险隐患，联手公布"1+N"整治方案。《实施方案》要求集中力量对P2P网络借贷、股权众筹、互联网保险、第三方支付、通过互联网开展资产管理及跨界从事金融业务、互联网金融领域广告等重点领域进行整治，从2016年4月开始，计划2017年3月底完成。这是为期一年的第一阶段整治。

由于为期一年的专项整治效果并未完全达到预期，2017年6月，中国人民银行等国家17部门联合印发了《关于进一步做好互联网金融风险专项整治清理整顿工作的通知》以及整治办函（2017）84号文《关于落实清理整顿下一阶段工作要求的通知》，指出：对整改类机构提交的整改计划，要履行批准程序，确保符合要求，一是明确业务规模不能增长、存量违规业务必须压降、不再新增不合规业务；二是整改时间原则上不超过1年，超过1年的需经领导小组组长签字同意，成为对互联网金融进行的第二次专项整治阶段（2017年6月至2018年6月）。

2018年7月9日，中国人民银行官网发文称，中国人民银行近日会同互联网金融风险专项整治工作领导小组有关单位召开互联网金融风险专项整治下一阶段工作部署动员会。央行副行长、整治工作领导小组组长潘功胜在会上指出，互联网金融风险是金融风险的重要方面，为贯彻落实党中央国务院决策部署，按照打好防范化解重大风险攻坚战总体安排，再用1到2年时间完成互联网金融风险专项整治，化解存量风险，消除风险隐患，同时初步建立适应互联网金融特点的监管制度体系。这是自2016年10月互联网金融整治领导小组公告成立以来第三次对"专项整治"延期。不同于此前的"一年"限期整改，这一次，央行把整治期限放宽到了一至两年。

地方政府如何有效开展整治工作？

在互联网金融专项整治实施过程中，各省级人民政府按照有关属地组织要求，纷纷成立了以分管金融的负责同志为组长的落实整治方案领导小组，组织本地区专项整治工作，制定本地区专项整治工作方案并向领导小组报备。各地方领导小组办公室设在省（区、市）金融办（局）或人民银行省会（首府）城市中心支行以上分支机构。地市和县区政府分别比照省级政府，成立了相应领导小组和互联网金融专项整治方案。

根据工作部署：各省级人民政府应充分发挥资源统筹调动、靠近基层一线优势，做好本地区摸底排查工作，按照注册地对从业机构进行归口管理，对涉嫌违法违规的从业机构，区分情节轻重分类施策、分类处置，同时切实承担起防范和处置非法集资第一责任人的责任。各省级人民政府应全面落实源头维稳措施，积极预防、全力化解、妥善处置金融领域不稳定问题，守住不发生系统性区域性金融风险的底线，维护社会和谐稳定。

从目前各地实际工作来看，互联网金融专项整治的重点和难点还是在P2P网贷行业。尽管有关文件对地方政府的工作任务分工明确，但是在实际工作中，地方政府在客观上也面临一些突出难题。包括，一是行业日常监管难，按照分工地方政法负责机构监管，但由于网贷行业监管立法尚未出台，地方金融办的行政执法权力尚未赋予，导致在日常工作中，对平台的监督处理手段有限、效果不佳；二是清盘平台监督难，各地整治办在网贷机构退出中承担的主要职责是指导监督机构退出，但在实际过程中地方金融办无法对其清偿方案给出是否合理的评价，很难让平台和出借人达成一致意见；三是爆雷平台处置难，由于涉众广的特征，处置周期长，审前兑付操作难，导致庞大的出借人不满。

地方政府如何有效开展整治工作？从各地经验做法来看，一是要加强协同监管。完善协调机制，避免监管混乱、重复监管或监管真空等问题。进一步加强银保监、公安、市场监管等执法单位的协调监管职责，确保专业的监管部门和有执法权力的部门参与到日常监管工作中去。二是要早发现早处置。探索建立系统化的风险监控体系，整合属地街道、行业主管单位、税务、信访、公安、网信等部门的信息渠道，在风险隐患的苗头阶段及时发现，做到早发现、早防控、早化解。三是要加强群众教育。常态化、多形式、针对性地开展互联网金融风险防范的宣传活动，推动县区与金融监管部门合作、社区与金融机构结对，联合深入村居、社区、楼宇等重点区域开展防范互联网金融风险宣传，提高广大群众辨别能力，引导树立正确的投资观念。

第五章　金融全球化

我们决心完善全球经济金融治理，提高世界经济抗风险能力。我们同意继续推动国际金融机构份额和治理结构改革，扩大特别提款权的使用，强化全球金融安全网，提升国际货币体系稳定性和韧性。我们决心加强落实各项金融改革举措，密切监测和应对金融体系潜在风险和脆弱性，深化普惠金融、绿色金融、气候资金领域合作，共同维护国际金融市场稳定。

——2016年9月5日，习近平在二十国集团领导人杭州峰会上的闭幕词

随着经济全球化的不断深化，金融全球化作为其中的一种形式，早已引起人们的广泛关注。所谓金融全球化是指金融主体所从事的金融活动超越国界，从局部的业务活动发展为在全球范围内活动的过程，包括金融资本和金融服务等相关内容，是经济全球化的重要组成部分。当前，从金融全球化水平来看，以美国为代表的西方发达国家整体较高，究其原因是金融发展起步较早，金融体系相对成熟完善，以及现行的国际金融秩序由其主导。尤其是美国，之所以成为当今世界唯一的超级大国，不仅依靠军事实力，还依靠美元作为世界货币及其主导的全球金融体系。

金融全球化，一方面为世界经济的发展增添活力，另一方面也对各国特别是发展中国家的金融业发展和金融市场稳定形成了影响和严峻挑战。无论是20世纪80年代的拉美债务危机、日本房地产泡沫破灭，还是90年代东南亚金融危机以及近期委内瑞拉等经济危机，背后都能看到金融全球化的影子，尤其是深受美联储货币政策影响。中国作为一个全球性的大国，也是最大的发展中国家，在经济全球化的大背景下，自改革开放起开始启动金融全球化的进程，尤其是加入WTO后，金融全球化的步伐开始加快，人民币国际化也取得系列成效。在2018年博鳌亚洲论坛上，习近平总书记再次强调中国将进一步加大金融

开放。那么，当前中国如何最大限度地利用金融全球化的机遇，并尽量降低风险，已成为亟待解决的现实问题。

1. 美元凭什么霸权？何谓布雷顿森林、石油美元体系？

2018年，美联储完成了四次加息，令全球资本市场"风声鹤唳"。由此可见美元对世界各国的影响举足轻重，美元霸权几乎成了公认的事实。实际上，关于美国携美元之利器、全球"剪羊毛"、搜刮其他国家财富的言论由来已久，可是却又很难撼动美元的地位。那么，美元凭什么霸权呢？

大家知道，在美国当上世界霸主之前，世界的霸主是英国，号称日不落帝国。可是英国的货币——英镑，却始终没能成为世界货币，黄金一直是当时公认的世界货币。而美国取代英国成为世界头号强国，美元凭什么能够成为世界货币呢？不得不说布雷顿森林体系和石油美元体系。

什么是布雷顿森林体系？

第二次世界大战结束前，世界盛行的是金本位币，即以黄金作为标准货币单位，各国在交换时，均以黄金的兑换来确定价值，在这一本位币体系下，确保货币稳定的唯一标的就是进行大量的黄金储备。

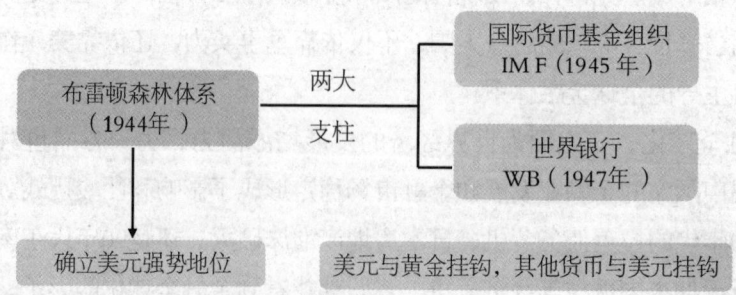

两次世界大战，让各国黄金储备难以得到保障，各国货币竞相贬值，国际货币局势动荡不安。而美国则利用机会，成为战争最大赢家，不但最后打赢了战争，而且在经济上发了战争财。到"二战"结束时，美国拥有的黄金占当时世界各国官方黄金储备总量的75%以上，几乎全世界的黄金都通过战争这个机制流到了美国。可以说在黄金这个领域，美国处于绝对的控盘地位，这也为战后美国主导世界秩序的建立奠定了基础。

1944年7月，"二战"进入尾声，参加筹建联合国的代表受美国政府之邀在美国新罕布什尔州布雷顿森林举行会议，商讨战后经济复苏。会后，各方签订了由美国主导的"布雷顿森林协议"，一个新的国际货币体系就此诞生。布雷顿森林体系是谈判各方妥协的结果，尤其是英美两国妥协的结果。**由此确立了美元在战后国际货币体系中处于中心地位，美元成了黄金的"等价物"，从而真正成为世界货币**。在布雷顿森林体系下，各国货币不需与黄金挂钩，而仅需与美元挂钩，美国承担以官价（1盎司黄金等于35美元）兑换黄金的义务。只要美国经济实力强，黄金储备够，那么国际黄金价格则不容易被冲击。

到20世纪六七十年代，美元超霸主地位受到严峻挑战。一方面，美国深陷越南战争泥潭，军费开支和财政赤字巨大，美元信誉受到冲击，大量资本外逃，各国纷纷抛售自己手中的美元，而抢购黄金，美国黄金储备急剧减少，伦敦金价直线上升。另一方面，美国国内政府增加了社会福利等方面的支出，加重了财政负担，带来了通胀上升和国际收支恶化的问题。于外美元贬值，于内没有了维持金价的能力，故而在1971年，美国宣布不再按每盎司35美元官价向市场供应黄金，市场金价自由浮动。至此，美国布雷顿森林体系走向了崩溃。

布雷顿森林协议的主要内容如下：

● 美元与黄金挂钩，其他货币与美元挂钩，1盎司黄金等于35美元。

● 各国货币对美元的汇率只能在法定汇率上下1%的幅度内波动。若超过这一波幅，各国政府有义务在外汇市场上进行干预，以维持汇率稳定。

● 当国际货币基金组织（简称IMF）认为某国的国际收支出现"根本性失衡"时，在获得IMF批准的前提下，该国可以大幅调整汇率（高于10%）。假如该国在没有获得IMF的批准或者汇率变更申请被IMF拒绝的情况下依然大幅调整汇率，那么其成员国资格将被中止。

● 一般民众不允许将美元兑换为黄金，只有各国的中央银行可以将美元兑换为黄金或者将黄金兑换为美元。

● 成立IMF，在国际间就金融事务进行共同商议，为成员国的短期国际收支逆差提供信贷支持，同时监督成员国遵守相关规则。

●成立国际复兴开发银行（即日后的世界银行），为会员国提供长期的经济资助，以帮助它们进行战后重建和经济发展。

●允许会员国进行资本管制，"过渡条款"还允许一些会员国在若干年的过渡期内保留经常项目下的外汇管制。

通过这些条款，我们可以较为清晰地看到这些规则所建立起来的一个新的国际金融体系。简而言之，这个体系的核心是"双挂钩"，美元与黄金挂钩，其他货币与美元挂钩，实行固定但可以调整的汇率，并实行资本管制。

为什么石油美元体系产生？

在享受了美元作为世界通用货币多年益处后，布雷顿森林体系瓦解了。

为了让美元重新成为全球中心货币，美国意识到了"硬通货"石油资源的重要性，并且货币政策从黄金开始往石油上倾斜。1974年，美国与世界上最大的原油出口国沙特签订协议，宣布向沙特出售军事武器，并且保障其国土安全，作为回报，沙特则必须接受美元作为石油出口唯一的计价和结算货币，同年12月，美国与OPEC其他成员国也逐一达成协定，"石油美元霸权"体系正式诞生。

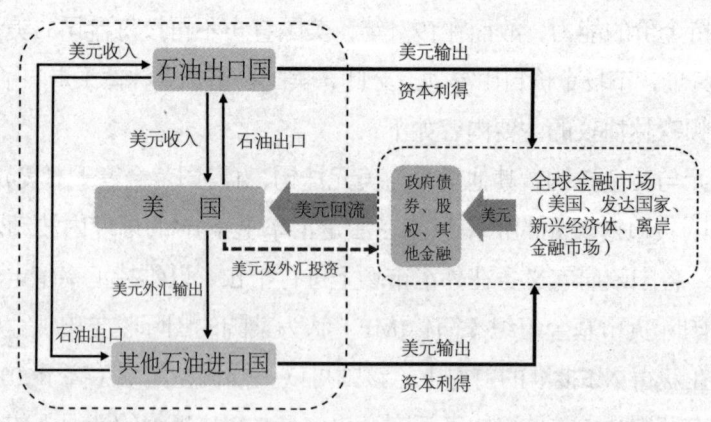

石油美元循环体系

石油之所以如此重要，是因为不管对于发达国家还是发展中国家，石油都是一个国家现代经济发展必不可少的能源和基础化工资源。而且石油作为大宗商品之王，必然带动其他大宗商品的结算也用美元结算。美国前国务卿基辛格曾说过:"如果你控制了石油,就等于控制了全世界的经济。如果你控制了货币,就等于控制了整个世界所有的一切。"很明显,美国人不仅这么说,而且还这么做了。

"石油美元"是美国为了继续享受美元作为世界通用货币的益处,而打造的一个以石油为参照、以美元为中心的又一个霸权体系。这个体系就是利用美国强大的军事力量,迫使其他国家在投资和消费过程中,必须由以美国为主导输出的美元作为交易结算,美元借此稳固了自己在世界贸易结算体系中的地位。导致绝大多数国家不得不储备大量美元作为国际贸易使用,进而有效地支撑美元在国际货币中的霸权地位。

美元给美国的益处

无论是1944年建立的布雷顿森林体系,还是1974年建立的美元石油体系,都是美国一手主导的金融秩序,都是为了使美元成为世界货币做的巧妙的制度安排。美元成为世界货币,除了进一步奠定美国霸主地位,也给美国带来了实实在在的经济收益。

一是美国可以全球举债。理论上美国可以不受限制地向全世界举债,但其偿还债务却是不对等的或者干脆是不用负责任的。因为它向别国举债是以美元计值的,它可以让印钞厂毫无节制地加印美元,即便造成美元贬值,也能减轻其外债负担,又可刺激出口,改善其国际收支状况。

二是从各国储备美元获益。由于国际贸易结算主要使用美元,所以,各国若想向另一个国家进口商品,则这个国家必须有美元储备。大量美元储备的取得,特别是对于发展中国家而言,往往要自我压低出口物资的价格来增强竞争力,从而增加出口换取更多美元,使得各国利益流向美国。

三是向全世界收"铸币税"。铸币税是发行货币的收益,源于政府通过铸造硬币所获得的收益或利润。通常是指所使用的贵金属内含值与硬币面值之差。收铸币税不只可以用硬币,印纸票也一样,而且相对更容易。由于美元的发行量60%是在海外,40%是在美国的本土,铸币税的收益非常明显。

四是掌握货币政策的主动权。因为美联储的政策会影响到全球的货币政策,加上美元的资本体量大,在经济周期中躲避风险的能力增加,在经济复苏阶段,获利最多。

美元的霸权地位之所以至今无法撼动，其背后是美国的综合国家实力。多年来，无论是军事实力、经济规模，还是高科技实力，美国在当今世界都拥有他国难以匹敌的绝对优势。

2. 全球为什么关心美元加息？历次经济危机的导火索？

长期以来，由于美元作为世界货币的特殊性，美联储是否加息，什么时候加息，加息多少，一直是个不间断的话题，时常冲击着全球经济的神经。那么美联储为何要加息？加息对中国和全球的经济究竟有何影响？为什么又会引起全球关心和跟进呢？

美联储为什么要加息？

加息，即上调基准利率，意味着利息的提高，不管是存款还是贷款。存款利息提高，很多的人更愿意把钱存银行，而不是放在手上。贷款利息提高，企业借钱成本提高，导致意愿降低。贷款减少，而存款多了，意味着资金开始往银行回笼。一般来说，一个国家央行采取加息的主要目的是减少货币供应，防止物价上涨过快和通货膨胀。加息背景，通常都是经济增速过快，有过热风险，央行为了平衡经济风险，会选择加息，即上调基准利率，以截留部分资金在银行，即减少市场上的货币供应量。

美国的央行是美国联邦储备系统，简称为美联储。美联储加息最直观的一点就是意味着美国经济向好。需要说明的是美联储加息是联邦基金利率不是存贷款利率，但会影响存贷款利率。历史上，美联储先后有多轮加息，最近的一轮从2015年底开始。2008年全球金融危机爆发以来，为了救市，美国一直是采取宽松的货币政策，直到2015年底才被打破，由此美联储启动了新一轮的加息周期。至今已经9次，仅2018年就先后加息4次，联邦基金利率目标区间上调至2.25%—2.50%。第四次加息公布后，鉴于美联储2019年再次加息的可能，市场表现出了极度担忧，美股重挫。在美国总统特朗普的批评和施压下，2019年3月，美联储表示今年不再加息。即便如此，也有专家认为可能只是今年暂停加息。

美联储为何要加息呢？以2015年启动的加息为例，主要是基于美联储的政策目标，稳定物价和控制失业率。一方面自2008年全球经济危机全面爆发以来，美联储一直实行的是长期宽松货币政策，即量化宽松，但是经过近七年的发展，美国经济和就业已经复苏，加息可以使国外资金回流美国本土，从而促进海外资本投资美国市场；另一方面美国经济复苏后，国内的核心通胀率正在上升，而美联诸对通胀率回升较为敏感，因为一旦形成恶性通胀之后，要想改变这种趋势是很难的。所以在未雨绸缪的情况下，美联储希望通过加息，来遏制国内通胀抬头。

加息对美国和全球的影响？

由于美元是全球结算货币，美联储不仅是美国的央行甚至是全球的央行，所以加息对美国、中国甚至全球经济都有深远影响。

对美国国内影响，有利有弊，整体来说利大于弊。不利影响主要是：一是影响美国企业投资积极性。加息使企业融资成本上升，不利于企业投资生产。因此，2018年美联储连续加息四次，令美国总统特朗普大为不满，一再抨击美联储加息、美元走强损害美国经济。二是不利于美国商品出口，由于加息汇率将会提高，在出口贸易方面，会降低美国产品竞争力，对美国目前的国际贸易谈判也十分不利，还增加美国的还债压力。三是对债券市场和股市等资本市场带来不利影响，2018年第四次加息后，美国股市整体下跌，并带动原油期货价格下跌。另外，还会影响房地产投资和购房需求，按揭市场利率随加息水涨船高，对于购房需求和房地产投资有一定的抑制作用。

对中国而言，美联储加息的影响主要是资金外流和人民币被动贬值。一方面，美联储加息，如果中国不加息，逐利性必然会推动资金涌入美国，这里包括海外投资者投入中国的资金，也包括为了赚取更高利息而流出的国内投资者的资金。从而导致在中国的各类资产被抛售，直接地利空中国的股市，对实体经济也会造成一定冲击。2015年12月17日美联储本轮首次加息，美国股市整体大跌，带动中国A股大幅下跌。当然2015年中国股市大跌从6月份就开始了，不完全是因为美联储加息，但是美联储加息使本就低迷的A股雪上加霜。对于美股，A股向来有跟跌不跟涨的传统，而且美联储加息也影响了中国股民的投资情绪。另一方面，美联储加息作为货币紧缩的一种政策，会导致市场上的美元减少，供不应求，美元升值。而美元作为国际货币，美元升值以后会造成其他外币可以兑换的美元数额减少，其中也包括人民币，这也意味着人民币汇被动贬值。

美联储加息，不仅对中国有影响，对全球都有影响，甚至会对一些国家造成致命伤害。美联储加息，通常会引发其他国家的资金大规模流向美国，特别是那些经济基础薄弱，资产和债务泡沫比较严重的国家。实际上，美联储每次加息，很多新兴国家都不得不跟着加息，这也被称为"绝望式加息"。尽管加息对于这些国家的经济来说不利，但是如果不跟随美联储加息，会导致新兴市场货币出现大幅贬值。近年来，委内瑞拉、阿根廷、土耳其、巴西、墨西哥等国的货币出现了不同程度的贬值，罪魁祸首就是美联储加息。2018年5月，阿根廷货币"比索"短短两周下跌超22%。对委内瑞拉，2015年到2016年，美联储加息前后，资本如潮水一般汹涌逃离国内，而石油价格则断崖式坠落。当石油不值钱之后，迅速发生的，是货币贬值。委内瑞拉货币"玻利瓦尔"，从2.15元兑换1美元迅速贬值到6.3元兑换1美元，据说黑市甚至要上千元才能换回1美元。委内瑞拉货币大幅贬值，造成了恶性通货膨胀，有数据显示2017年，该国通货膨胀率高达13779%，使其成为全球通胀率最高的国家，由此带来了剧烈的社会动荡。

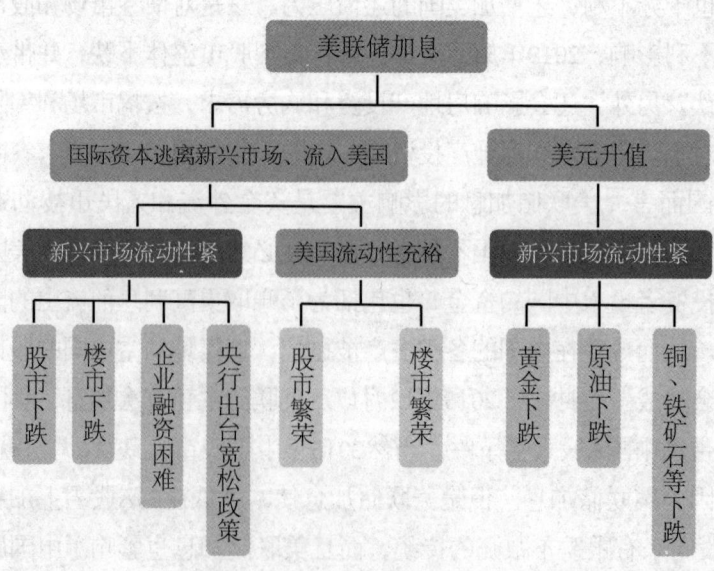

美联储加息与经济危机

自20世纪80年代以来，全球局部或整体发生过多次经济危机，包括20世纪80年代拉美债务危机和日本经济泡沫危机、1997的东南亚金融危机、2008年的全球金融危机等。所谓经济危机指的是一个或多个国民经济或整个世界经济在一段比较长的时间内不断收缩（负的经济增长率）。尽管危机爆发的原因有多方面，但是金融政策的失误是主要诱因，尤其是均能看到美联储货币政策的影子。美元作为世界货币的霸主，外汇储备之王，对世界经济拥有较大的影响力。而美联储作为制定其货币政策的机构，其所做的金融策略，对世界的影响又非常大。

● 20世纪80年代，拉美债务危机

20世纪70年代，拉美发展中国家由于处于经济发展起步阶段，储蓄水平较低，国内资金比较匮乏，为了维持较高的投资水平和经济增长，只好通过举债保证资金供给。而当时美联储宽松货币政策以及石油价格大涨提供了流动性过剩，使大量国际资本涌入拉美。外债的积累成为该地区国家的普遍现象。其中，墨西哥和巴西的外债问题最为严重。更为致命的问题是，短期负债占比过高。1981年，墨西哥、阿根廷和委内瑞拉的短期外债比都处于高位。而这些拉美国家赚取外汇，主要依靠出口国内的自然资源。

1979年，保罗·沃尔克上任美联储主席，开始采取紧缩货币政策，一直持续到1982年。美元迅速流出，使以美元为外债的拉美国家偿债能力大大下降。最终，以1982年墨西哥宣布无力偿还外债为标志，拉美国家相继爆发严重的债务危机。为了偿还债务，拉丁美洲各国开始走上印钞的不归路，到了1990年的时候，整体通胀率竟然达到1500%。这就是史上著名的"拉美债务危机"。拉美债务危机又引发金融危机，横跨若干年，包括后来的墨西哥金融危机（1994年）、巴西金融危机（1999年）和阿根廷金融危机（2001年）等。

本轮危机逻辑：经济发展起步期拉美国家过度举债—后期经济增长难以支撑外债—美联储加息、美元走强下拉美国家偿债能力下降导致的债务危机。

● 20世纪90年代，日本泡沫危机

20世纪80年代后期，为刺激经济的发展，日本与美国一样，采取了非常宽松的金融政策，鼓励资金流入房地产以及股票市场，致使房地产价格暴涨。

1985年9月，美国以解决美日贸易逆差为名与日本政府协商日元升值，签署了著名的《广岛协议》，迫使日元急剧升值近3倍，由此更加刺激了日本国内房价的上涨。到1989年，日本房地产价格飙升，地价市值总额相当于美国地价的4倍。所以当时有人说出"卖掉东京就可以买下整个美国""只用皇居的土地就可以买下整个加拿大"等豪言壮语。

持续宽松导致美国通胀抬头，美国货币政策在1986年后逐步收紧。在1988年3月—1989年5月，美国联邦基金目标利率从6.5%上调至9.81%，引发全球资本流动。日本为避免货币贬值和资本外逃，遏制房价和股市过快上涨，也在1989年开始加息。货币政策的突然转向，最终导致1992年日本房地产和股市的崩盘，银行业也受到重创，日本经济转入萧条。日本土地价格从1992—2015年，六大主要城市住宅用地价格跌幅为65%，所有城市跌幅为53%。

本轮危机逻辑：货币政策宽松—《广场协定》签署—日元大幅升值—房地产等资产泡沫形成—美联储加息、货币政策突然转向导致日本房地产经济泡沫破碎。

● 1997年，东南亚金融危机

20世纪80年代，东南亚进入高速发展期，实现了经济腾飞，一度被称为"亚洲奇迹"。到90年代，东南亚各国开始加快金融自由化改革，其中尤以泰国速度最快，却没有配套充分的监管机制。在高利率和超稳定的汇率的吸引下，境外资本不断涌入东南亚各国。1994年，美国开始进入加息周期，美元走强使得热钱回流。由于当时东南亚国家实行固定汇率，货币锚定美元，走强的美元使得它们的出口失去国际竞争力，冲击了东南亚国家出口增长，令外贸顺差不断缩小乃至出现逆差。

1997年初，国际炒家发现东南亚各国出口放缓，资产价格明显存在泡沫，以乔治·索罗斯为首的国际投机商开始对觊觎已久的东南亚金融市场发动攻击，开始做空泰铢，买进美元。泰铢直线下跌。1997年7月2日，由于无力维持与美元联系的固定汇率制度，泰国宣布泰铢自由浮动，当日泰铢立即大跌，贬值近17%，泰国金融危机全面爆发，随后席卷东南亚菲律宾、印度尼西亚、马来西亚、韩国以及中国香港等地区和国家。东南亚金融风暴演变为亚洲金融危机，导致利率高企，企业倒闭，银行坏账飙升，失业率上升，进一步演变成经济危机。

本轮危机逻辑：经济高速发展—金融自由化加快却缺少监管—国际游资大举进入—资本泡沫形成—美联储加息导致出口放缓—国际游资急剧撤离—泰国金融危机—席卷东南亚。

● 2008年，全球经济危机

21世纪初，为了应对互联网泡沫的破灭和"9·11"恐怖袭击对美国经济的冲击，刺激经济增长，美联储前主席格林斯潘连续13次降息，低利率极大地促进了美国房地产业的发展，在拉动经济发展的同时，房市泡沫逐渐涌现，为危机形成埋下了伏笔。经济复苏之后，为了防止经济过热，2004年美联储开始收紧政策，先后17次加息，房地产业开始趋冷，一些借款买房人因不能按期还贷而违约，进而导致次级抵押贷款公司出现亏损以致破产。2007年4月，美国第二大次级房贷公司——新世纪金融公司破产。

次级房屋信贷危机爆发后，投资者开始对按揭证券的价值失去信心，引发流动性危机。即使多国中央银行多次向金融市场注入巨额资金，也无法阻止这场金融危机的爆发。然而作为货币政策的制定者，美联储却后知后觉，直到雷曼兄弟投行破产的第二天，即2008年9月16日，依然没有认识到金融危机到来。随后，金融危机开始失控，这场由美国次贷危机引起的华尔街风暴，快速席卷全球，演变为"二战"以来最严重的一次全球性经济危机。

本轮危机逻辑：在美国宽松的货币政策下，次级贷款激增并推高房价—美联储加息，次级贷款违约上升导致房价下跌—房产泡沫破灭导致美国次贷危机发生—扩散到全球其他国家，演变成全球经济危机。

美联储加息与经济危机产生逻辑

时间	危机	产生逻辑
20世纪80年代	拉美债务危机	经济发展起步期拉美国家过度举债—后期经济增长难以支撑外债—美联储加息、美元走强下拉美国家偿债能力下降导致的债务危机。
20世纪90年代	日本泡沫危机	货币政策宽松—《广场协定》签署—日元大幅升值—房地产等资产泡沫形成—美联储加息、货币政策突然转向导致日本房地产经济泡沫破碎。

（续表）

时间	危机	产生逻辑
1997年	东南亚金融危机	经济高速发展—金融自由化加快却缺少监管—国际游资大举进入—资本泡沫形成—美联储加息导致出口放缓—国际游资急剧撤离—泰国金融危机—席卷东南亚。
2008年	全球经济危机	美国宽松的货币政策下，次级贷款激增并推高房价—美联储加息，次级贷款违约上升导致房价下跌—房产泡沫破灭导致美国次贷危机发生—扩散到全球其他国家，演变成全球经济危机。

回顾20世纪80年代以来发生的历次经济危机，可以看出背后的逻辑都与美国的货币政策转变有着巨大的关联性。先是放水养鱼，然后等鱼肥了，开始突然抽水收割。尽管经济危机的爆发很多时候是由这些经济体内部积累造成的，但是美国的货币政策是导火索或者说催化剂。美联储先是采取长期宽松的货币政策，待某一区域经济发展较快时，开始采取紧缩政策，造成国际游资急剧逆流和区域货币贬值，从而给区域乃至全球造成冲击。因此，每次美联储加息就如梦魇一般困扰着全球各国。

2015年12月，美联储结束了2008年全球金融危机以来采取的长期宽松货币政策，开始启动本轮首次加息，截止到2018年底，先后加息9次，而且加息次数越来越频繁，仅2018年就先后加息4次。美联储进入加息周期，也让世界各国再次高度警惕，认为美元又开始全球收割了。近几年，经济严重依赖外资、金融体系脆弱的新兴经济体，受到美元回流的打击最为严重，包括土耳其里拉的暴跌和阿根廷、委内瑞拉等新型经济体货币市场的剧烈动荡等。

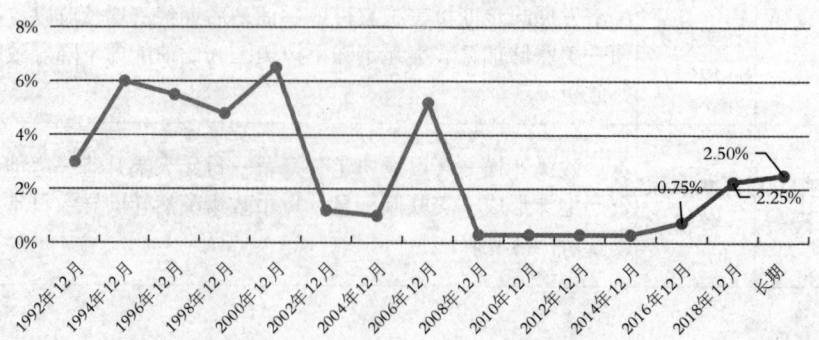

美国基础利率走势

3. 外汇储备是越多越好吗？中国为何要实行外汇管制？

近年来，外汇储备成为热词，尤其是随着2006年中国的外汇储备规模超过日本成为全球第一后，屡创新高，甚至曾一度逼近4万亿美元大关。外汇储备的快速增长，一方面对中国的经济发展和应对国际金融风险发挥了积极重要的作用，另一方面也带来了一些不利影响，从而引发热议。随着认识的深入，人们态度也从成为美国第一大债主的骄傲、自豪，向理性分析如何使外汇资产增值保值进行转变。人们开始意识到，外汇储备并不是简单地属于国家，虽然外汇储备对一个国家作用很多，但并不是规模越大越好。但究竟多大比较合适呢？以及发展中国家为什么要对外汇进行管制呢？

外汇储备属于国家吗？

外汇储备是指为了应付国际支付的需要，各国的中央银行及其他政府机构所集中掌握的外汇资产。具体形式是政府在国外的短期存款或其他可以在国外兑现的支付手段，包括外国有价证券，外国银行的支票、期票、外币汇票等。一般来说，外汇储备只能存款于外国银行（包括本国的境外银行和国内的外资银行）或购买外国的国债等有价证券。

外汇是伴随着国际贸易而产生的。由于美元和其他货币不能在中国境内流通使用，所以当外商到中国国内投资和企业出口取得外汇收入时，就需要按照一定的汇率把外汇换成人民币在国内使用。这相当于外商和出口商把外汇卖给中国政府，代表中国政府的外汇管理局将其换成人民币。从这个意义上看，外汇储备是国家的，国家可以利用这笔外汇储备来进行投资等。

但是外汇货币买卖和其他商品不同，其他商品买卖是单向的行为。比如，你卖一筐萝卜给顾客，这个交易行为就结束了，除非是质量问题，否则顾客不会过几天拿一筐萝卜要你赎回，你也无须再买回这筐萝卜。而人民币的外汇交易是双向的买卖承诺，当外商撤资的时候，是可以把手里的人民币换成美元等外汇货币出境的。从这个意义上说，外汇储备并不完全属于国家，它相当于一种银行存款，美元等外汇储备只是交给外汇管理局保管，当要换汇的时候，外汇管理局要予以保证。

因此，外汇储备是一种保证人民币在回购外汇时的一种储备，这个储备必须保证安全，对它数量上的使用是有相当限制的。如果我们国家没有外汇储备或者规模很低，人民币的信用就会受到影响甚至崩溃。**很多人认为中国拥有世界第一的三万多亿美元外汇储备，可以到处投资收购，可以大把花这些外汇储备，这是一种误解。**

外汇储备有什么作用？

在当前经济国际化环境下，对融入世界经济的任何一个国家（除美国外）来说，外汇储备都是必不可少而且至关重要的。没有外汇国际贸易就无法开展，就像我们没有钱就不能从别人手里买东西，道理是一样的。你说我有人民币，但很多国家并不认。一般外汇储备主要具有以下四大功能或作用：

一是调节国际收支，保证对外支付。一定的外汇储备是一国进行经济调节、实现内外平衡的重要手段。当国际收支出现逆差时，动用外汇储备可以促进国际收支的平衡，中央银行在市场上卖出外汇买入本币，增加对国内的投资和商品需求，资金流入弥补逆差。当国内宏观经济不平衡，出现总需求大于总供给时，可以动用外汇组织进口，从而调节总供给与总需求的关系，促进宏观经济的平衡。

二是维护国际信誉，提高融资能力。充足的外汇储备对于维护一国的国际信誉、提高融资能力有着重要的作用。保有一定的外汇储备，是一国对外借债与偿债的信用担保与物质保证。

三是干预外汇市场，稳定本币汇率。当汇率出现波动时，可以利用外汇储备干预汇率，调节本币汇率，使之趋于稳定。比如汇率降低时，中央银行可以卖出外汇买入本币，增加本币的需求量，使汇率不至于进一步下跌。

四是增强综合国力，抵抗金融风险。充足的外汇储备对于增强国家清偿能力、提高本国货币信心、应付可能的金融风险、维护国家经济金融安全有着重要的作用。拉美债务危机和东南亚金融危机产生的直接原因是外汇储备极度不足。

外汇储备是不是越多越好呢？

外汇储备是一国对外收付的基础。外汇储备的多少，不仅反映了一国对外经济交易活力与吸引力的大小，也反映了该国对外借债与还债信用能力的强弱。但是外汇储备如同一把"双刃剑"，规模大了也会带来一系列不利影响，如制约货币政策操作、加剧经济结构失衡、激化国际贸易摩擦等。

中国的外汇储备，随着改革开放增长迅速，从初期的"零储备"，到1996年开始快速增长，2006年首次超过日本成为全球第一，同年10月首次突破1万亿美元大关，以及2014年逼近4万亿美元大关，一度成为我们的一种自信和骄傲。但是庞大的外汇储备也给我们带来了很多不利，甚至很长一段时间以来都让当局处于两难境地：外汇规模过大，对宏观调控带来挑战；增速放缓和总量减少，也同样暗含危机。因而不断引起讨论："规模多大比较合适？"

对此，很多专家学者说一个国家外汇储备规模应保持适度。但是它的适度规模应该是多大呢？关于这一问题的回答，显然不是简单地看一个数据就能了事的。事实上，外汇储备适度规模的评价是一个较为复杂的问题。不同的国家，可能会有不同的评判标准，不同的内外环境，也会有所不同。比如美国作为国际货币美元的发行国，它不需要太多的外汇储备，因为美元本身具有世界购买力的作用，因此，它们保有的外汇储备相对较少，不过几百亿美元。

1960年美国教授特里芬提出：一国国际储备对年进口额的比率以40%为宜，20%为底线，低于30%便要补充。这一观点后为许多西方国家所接受，它们主张，一个国家外汇储备一般应能满足3—4个月进口付汇。东南亚金融危机后，又有人认为，一个国家外汇储备不能低于短期外债的规模，以防止金融危机的发生。但一些国际金融组织更强调，一个国家外汇储备的规模应该能起到维护金融稳定的作用，这显然强调了"充足"的外汇储备的重要意义。但由于各国实际国情的不同，以及当今国际资本投机多样性，在国际上尚不存在一个统一的评判标准。

当前，中国拥有大量的外汇储备，包括美元、欧元、日元等，规模维持在3万亿美元水平，其中大量用于购买美国国债。有人认为2万亿美元算是比较适度，但也有人认为即使3万亿美元的外汇储备，都不能为中国经济提供庇护，尤其要谨防外汇储备"家底"快速蒸发。不管如何，随着改革开放的进一步深化，中国经济发展需要有足够规模的外汇储备作坚强后盾，以增强海内外对经济和人民币的信心，应对突发事件，平衡国际收支波动，防范和化解国际金融风险。

发展中国家为什么实行外汇管制？

外汇管制是指一国政府为平衡国际收支和维持本国货币汇率而对外汇进出实行的限制性措施。在中国又称外汇管制。

外汇管制始于第一次世界大战期间。当时国际货币制度陷于崩溃，美、法、德、意等参战国都发生了巨额的国际收支逆差，本币对外汇率剧烈波动，大量资本外逃。为集中外汇资产进行战争，减缓汇率波动及防止该国资本外流，各参战国在战时都取消了外汇的自由买卖，实行了外汇管制。时至今日，全球大多数国家仍在不同程度上实行外汇管制，即使名义上完全取消了外汇管制的国家，仍时常对居民的非贸易收支或非居民的资本项目收支实行间接的限制。

外汇管制是一把"双刃剑"，它既能产生积极作用，又能带来消极影响。积极方面在于，防止资本外逃，维持汇率稳定，维护本币在国内的统一市场不受投机影响，便于实行贸易上的差别待遇，有利于国计民生，稳定物价等。消极方面有：容易扭曲汇率，不利于资源合理配置；在一定程度上影响国际贸易的发展和对外开放的进程；出现外汇黑市，而且外汇官价和黑市并存可能带来权钱交易等。

对于世界经济的长远发展来说，各国逐步放宽和最终取消外汇管制是一种历史趋势，但这将是一个十分漫长的过程。特别是发展中国家需要实施一定程度的外汇管制，因为它们的经济发展水平较低，经济结构中存在不少缺陷，政府缺乏足够的经济实力运用经济手段调节经济运行。在游资充斥的国际金融市场上，市场机制本身也存在重大缺陷，完全听任市场自发调节并非各国最优的选择。

当前，中国对外汇市场逐渐放开，人民币汇率不再盯住单一美元，而是参照一篮子货币，根据市场供求关系来进行浮动。中国进行外汇管制的主要目的是维持独立的货币政策和稳定的汇率。根据经济学中的"三元悖论"，保持本国货币政策的独立性和汇率稳定，必须牺牲资本的完全流动性，实行资本管制。中国当前实行这种外汇管制政策，主要原因是需要相对稳定的汇率制度来维护对外经济的稳定，防止国际游资对金融市场的冲击。

4. 为何要使人民币国际化？是不是越快越好？

由于美元作为世界货币，对中国乃至全球经济影响深远，因此，让人民币国际化，摆脱美元等高额外汇储备制约，成为中国发展的一个长期战略。

近年来，一方面随着中国经济的快速发展和对外开放程度的提高，人民币作为交易媒介、储藏手段和支付手段，在中国周边国家和港澳地区的使用越来越广泛，人民币的国际地位不断提高，国际化进程逐步加快；另一方面，重构国际货币体系议题正备受关注，尤其是2008年全球金融危机爆发后，人民币国际化呼声在国内空前高涨。因此，人民币国际化也成为近10年来中国金融改革的一大亮点，并取得了长足进展，尤其是人民币纳入SDR。但是由于货币国际化像一把"双刃剑"，并不是越快越好。

何谓人民币国际化？

人民币国际化是指，人民币由国内货币转变成国际货币的过程。国际货币的三大职能是：计价结算、投资交易和价值储藏。

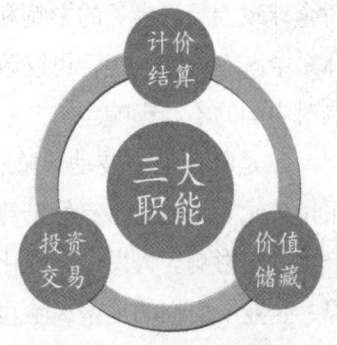

人民币国际化的含义包括三个方面：一是人民币现金在境外实际享有一定的流通度，在其他国家能够自由兑换；二是国际贸易中以人民币结算的交易要达到一定的比重；三是以人民币计价的金融产品成为国际各主要金融机构包括中央银行的投资工具，为此，以人民币计价的金融市场规模不断扩大，成为各国外汇储备中的主要货币之一。这是衡量货币包括人民币国际化的通用标准，其中最主要的是后两点。人民币国际化的最终目标，是在国际货币体系中拥有与美元及欧元并驾齐驱的地位和话语权。

货币的国际化是多种因素共同作用的结果，而一国的综合国力是推动该国货币国际化的根本因素。因此，人民币国际化是一个必然趋势。美元、英镑、德国马克和日元等货币的国际化进程背后的规律，可以为其提供一个参考。即强大的经济实力带来对外贸易的需求，货币会随着贸易规模扩大越来越广泛地应用于贸易结算中，贸易中的货币结余会引发投资的需求，相应地以该种货币计价的金融产品开始出现，货币开始走向国际金融交易结算，广泛应用于国际贸易结算和国际金融市场投资的货币会被各国的中央银行纳入储备货币中。随着货币国际计价结算、投资交易以及价值储藏功能的不断提升，最终实现货币国际化。

人民币为什么要国际化？

中国是一个发展中国家，经济发展尤其依赖于资金财富。因此，一旦实现了人民币国际化，不仅可以减少中国因使用外币引起的财富流失，而且将为中国利用资金开辟一条新的渠道。但人民币国际化是一把"双刃剑"，有利有弊，整体来说利大于弊。一般来说利的方面主要有以下几点：

一是提升中国国际地位，增强中国对世界经济的影响力。我们知道当今国际社会，美元作为世界货币，事实上成为美国参与全球政治和经济事务的货币后盾。人民币实现国际化后，中国就拥有了一种世界货币的发行和调节权，对全球政治经济事务的影响和发言权也将随之提高。同时，人民币在国际货币体系中占有一席之地，可以改变中国目前处于被支配的地位，减少国际货币体制对中国的不利影响。

二是降低汇率波动风险，扩大对外贸易和投资。由于当前外贸交易主要采用美元等其他货币支付结算，而货币敞口风险较大，汇价波动会对企业经营产生一定影响。人民币国际化后，对外贸易和投资可以使用本国货币计价和结算，企业所面临的汇率风险也将随之减小，从而进一步促进中国对外贸易和投资的发展。同时，也会促进人民币计价的债券等金融市场的发展。

三是人民币国际化有利于中国应对宏观风险，提高外汇资产结构。中国当前拥有全球第一规模庞大的外汇储备。人民币国际化，特别是人民币成为世界货币之后，可以直接在国际贸易和支付结算中使用，从而有效减少外汇储备，降低外汇储备贬值或外汇资产价格下跌的风险，为中国利用资金开辟一条新的渠道。

四是带来铸币税收入。人民币一旦成为世界货币，将为中国带来巨大铸币税收入。铸币税是指发行者凭借发行货币的特权所获得的纸币发行面额与纸币发行成本之间的差额。在本国发行纸币，取之于本国用之于本国。而发行世界货币则相当于从别国征收铸币税，这种收益基本是无成本的。

不过，人民币国际化也存在不利影响，主要有以下几个方面：

一是会对中国经济金融稳定产生一定影响，使金融风险加大。人民币国际化将使中国国内经济与世界经济紧密相连，国际金融市场的任何风吹草动都会对中国经济金融产生一定影响。1997年的亚洲金融危机就是一个明显的例子，由于东南亚各国在国内金融市场监管没有完全建立的条件下，放开本国金融市场，导致大量的国际投机资本进入本国金融市场，最终引发巨大的金融危机。

二是会增加宏观调控的难度，不利于货币政策效果实现。人民币国际化后，国际金融市场上将流通一定量的人民币，其在国际间的流动可能会削弱中央银行对国内人民币的控制能力，影响国内宏观调控政策实施的效果。比如，当国内为控制通货膨胀而采取紧缩的货币政策而提高利率时，国际上流通的人民币则会择机自由进入中国市场，影响货币政策的效果。

三是会加大人民币现金管理和监测的难度。人民币国际化后，由于对境外人民币现金需求和流通的监测难度较大，将会加大中央银行对人民币现金管理的难度。同时人民币现金的跨境流动可能会加大一些非法活动如走私、赌博、贩毒的出现。

虽然人民币国际化有利有弊，但是总体而言，随着中国的经济发展和综合国力的不断提高，稳步推动人民币国际化进程利大于弊。

人民币国际化进程

人民币国际化是一个长期的战略，早在2003年中央就有文件，提出了要"在有效防范风险的前提下，有选择、分步骤放宽对跨境资本交易活动的限制，逐步实现资本项目可兑换"。但是直到2008年全球金融危机后，人民币国际化进程才明显加快。事实上，在此之前，伴随着旅游业的兴起和边境民间贸易的发展以及香港、澳门与内地经济联系日益加强，人民币作为支付和结算货币已被东南亚许多国家和地区所接受,并流通使用。但是人民币境外的流通并不等于人民币真正国际化了,当然人民币境外流通的扩大会推动人民币的国际化。

2009年,从贸易结算起步,人民币国际化迈出了坚实的第一步。2009年7月中国人民银行公布了《跨境贸易人民币结算试点管理办法》,第一次允许进出口商用人民币作为跨境贸易结算的货币,打开了贸易项下的人民币国际化。2010年6月份,试点办法转为正式实施的办法,而且试点和正式实施的范畴不断扩大。贸易项的开放使得人民币从内地流向香港,在香港银行体系内以存款形式结余。此后境外人民币产品种类和规模不断增加,在金融交易结算领域的作用不断提升。2012年,人民币跨境支付系统启动建设。2014年10月,英国政府发行首只人民币主权债券,人民币逐步跻身储备货币。

2016年10月人民币被正式纳入国际货币基金组织特别提款权SDR货币篮子,人民币的国际地位得到大幅提升,各国央行在其外汇储备中加入人民币已成为"规定动作"。在SDR里,人民币的占比权重仅次于美元和欧元。截至2018年5月,全球有超过2千多家金融机构使用人民币作为支付货币,70多个国家和地区央行将人民币纳入外汇储备。另外,截止到2018年上半年,已在23个国家和地区(包括美国、英国、法国、德国、俄罗斯、新加坡、瑞士等)设立和授权人民币清算银行,共开立账户1126家,清算量超过285.6万亿元。2018年,在美债全球遇冷,多国大量抛售美债的同时,多个国家和地区与中国签署了货币互换的协议,可以算是人民币国际化进程加速的大年。

虽然人民币在国际化的进程上取得了不少成绩,尤其是已经进入SDR,权重占比近11%,但其国际化之路还很漫长,在国际贸易和支付结算的使用上的占比仍然不高,大概只有2%左右的水平。这说明人民币在国际贸易和支付结算中被认可度仍然不足。另外,2015年8月11日中国进行的汇率改革(8·11汇改)在一定程度上影响了人民币国际化的进程,同时给国内金融运行造成巨大风险。"8·11汇改"之后,人民币持续贬值,一年降幅达到了8.3%,终结了此前10年人民币兑美元累计33%的升值,也引起大量资本外流。

随着人民币国际化成为一个必然趋势,我们也要清醒地看到,人民币国际化进程并不是越快越好,需要结合当前国际、国内经济形势,借鉴其他国家的经验,稳步推进。由于一国货币国际地位的根本在于该国经济、金融的硬实力,因此,保持中国经济、金融稳步发展,既是人民币国际化的目的,也是人民币国际化的基础。目前，中国经济正处在深度调整期，在这个阶段，国内各项经济、金融改革必须以合理的经济增长为核心，遵循一定的次序，不可为了推进人民币国际化而急功近利。否则，即使人民币实现了国际化，若经济基础出现问题，也可能得不偿失，甚至导致金融危机。日本20世纪90年代的金融泡沫破灭，在一定程度上就是因为日元国际化造成的。当时，日本迫于美国政府的压力，日元国际化进程明显加快，但是日元的急剧升值却对日本经济发展和金融体系造成严重的冲击。特别是1985年的广场协议，迫使日元兑美元汇率急剧升值，直接造成日本经济增长停滞、金融资产泡沫破裂和日元国际化陷入僵局。

5. 中国为何推出原油期货？能挑战石油美元体系吗？

2018年3月26日，在酝酿了多年后，中国原油期货在上海国际能源交易中心（INE，以首字母缩略词命名）正式挂牌交易。消息一经发出，就引发了全球能源和金融市场的高度关注。由于原油是工业的血液，价格对国民经济的影响特别重要。因此，对于人民币计价的原油期货的推出，有人认为有助于提高中国在国际原油定价权中的话语地位，更是仿效"石油美元"，利用石油贸易快速推进人民币国际化的重要举措；还有人认为旨在剑指石油美元，甚至要终结美元霸权。那么，什么是原油期货？中国为什么此时推出原油期货市场？以人民币结算就真的能够挑战美元石油体系以及终结美元霸权吗？

什么是原油期货？

期货，简言之就是一种标准化的远期合约。比如，我们租房子要和中介签合同，而期货就是我们未来希望在某一时间、某一地点买卖一定数量的标的物而签订的标准化远期合约。期货合约指的是今天确定价格，未来以某个约定的时间交货。投资者可用它们来对冲价格上涨的风险，投机者可利用它们来押注价格走向。标的物是我们希望交易的某种商品，比如铜、原油，或某个金融工具，如外汇、债券，还可以是某个金融指标，如三个月同业拆借利率或股票指数。

原油期货是以原油作为标的物而签订的远期合约,是商品期货市场上最大的品种。20世纪70年代初发生的石油危机,给世界石油市场带来了巨大冲击,石油价格剧烈波动,直接催发了石油期货的产生。石油期货诞生以后,其交易量一直呈现快速增长之势,已经超过金属期货,是国际期货市场的重要组成部分。而在石油期货合约之中,原油期货是交易量最大的品种。原油是实体经济使用广泛的大宗商品,被称为大宗商品之王,其产出物燃料油及石化产品深刻影响到人们生活的方方面面,从而深度影响到国民经济。

原油期货的推出直接改变了国际原油市场的定价。在国际原油市场150多年的发展历程中,原油定价主要可分为三种模式:跨国石油公司定价(1900—1973年)、OPEC定价(1973—1986年)和期货定价(1986年至今)。目前,在国际上主要依赖期货定价。尽管全球原油期货市场很多,但是最具影响力的是美国芝加哥商品交易所的WTI原油期货和伦敦洲际交易所的布伦特原油期货。两者分别是美国和全球原油现货的定价基准,成交量合计占据全球95%以上;其中,全球有三分之二的原油现货参照布伦特期货定价。

中国为什么推出原油期货?

中国改革开放以来,随着经济快速增长,石油消费量不断攀升,对进口原油的依赖程度也随之提高,原油进口量不断增加。然而,作为全球第一大原油进口国和第二大原油消费国,中国在国际原油市场上并没有定价权,处于被动接受的地位。伴随石油供应和价格对国外资源的依赖增强,国内石油石化企业承受着石油进口的贸易风险越来越大,地区政治和政策对国内原油的供应消费产生了一定的牵制影响。因此,人们对原油期货推出的呼声也越来越高。

在此背景下,为了建立健全中国的石油期货市场以增强在国际石油定价体系中的话语权,国内一直筹划推出原油期货交易。早在1992年底,原南京石油交易所就推出石油期货交易,1993年初,原上海石油交易所也推出了石油期货交易。不过,当时人们对石油期货市场基本功能和风险程度认识不足,出现了盲目发展、风险失控的势头,最终不得不全面叫停。直到2011年,业内再次热议推出原油期货。当时面临的直接问题就是这个品种怎么搞,才能发挥它的市场功能。一方面原油期货市场,是一个充分竞争的市场。另一方面原油作为战略性资源,在中国境内属于管制类商品,进出口均受到一定限制,市场参与主体不足。

为了确保市场的参与度，在设计之初，中国版原油期货就定位于"国际平台"。2013年11月，上海期货交易所成立子公司上海国际能源交易中心股份有限公司，以该中心作为原油期货交易平台。在经过多年的筹备和系统演练后，2018年

2月9日，中国原油期货终于宣布正式推出，并于3月26日挂牌交易。与境内其他商品期货不同，这次原油期货允许境外投资者参与交易。中国原油期货的推出，让中国乃至东北亚地区第一次有了属于自己的原油价格。不仅弥补了国际原油价格尚无法通过人民币定价的空缺，同时也在国际市场休市期间，为投资者提供了保值对冲的工具。上市以来，整体运行情况良好，成交量与持仓量都在稳步增长。

中国原油期货市场，最大的亮点是以人民币计价，可转换成黄金。另外，与当前国际上影响力最强的布伦特和WTI相比，布伦特和WTI取得国际定价能力的关键原因在于"金融中心+原油产地"模式，其中，卖方垄断定价是关键；而中国虽然原油产量不足，但是消费市场巨大，因而中国原油期货定价核心为"金融中心+原油消费地"模式，如果未来原油市场从卖方市场向买方市场转变，这种模式更容易成功。

人民币原油期货能否挑战美元石油体系？

以人民币计价的中国原油期货推出，对中国的意义不仅是在国际原油市场上争夺定价话语权，减少在原油贸易中对美元的依赖，降低与美元相关的汇率风险，更大的意义在于，原油期货计价货币与国际金融体系深度捆绑，从而推进人民币国际化。

我们知道美元之所以是国际结算占据主导地位的货币，在很大程度上在于当前的"石油美元"体系。即国际石油贸易以美元计价，从而维持美元"世界货币"的地位。布雷顿森林体系解体后，美国与最大原油出口国沙特达成一

项"不可动摇的协议",原油结算必须使用美元。在美国与沙特的联手下,欧洲、亚洲主要工业国想要购买原油,必须在外汇市场先行购买美元。这意味着,这些国家必须储备美元,方能顺利地购买石油。正是石油进口国家购买石油所需的大量美元外汇造就市场对美元的渴求,"石油美元体系"开始影响并控制整个全球金融系统,并成为强势美元最重要的力量源泉之一。

而中国原油期货的推出,正是给原油以人民币计价提供市场化平台。虽然短期不会改变全球原油期货市场的风向,也不会对美元在国际原油贸易结算中所处的主导地位构成冲击,更不会终结石油美元霸权,但这将是从"石油美元"手中夺取市场定价权的第一步。中国原油期货的发展,将不断扩大人民币在石油贸易结算中的使用范围,加速"石油人民币"的崛起。长远来看,随着中国的综合国力不断提升,中国人民币原油期货的健康发展必将会对石油美元主导地位发起挑战,使人民币真正有机会与美元并驾齐驱。

6. 世界银行和 IMF 是干什么的?金墉为何辞职?

布雷顿森林会议确立了以美元为世界货币的布雷顿森林国际货币体系,还促成了世界银行和国际货币基金组织(IMF)的建立,并使其作为实施这一国际货币体系的组织机构。

什么是国际货币基金组织(IMF)?

国际货币基金组织(International Monetary Fund,简称IMF)是根据1944年7月在布雷顿森林会议上签订的《国际货币基金组织协定》,于1945年12月27日在华盛顿成立的。与世界银行同时成立,并列为世界两大金融机构,旨在监督国际货币体系,确保其有效运行,其关键宗旨包括促进汇率稳定和推动国际贸易发展与均衡增长。

根据《国际货币基金组织2018年年报》,IMF主要职责,一是为成员国提

供建议，使其采纳有助于实现宏观经济稳定的政策，进而加快经济增长并减轻贫困；二是向成员国提供融资，帮助其应对国际收支问题，包括因对外支付超过外汇收入而出现的外汇短缺的情况；三是提供技术援助和培训，应成员国请求提供技术援助和培训，帮助其获得专业知识、建立和加强制度，以实施稳健的经济政策。

IMF的贷款仅限于向成员国政府发放，主要用于解决成员国国际收支不平衡；贷款额度与会员国缴纳的份额成正比；贷款采取由会员国用本国货币向基金组织申请换购外汇的方式，亦称购买或提取；还款时，以黄金或外汇买回本国货币，称为购回。基金组织发放的贷款种类有：普通贷款、出口波动补偿贷款、缓冲存货贷款、石油贷款、中期贷款、信托基金和补充贷款等。

IMF总部设在华盛顿特区，共有189个成员国（含地区）。自成立以来，总裁一般由欧洲人担任，现任总裁和执行董事会主席，是法国前财长克里斯蒂娜·拉加德。中国是IMF创始国之一，于1980年恢复合法席位。2016年，中国成为IMF第三大份额国（6.41%），仅次于美国（17.46%）和日本（6.48%）。同年，人民币正式加入特别提款权（SDR）货币篮子，所占份额为10.92%，使人民币成为继美元、欧元、英镑、日元之后的世界第五大货币。

什么是世界银行？

世界银行（World Bank）是世界银行集团的简称，国际复兴开发银行的通称。世界银行和IMF作为两大国际金融机构，都是布雷顿森林体系的产物。世界银行成立于1945年，1946年6月开始营业。世界银

行集团由国际复兴开发银行、国际开发协会、国际金融公司、多边投资担保机构和国际投资争端解决中心五个成员机构组成。

世界银行的宗旨：对用于生产的投资提供便利，以协助成员国的复兴与开发，鼓励较不发达国家生产与资源的开发；利用担保或参与私人贷款和投资的方式，促进成员国的对外投资；通过鼓励国际投资，开发成员国的生产资

源，促进国际贸易的发展，维持国际收支水平；在提供贷款保证时，应同其他方面的国际贷款配合。

起初，世界银行的目的是帮助欧洲国家和日本在"二战"后的重建，以及辅助非洲、亚洲和拉丁美洲国家的经济发展。世界银行的贷款初期主要集中于大规模的基础建设如高速公路、飞机场和发电厂等。日本和西欧国家进入发达国家后，世界银行开始完全集中于发展中国家，贷款用途也开始多样化。从20世纪90年代初，世界银行也开始向东欧国家和苏联国家贷款。

自成立以来，世界银行行长一直由美国人担任，且都由时任美国总统提名。前任行长金墉是韩裔美国人，2019年初提前卸任后，美国财政部负责国际事务的副部长戴维·马尔帕斯被提名接任。中国是创始国之一，于1980年恢复世界银行集团的合法席位。根据2016年世界银行通过的投票权改革方案，中国在国际复兴开发银行的投票权占总票权的4.42%，居第三位，仅次于美国和日本。不过由于世界银行规定，任何重要的决议必须由85%以上的表决权决定，美国的投票权虽然有所下降，但仍超过15%，保有一票否决权。

金墉辞职的原因是什么？

2019年1月7日，世界银行宣布，还有三年才任期届满的行长金墉将于2月1日辞职。虽然关于其辞职原因众说纷纭，但根源是世界银行没有自主权，以及"二战"后建立的国际金融秩序不能适应当前全球经济形势引起的矛盾博弈。

世界银行也好，IMF也好，一直都是"二战"后国际金融秩序——"美国秩序"的基石，并没有完全的自主权。从组织架构上看，美国主导下的IMF和世界银行，有固定人事模式：IMF的负责人通常由欧洲人出任（实际控制权一般还是在美国人手里），世界银行的负责人通常由美国人出任。世界银行行长由美国总统任命，一个任期为五年，可以连任。美国还设计了一套以投票权控制世界银行的程序，重大事项需有85%的投票权支持才能实施，而美国长期占17%左右的投票权，因此实际上具有一票否决权。

最典型的是，G20在2010年底一致同意改革IMF，决定发达国家向新兴市场国家转移超过6%的份额，以便提升新兴市场国家的投票权，同时欧洲向发展中国家转让两个执行董事席位，提升以中国为代表的发展中国家在全球金融体系中的影响力。尽管在改革后的IMF中美国依然是唯一具有否决权的成员国，但最终结果是，美国国会拒绝批准这个改革方案，改革被一度搁浅。直到2015年底，在多种因素下，美国国会才予以通过。随后，2016年1月，IMF才宣布2010年份额和治理改革方案正式生效。

从历次的决策来看，世界银行和IMF更多地体现了美欧立场，在政治上受到美欧国家（尤其是美国）的影响，因此其政策都是趋向这些国家的利益。**一方面，提供中长期信贷的世界银行**，使用各种结构性调整措施削弱受贷国家政府的主权；**另一方面，提供短期资金借贷的IMF**，在成员国经济陷入危机时并不是雪中送炭，而是要附带很多苛刻条件的救援。简单来说，两个机构合起来就是美国手中一把剪刀，既可以通过放贷来收割利益，又可以通过债务来干涉他国政治。

通过世界银行和IMF，美国可以渗透甚至控制其他国的政治界和经济界。一个国家与世界银行如果存在着债务依赖，当财政陷入困境时，便会将原先基本处于发展的中长期货款，转为短期贷款和证券，一旦如此，这个国家经济就与华尔街证券市场相关联，不断用贷款来挽救财政，维持政权，犹如吸毒一般，更可怕的是子子孙孙都无法脱身，阿根廷、希腊就是典型。从1998年亚洲金融风暴也可以看到，那些没有资本管控的东南亚国家无法阻挡外国游资流入，进而形成货币贬值，通货膨胀，证券市场失控，西方债权人可以轻而易举低价购入破产的优质企业，剪东南亚国家的羊毛。

归根结底，世界银行存在的意义是为美国利益服务。金墉在2012年和2016年都是由奥巴马挑选并提名的，当然也是为美国利益服务。只是过去，基于维护两大国际金融机构的权威性，美国要讲一点国际惯例。但现在情况不同，来了个风格粗暴且把"美国优先"挂在嘴上的特朗普，其逆全球化的理念与奥巴马有很大不同。金墉主动辞职，既体现了东方文化的智慧，也让自己避免了不可预测的险情。毕竟先前发生过，因不符合美国利益，IMF前总裁卡恩被爆纽约强奸案，卡恩不但辞职，还名誉扫地。

朱民就任IMF副总裁的意义？

2011年7月26日，IMF打破了建立66年来，最高管理层"一正三副"的模式，增设了第四个副总裁职位，也迎来了首位中国籍的高管朱民。由此，朱民当时成为国内一个重量级的新闻人物。舆论以热烈的口吻来评价这件事，甚至欢呼，这预示世界金融格局将发生变化。认为由于有了朱民这样一位"超级沟通者"，中国在IMF中的利益诉求将得到进一步重视，新兴市场经济国家在IMF中的话语权也将得到加强。

在此之前，以欧美为主导的IMF内部，总裁一般由欧洲人担任（当然实际控制人还是美国人），二号人物则一般为美国人，几十年来成为惯例。**中国争取国际金融组织高层管理权的背后，是后金融危机时代新兴经济体和发达国家之间话语权的博弈**。从2008年开始的全球金融危机暴露了现存的在美元主导下的全球金融体系的问题，因此，近两年来包括中国在内的新兴市场国家都在呼吁对IMF进行改革，增加新兴国家的话语权。在此当口，虽然朱民出任IMF的副总裁，在一定程度上显示了中国在世界经济事务中的重要性，但这并不意味着中国在这个国际金融组织中的话语权以此为标志得到了增加。

实际上，在朱民之前，随着中国经济实力和全球影响力的快速上升，国际金融机构高管层近年来频现中国人身影。仅世界银行，此前便已有2位中国籍高管，包括章晟曼在1995年到2005年期间担任世界银行副行长兼秘书长、高级副行长、常务副行长等职务。2008年到2012年，中国的另一位著名经济学家林毅夫被任命为世界银行高级副行长、首席经济学家。还有2012年任世界银行国际金融公司执行副总裁兼首席执行官蔡金勇，后因其积极推动世界银行对中国企业的投资和放贷，令美国等部分世界银行股东有所不安，被迫离职。

由于IMF和世界银行建立的基础规则至今没有发生根本改变，实践证明一位来自中国大陆的人选出任IMF的副总裁或世界银行的高管，很难真正提高中国在这两大国际金融组织中的话语权。IMF和世界银行作为国际金融组织，它的议事规则必须遵守相关的法定程序。且以各成员国在这个组织中的出资份额来安排每一个参与者的议事权。美国之所以能够在世界银行中享有至高无上的地位，并且至今仍握有"一票否决"权，这与它在这个组织中的投资份额有直接的联系。而且决策如果不符合美国利益，就很难获得通过。因此，**我们不应把朱民或其他中国人出任IMF和世界银行高管看得太重，还要致力于从根本上去解决国际金融秩序的构建和争夺话语权**。

7. 中国为什么要成立亚投行？

亚洲基础设施投资银行（Asian Infrastructure Investment Bank，简称亚投行，AIIB）是一个政府间性质的亚洲区域多边开发机构。重点支持基础设施建设，成立宗旨是促进亚洲区域的建设互联互通化和经济一体化的进程，并且加强中国及其他亚洲国家和地区的合作，是首个由中国倡议设立的多边金融机构，总部设在北京，法定资本1000亿美元。截至2018年12月19日，亚投行有93个正式成员国，基本占到联合国193个会员国的一半。

亚投行成立背景

亚投行的问世有着诸多背景。美联储前主席伯南克曾经表示，"主要是美国国会的错"。伯南克认为，北京之所以推动发起亚投行，是因为美国国会拒绝将国际货币基金组织中的配额转移给新兴的经济体。中国为了在全球经济中发挥与自己能力和地位相配的作用，只好另起炉灶。

中国人民大学国际关系学院副院长金灿荣和山东省委党校副教授孙西辉从三个层面进行了分析：

在全球层面上，主要背景是新兴大国的异军突起。近年来，新兴国家日益成为经济新秀，而发达国家的发展速度相对缓慢。在全球金融危机的打击下，发达国家的经济长期陷入低迷，以新兴大国为代表的发展中国家则率先摆脱危机影响，不仅成为全球经济的新引擎，而且成为全球治理的重要主体。为了更好地发挥新兴国家在世界经济和全球金融治理中的作用，改革原有的国际金融制度顺理成章地提上日程。虽然世界银行与国际货币基金组织（IMF）通过了相应的股权比重和投票权比重改革决定，但因美国国会反对而受阻，不合理的国际金融机制并未改观。

在区域层面上，主要背景是亚洲基础设施落后。亚洲经济占全球经济总量的1/3，是当今世界最具经济活力和增长潜力的地区，拥有全球六成人口。但因建设资金有限，一些国家铁路、公路、桥梁、港口、机场和通信设备等基础建设严重不足，这在一定程度上限制了该区域的经济发展。由于基础设施投资的资金需求量大、实施的周期很长、收入流不确定等因素，私人部门大量投资于基础设施的项目是有难度的。而现有的多边机构包括亚洲开发银行和世界银行，难以满足亚洲经济发展形势和经济治理的需要。

在国家层面上，主要背景是中国进入"新常态"。中国已成为世界第三大对外投资国，据商务部、外汇局统计，2018年全年，中国全行业对外直接投资1298.3亿美元，同比增长4.2%。而且，经过40多年的发展和积累，中国在基础设施装备制造方面已经形成完整的产业链，同时在公路、桥梁、隧道、铁路等方面的工程建造能力在世界上也已经是首屈一指。中国基础设施建设的相关产业期望更快地走向国际。但亚洲经济体之间难以利用各自所具备的高额资本存量优势，缺乏有效的多边合作机制，缺乏把资本转化为基础设施建设的投资。

亚投行成立与运作

在此背景下，2013年10月2日，习近平主席提出筹建倡议，2014年10月24日，包括中国、印度、新加坡等在内21个首批意向创始成员国的财长和授权代表在北京签约，共同决定成立亚投行。2015年12月25日，亚洲基础设施投资银行正式成立。2016年1月16日至18日，亚投行开业仪式暨理事会和董事会成立大会在北京举行。亚投行定位明确，宗旨是促进亚洲区域基础设施互联互通，以及经济一体化的进程，并且加强中国及其他亚洲国家和地区的合作。

亚投行现行的治理结构分理事会、董事会、管理层三层。理事会是最高决策机构，每个成员在亚投行有正副理事各一名。董事会有12名董事，其中域内9名，域外3名。管理层由行长和5位副行长组成。现任行长是金立群，也是首任行长，曾任财政部副部长，亚行副行长，中金公司董事长。五名副行长分别由英国、德国、印度、韩国、印尼各1人担任。董事会的席位兼顾地区的平衡，使地区内特别是亚洲地区国家，能够发挥更大的影响力，有更大的话语权。中国在亚投行的股权结构和投票权的态度与美国对于世界银行和IMF的做法不同，不要求一票否决权。

截至2018年底,亚投行在东亚、东南亚、南亚、中亚、西亚、非洲等6个地区13个国家,已累计批准项目投资75亿美元,带动了350亿美元的投资。亚投行的投资对于改善其成员国基础设施落后面貌,改善生产和生活条件,促进所在国经济发展发挥了重要作用。

在亚投行成立之初,美国担心亚投行挑战其金融霸主的地位,美国本能地反对亚投行,不仅自己拒绝加入,还警告自己的盟友不要加入亚投行,甚至主导了一场反对该行的"围堵"行动。但最终未能阻止其盟友参与亚投行的热情。继英国之后,德国、法国、意大利等西方国家纷纷申请作为意向创始成员国加入亚投行。迄今为止,除了美国、日本外,西方发达国家基本上都加入了亚投行。由于阻挠无效,且越来越多的国家加入亚投行的"朋友圈",美国态度开始转变,表示停止抵制亚投行。纵观美国态度的变化,就是一个从坚决反对到共同合作的渐进过程。不过,美国是否真心合作,还有待时间检验。

亚投行给中国和全球的影响?

在亚投行成立之前,亚洲还有一个区域性国际金融机构——亚洲开发银行(Asian Development Bank,ADB,简称亚行),是由美国和日本主导,创建于1966年。亚投行则是由中国倡议并主导建立,对中国的发展战略影响深刻。同时,亚投行的服务领域主要是亚洲国家的基础设施建设,对亚洲各国的发展意义深远。同时,伴随亚洲经济一体化的溢出效应,将会对全球经济发展带来促进作用。另外,亚投行作为国际金融的新气象,有利于推动现行国际金融机制改革。

一方面,亚投行的建立将为中国提供重要的发展机遇。

一是有效地利用高额外汇储备。中国经过改革开放40多年的经济高速增长,积累了大量的外汇储备。一直以来中国将外汇储备的主要部分投资在美国国债上,容易被美国的债务系统"绑架",难以结合自身利益有效地利用高额外汇储备。二是推动中国企业走出去。在基础设施领域,中国企业承担的海外建设工程不断增多。在亚投行的推动下,中国企业将进一步走向海外,寻求更大的发展空间。另外,通过扩大亚洲基础设施建设的方式,来化解国内部分行业的产能过剩。三是改善中国持续发展的外部条件。如果亚投行运转顺利,亚洲各国的基础设施将大为改善,不仅可以加强亚洲各国的互联互通,促进区域内资金、资源、劳动力的流动,而且可以促进各国的经济发展,营造良好的投资环境,这有利于中国实现持续发展。四是提升中国的软实力。从战略角度而言,通过帮助周边国家搭乘中国经济发展的快车,通过创设全新的地区金融机构对现有国际金融体系进行增益和补充,可以增强中国在国际和地区事务上的发言权,提升中国的软实力。

另一方面,亚投行有助于亚洲乃至全球经济发展和促进国际金融体制改革。

一是亚投行的建立有助于亚洲各国改善基础设施,进一步提升亚洲对全球经济的贡献。亚投行一方面吸引了亚洲诸多需要基础设施建设的国家参与,另一方面给亚洲基础设施建设提供了一个稳定的融资和投资机构。而且中国在基础设施建设上具有比较强的实力和经验,有资金、有实力带动周边国家的发展,从而增强亚洲经济一体化的溢出效应。二是有助于亚洲更好地融入世界经济。由于亚投行的推动,亚洲经济将更加自由开放,有利于与全球经济的对接和融合。亚投行对于全球的利好包括促进亚太自贸区建设,拉近了全球多国之间的关系和沟通,可方便促进世界经济实现双赢。三是亚投行的顺利运行有助于推动国际金融机制改革。亚投行的建立将给国际金融体系带来新气象,与亚洲开发银行和世界银行形成新的良性竞争,同时推动现行国际金融秩序不合理、不公正部分进行改革和完善,特别是要提高发展中国家在规则制定方面的话语权和决策权。

8. 汇率是怎么决定的?人民币升值或贬值的影响?

汇率问题来源于国家之间的对外贸易,因为各国的产品在计价时使用的计价单位并不一样,美国人用的是美元,日本人用的是日元,中国人用的是人民币,用多少元人民币的中国产品才能换回1美元的美国产品,或者1日元的日本产品,这是一个难题,于是汇率的问题应运而生。在经济金融全球化的大背景下,当一个国家要融入全球化,本币汇率变动将影响该国经济在国际经济贸易中的地位和作用。因此,近年来关于中国汇率制度安排和人民币对美元汇率变化引起国内外广泛关注和讨论。那么,汇率究竟是由什么决定的?中国的汇率制度有着怎样的安排与变迁?以及人民币升值或贬值对国民经济生活的影响在哪里呢？

影响汇率的因素有哪些？

汇率是指一国货币与另一国货币的比率或比价，或者说是用一国货币表示的另一国货币的价格。人民币汇率就是人民币在世界市场上的价格。

一般而言，汇率有三种定价方式：浮动汇率、固定汇率、半浮动汇率。浮动汇率，指的是两种货币间汇率完全由市场供给需求决定。固定汇率，指的是政府指定一个汇率，所有官方机构或受该国政府管辖的私人机构，均执行该汇率。一般而言，只会指定本币和某一特定货币（或黄金等标的物）的兑换价格。目前常见的，是规定本国货币与美元进行绑定，规定一单位本币兑换若干固定美元。半浮动汇率是指由政府指定一个汇率，不要求金融机构强制执行，汇率仍然随着市场供需关系而浮动。不过，该国中央银行，会利用外汇储备等货币手段，实时调整本国货币汇率，使之保持在该国政府所指定的汇率附近浮动。而政府指定的汇率则会根据市场情况定期或不定期调整。实际上，世界上大多数国家，对汇率采用的都是后两种方式，即进行一定程度的"操纵"，以实现各种政治、经济目的。只有极少数国家采用了完全浮动的汇率政策。

汇率的变动取决于两国货币购买力的变动，本质是取决于供求关系。一般来说，一种东西的供给量越多，它的价值就越低，一种东西的需求量越多，它的价值就越高。概括来说，影响汇率波动的因素，主要有以下5个方面：

一是政府干预。 央行可以通过买入或卖出本币来稳定汇率，从而影响汇率。一国为了保证出口更具竞争力，想让本国货币贬值，可以卖出本币买进美元，随着美元供给量的减少该国货币的价值也下跌了，相比于此刻价值更高的美元，该国货币的价值显得更加低廉。

二是国际收支。 所谓国际收支就是一个国家的货币收入总额与付给其他国家的货币支出总额的对比。发生国际收支顺差，会使该国货币对外汇率上升，反之，该国货币汇率下跌。不考虑政府干预，这是影响汇率的最直接的一个因素。国际收支中如果出口大于进口，资金流入，意味着国际市场对该国货币的需求增加，则本币会上升。反之，若进口大于出口，资金流出，则国际市场对该国货币的需求下降，本币会贬值。

三是利率。 利率水平直接对国际间的资本流动产生影响，一个国家利率的上涨会给投资者更高的回报，从而引发资本流入。资本流动会造成外汇市场供求关系的变化，从而对外汇汇率的波动产生影响。一般而言，一国利率提高，将导致该国货币升值，反之，该国货币贬值。

四是通货膨胀。一般而言，通货膨胀会导致该国货币汇率下跌。通货膨胀影响本币的价值和购买力，会引发出口商品竞争力减弱、进口商品增加，还会引发对外汇市场产生心理影响，削弱本币在国际市场上的信用地位。这三方面的影响都会导致本币贬值。如果一国的物价水平高，通货膨胀率高，说明本币的购买力下降，会促使本币贬值。反之，就趋于升值。

五是政治局势。一国及国际间的政治局势的变化，都会对外汇市场产生影响。政治局势的变化一般包括政治冲突、军事冲突、选举和政权更迭等，这些政治因素对汇率的影响有时很大，但影响时限一般都很短。

另外，汇率还受一国经济增长速度和市场人们的心理预期等因素影响。归根结底，汇率的波动是由供求关系决定的。在国际外汇市场中，当某种货币的买家多于卖家时，买方争相购买，买方力量大于卖方力量；卖方奇货可居，价格必然上升。反之，当卖家竞相抛售某种货币，市场卖方力量占了上风，则汇价必然下跌。

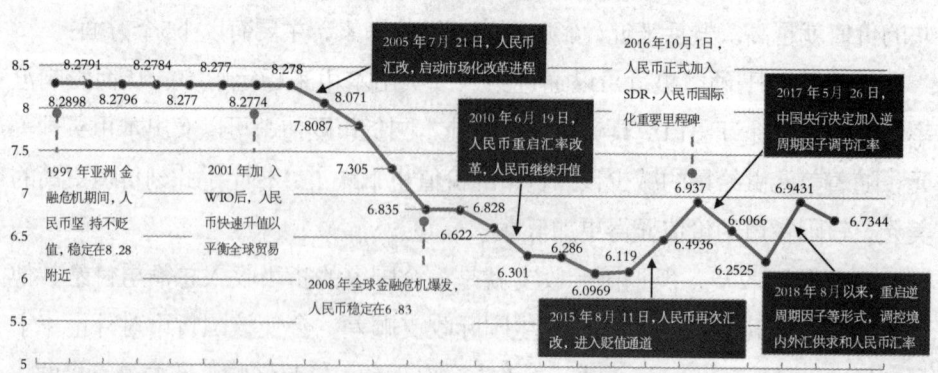

人民币汇率中间价改革历程及走势

中国汇率制度安排与变迁

人民币汇率改革一直是中国经济改革的大事，无论是1994年汇率并轨改革，还是2005年的汇改，以及2015年的"8·11汇改"，对中国的经济金融都产

生了深远影响。总体来说,自新中国成立以来,结合制度环境的变迁,人民币汇率安排大致可分为以下四个不同阶段:

一、第一阶段(1949—1994年)

在新中国成立初期的1949—1952年阶段,人民币汇率制定的依据是当时国内外的相对物价水平,这是一种比较市场化的汇率安排。人民币对美元汇价,但后因国内物价上涨过快,国外朝鲜战争等形势发展的需要,必须降低外汇汇价,以利于推动本国进口。1949年1月18日,1美元=80元旧人民币;1952年12月,1美元=26170元旧人民币。

1953年起,中国实行计划经济体制,人民币汇率开始维持固定汇率政策,外汇兑换严格执行官方公布的汇率,不允许任何波动和变化。1955年3月1日采用新人民币后,至1971年,人民币对美元汇率一直是1美元折合2.4618元新人民币。1971年12月18日,美元兑黄金宣布贬值7.89%,人民币汇率相应上调为1美元合2.2673元人民币。

1973年3月以后布雷顿森林体系彻底解体,西方国家普遍实行了浮动汇率制。针对美元危机不断发生且汇率持续下浮的状况,人民币汇率变动较为频繁,并呈逐渐升值之势。1972年为1美元=2.24元人民币;1973年1美元=2.005元人民币;1977年为1美元=1.755元人民币。

1978年起中国实行改革开放,经济的市场化程度开始提高,外贸管理体制开始改革。1981年起,人民币实行贸易汇率和非贸易汇率并行的复汇率制,前者专用于进出口贸易的结算。从1981年1月到1984年12月期间,贸易外汇1美元=2.80元人民币;非贸易外汇即官方牌价1美元=1.50元人民币。

1985年1月起,由于双重汇率导致外贸企业政策性亏损以及IMF等外界抗议,中国取消复汇率制,重新恢复单一汇率制,1美元=2.80元人民币。

1986年起,官方汇率实行有管理的浮动。人民币汇率,1986年7月5日,1美元=3.7036元人民币;1989年12月16日,1美元=4.7221元人民币;1990年11月17日,1美元=5.2221元人民币。同时开展外汇调剂业务,外汇调剂汇率与官方汇率并存,1993年底全面放开外汇调剂市场。

总体而言,1994年以前中国的制度环境发生了多次变化,人民币汇率制度也随之屡屡调整,除了1949年以后几年间的市场化安排外,其后人民币汇率的定价权基本由央行掌握，更多体现政府意志而非市场偏好。

二、第二阶段（1994—2005年）

1994年1月1日，中国实行人民币官方汇率和外汇调剂汇率并轨，形成以市场供给为基础的、单一的、有管理的浮动汇率。并轨时官方汇率1美元兑换人民币5.79元，直接调整为兑换8.70元人民币，一次性贬值50.3%。同时建立了统一管理的外汇市场，指定银行代替原企业成为外汇交易主体。1994年4月1日，银行间外汇市场——中国外汇交易中心在上海成立。不过，虽然微观经济主体进一步参与外汇定价，但汇率的最终定价权依然掌握在央行手中，人民银行每日公布美元兑人民币汇率价格，市场外汇买卖只允许在其上下小幅波动，浮动范围仅限制在0.3%。

从1994年至1997年，人民币兑美元持续升值，但1997年亚洲金融危机之后，人民币兑美元价格实际并没有变化，人民币名义上的"管理浮动"实际上演变成盯住美元的汇率制度，各商业银行在该汇率的基础上浮动报价。

1994年汇改的根本原因在于汇率制度与当时的经济制度环境不相适应，包括外贸企业具备了独立的对外经营权，对外汇的使用和支配需求迅速提升，以及中国作为IMF成员国受其条例约束等。从1994年开始，人民币汇率制度全面改革，实行银行结售汇制度，取消了诸多汇兑限制，并逐步开放经常性项目的可兑换。1996年12月1日，中国正式宣布人民币经常性项目可兑换。这一阶段，虽然外汇制度名义上已开放，但政府意愿在汇率制度执行过程中仍然发挥着绝对影响力，对稳定和发展当时的国内经济和战胜亚洲金融危机功不可没。

三、第三阶段（2005—2015年）

2005年7月21日，央行发布完善人民币汇率形成机制改革的公告，即日起开始实行以市场供求为基础、参考一篮子货币进行调节、有管理的浮动汇率制度。人民币汇率不再盯住单一美元，形成更富弹性的人民币汇率机制。同时以当日银行间外汇市场的收盘价作为下一日的人民币中间价，即收盘价指导模式。2005年7月22日美元兑人民币官方调整为1美元兑8.11元人民币，一次性上调2%。

此后，汇率制度不断完善。2005年8月，人民银行扩大外汇指定银行远期结售汇业务和开办人民币与外币掉期业务；9月，扩大银行间及其外汇市场非美元货币兑人民币交易价的浮动幅度，由原来的1.5%扩大至3%。2005年7月—2008年8月，人民币兑美元快速升值，累计升值幅度达到17.4%。2008年8月后因爆发全球金融危机，人民币实际上重新开始盯住美元；2010年6月起，人民币重新进入升值轨道。

2005年汇率制度改革是伴随中国经济快速发展和国际贸易地位不断提升而产生的。一方面，2000年以后，中国对外贸易规模不断扩大，中国国际收支持续大量顺差，大量境外热钱涌入国内寻求套利机会，造成外汇储备大幅增长。另一方面，美国等国家2003年开始对中国施加压力，要求中国对人民币汇率安排做出调整。尽管2006年1月起，央行引入询价交易方式，但是实际上人民币汇率总体盯住美元。

四、第四阶段（2015年至今）

2015年8月11日，央行再次启动汇率制度改革，对中间价报价机制进行了调整，更多参考上一日收盘价和市场供求关系，迈出了人民币汇率市场化的至关重要的一步，被称为"8·11汇改"。

人民币汇率不再盯住单一美元，而是选择若干种主要货币，赋予相应的权重，组成一个货币篮子。以2015年12月11日公布的人民币汇率指数为例，美元、欧元和日元在篮子货币中的权重分别为26.4%、21.39%和14.6%；港币、英镑和澳元分别为6.5%、3.8%和6.2%。货币篮子及权重不是一成不变的，随时间和环境不断优化。2016年2月，人民币兑美元汇率的中间价已经初步形成了"收盘价+一篮子货币汇率变化"的机制，双目标权重各50%。

自"8·11汇改"至2017年初，人民币总体呈现贬值趋势，兑美元汇率从6.2097一路贬值到6.9557，贬值幅度达12%。人民币贬值，造成大量跨境资本外逃，致使中国外汇储备减少近万亿美元。2017年全年人民币进入升值通道，至2017年底，人民币全年涨超6%。2017年5月末，为了适应对冲市场情绪的顺周期波动，缓冲外汇市场可能存在的"羊群效应"，人民币中间价定价模型基于市场化原则引入了"逆周期因子"，调整为："收盘价+一篮子货币汇率变化+逆周期因子"，以稳定市场预期。

2018年1月，随着中国跨境资本流动和外汇供求趋于平衡，"逆周期因子"

调整为中性。2018年8月，受国际贸易摩擦冲击人民币快速贬值，央行重启逆周期因子。虽然"逆周期因子"的引入和调整体现了央行稳定人民币汇率的意愿，影响了市场短期预期，但并没有实际干预外汇市场定价，市场对其带来的冲击能及时调整，人民币汇率制度市场化改革的方向并未因其而受到阻碍。总体而言，"8·11"汇改以及央行之后出台的一系列汇率制度政策使得人民币汇率更加市场化，人民币进入稳定的双向浮动区间。

人民币升值或贬值带来的影响？

人民币升值或贬值可以分为两种情况，一是在国内市场，主要受通货膨胀影响，物价上涨，东西越来越贵，钱越来越不值钱，这就是我们理解的人民币在贬值了；二是在国际市场，衡量人民币升值或贬值，是由汇率决定的，1美元兑换人民币越多，人民币就在贬值，反之就是升值。近年来，人民币在汇率市场上升不升值一直是社会常见的话题。那么，人民币升值或贬值对国民经济生活有哪些影响呢？究竟是好还是坏呢？

简单来说，人民币升值对中国有利有弊，影响最大、最直接的是企业进出口和外汇储备以及居民消费等几个方面。

对进出口企业影响，一方面能减轻进口企业，特别是能源和原料的成本负担，从而增强竞争力；另一方面对出口企业特别是劳动密集型企业造成冲击，人民币一旦升值，用外币表示的中国出口产品价格将有所提高，其价格竞争力将被削弱。长期以来，中国实行的是出口导向战略，在国际分工中一直扮演"世界工厂"的角色。出口与投资、消费成为拉动中国经济增长的三驾马车，而且出口占比较高。因此，尽管美国等西方国家多次对中国施压要求人民币升值，但是中国采取的汇率政策相对较为慎重。当然，合理的升值有利于促进中国的产业机构优化调整。

对外汇储备影响，一方面，有助于减轻"外汇占款"对中国货币政策的独立性造成的危险；另一方面，会使巨额外汇储备面临缩水的危险。当前中国充足的外汇储备是经济实力不断增强、对外开放水平日益提高的重要标志，也是促进国内经济发展、参与对外经济活动的有力保证。然而，一旦人民币升值，巨额外汇储备便面临缩水的危险。假如人民币兑美元等升值10%，则中国的外汇储备便缩水10%。这是我们不得不面对的严峻问题，也是进退两难。

对金融市场影响，如果人民币汇率预期升值过快，会吸引大量境外短期投机资金涌入，大肆炒作人民币汇率。在中国金融市场发育还不够健全的情况下，容易引发金融货币危机。另外，人民币升值会使以美元衡量的银行现有不良资产的实际金额进一步上升，不利于整个银行业的改革和负债结构调整。反之，人民币预期贬值过快，也会造成资本外逃，导致股市和楼市价格的下跌，造成不良影响。

对居民生活的影响，人民币升值有利于扩大国内消费者对进口商品的需求，使他们得到更多实惠。最明显变化，就是手中的人民币"更值钱"了。如果出国留学、旅游、购物或海外投资等，将会花比以前更少的钱，享受到人民币升值的好处。或者说，花同样的钱，将能够办比以前更多的事。

因此，不能简单地认为人民币升值好还是不好，或者贬值好还是不好，升不升值，什么时候升值，升值幅度多大，不能光考虑某一因素的影响，要根据国内外市场环境等多方因素综合而定。

9. 为什么要推动金融开放，却又不能急？

2018年4月，在博鳌亚洲论坛开幕式的主旨演讲中，国家主席习近平明确将金融业的对外开放列为扩大开放的首位，强调指出在服务业特别是金融业方面，大幅度放宽市场准入。确保2017年底宣布的放宽银行、证券、保险行业外资股比限制的重大措施落地，同时要加大开放力度，加快保险行业开放进程，放宽外资金融机构设立限制，扩大外资金融机构在华业务范围，拓宽中外金融市场合作领域。随后，央行行长易纲提出了中国金融业对外开放的具体措施和时间表，并强调了推进金融业对外开放三项原则。这标志着，在2001年加入世贸组织之后，中国金融业将迎来新一轮的对外开放大浪潮。

金融开放是指一个国家（或地区）的金融业和金融市场对外开放，内容包括金融资本、金融机构、金融服务等相关方面。中国从1978年改革开放起，便开始了金融对外开放的历程。近年来，国家相继出台不少关于金融行业、金融市场的扩大开放政策。推进金融开放，一方面对中国的改革开放和经济发展起到了重要的推动作用，但另一方面也引发了对中国金融体系和金融安全的担忧,甚至有人认为对外资持股比例的宽松会引狼入室。那么,中国为什么要推动金融开放?金融开放会给中国带来哪些影响呢?

中国现代金融开放的历程

中国从1978年改革开放起,便开始了现代金融对外开放的历程,迄今为止40多年的时间,大致走过了探索、奠基、全面铺开和稳步推进四个阶段。

一、探索阶段(1978—1993年)

这个时期的金融开放主要是为了配合国内发展建设经济,解决就业与增加外汇、资本等一系列基本政策的实施。

1980年,日本输入出银行在北京设立第一个外资银行代表处,中国金融开放之路正式拉开序幕。同年,中央宣布将在深圳、珠海、汕头、厦门四个地方设立经济特区,拓展对外的经济交流,将其建设成为中国走向世界的试点窗口。于是1981年7月,政府开始允许外资金融机构在经济特区设立营业性机构试点,开展外汇金融业务。1983年,中央又颁布实施了《关于侨资、外资金融机构在中国设立常驻代表机构的管理办法》,打消外资金融机构进军中国,权益与利益得不到保障的忧虑,展现出中国对海外金融机构的欢迎态度,同时也在规范外资金融机构在国内的行为。

1981年政府宣布将采取"官方汇率+贸易外汇内部结算价"的双轨模式,其中前者适用于非贸易收入,后者适用于贸易收入。1985年,汇率迎来了新一轮的改革。政府取消了贸易外汇的内部结算价,为鼓励企业出口,开始实施外汇留成制度(即企业可保留10%左右的外汇,当时外汇可是一个稀罕物),建立发展外汇调剂市场。

到1993年,在中国的外资银行营业性机构已经从0发展到76家,平均每年设立5家,资产总额达到89亿美元,地域范围也从经济特区扩展到沿海。其他金融业如保险、证券随着银行业的进一步开放,也在1992年拉开了开放的序幕。

二、奠基阶段(1994—2000年)

这个时期的金融开放主要是有管理的浮动汇率制改革和积极吸引外国直

接投资以及金融业的开放。

1994年，汇率改革如期而至。包括，将官方汇率与调剂市场汇率并轨，将此前的盯住汇率制度改为以外汇市场供求为基础的、单一的、有管理的浮动汇率制度；取消外汇留成制度，推出强制性的结售汇要求等。这次的汇率改革对随后十几年中国的货币政策、金融市场与汇率制度等都有着重要的影响。

金融业的开放则与金融市场的开放在谨慎中匍匐前进，采取循序渐进、由点到面的顺序和策略逐渐展开。1994年，颁布了《中华人民共和国外资金融机构管理条例》，中国平安保险就吸纳了摩根士丹利与高盛两大世界财团参股，成为第一家引进外资入股的保险公司。1996年，第一家中外合资保险公司成立。1999年，取消设立外资银行的区域限制。

这一时期资本账户的可自由兑换与跨境资本的自由流动问题曾被提上日程，后因1997年东南亚金融危机被暂时搁置。当时已经实现跨境资本自由流动的泰国、韩国等亚洲国家，受到海外游资与对冲基金的冲击，金融体系与经济受到重创，出现了严重的金融危机。这给了当时的中国一个启示：在国内金融业与金融市场没有形成足够强的抵御风险能力前，过早过急过深的向外开放是不合适的。

三、全面铺开阶段（2001—2008年）

2001年，中国加入WTO，金融开放在20多年的积淀准备下，进入全面铺开阶段，各个方面在加入世贸组织后都迎来了快速的发展。很快银行、证券、保险分别实现入世承诺，放松外资金融机构设立形式、地域、业务范围限制。这一时期的重点是学习外资金融机构的先进技术、管理经验与创新等要素，以提高金融业竞争力。

银行业方面，2004年前后，占有银行资产50%的四大国有独资银行进行了财务重组，改制成为多元化股权的商业银行，引入了国外的战略投资者，希望借由拥有管理先进经验与技术的外资行来加强银行业的竞争力。2006年，以《中华人民共和国外资银行管理条例实施细则》颁布为标志，银行业实现了全面的开放，但仍保留了市场准入、持股比例、设立形式等方面的若干限制。

保险业方面，2004年初，以保监会放开外资非寿险机构在华设立公司形式的限制为标志，保险业宣告进入了全面开放阶段。而在此期间，国内保险业的三大巨头：中国人寿、中国人保与中国再保均已完成了股改重组，引入了国外的战略投资者，先后在港交所、纽交所等境外市场挂牌上市。此后，随着国内保险市场的扩大，外资保险机构或金融集团进入中国保险业的数量持续增加。

证券业方面，到2006年基本完成了入世时的开放义务。国内开始陆陆续续出现一些外资金融机构参股国内券商、基金，或与国内金融控股集团成立中外合资券商、基金的情况，比如2002年成立的招商基金以及2004年高盛与高华证券合资成立的高盛高华等。

汇率改革方面，在多种因素的共同推动下，2005年央行决定废除盯住单一美元的汇率制度，改为实行以市场供求为基础，参考一篮子货币进行调节、有管理的浮动汇率制度。汇率升值压力得以释放，市场化程度进一步提高，从而为后续跨境资本的自由流动与金融市场的进一步开放奠定了良好的基础。

四、稳健推进阶段（2009年至今）

2009年后，在金融业开放全面铺开的同时，伴随着中国国力的提高，在"走出去""引进来"相结合的战略推动，和"一带一路"倡议下，人民币国际化程度也在逐渐提高。2011年，为进一步加快金融开放，政府顺势在原来QFII的基础上，推出了RQFII（人民币合格境外投资者，即允许境外机构投资人将额度内的外汇结汇投资于境内的市场），2014年，又在QDII的基础上推出RQDII（人民币合格境内投资者，即可用境内人民币投资于境外人民币计价资本市场）。同年，连接港交所与上海交易所的沪港通开通，境内境外市场得以联通，跨境交易有了更多的选择。

在股票市场完成境内外联通与开放后，债券与外汇市场也紧随其后。2015年8月11日，人民币再次进行汇改，不再单边升值，开始双向浮动；不再紧盯美元，逐步转向参考一篮子货币。2016年人民币纳入国际货币基金组织SDR一篮子货币。随后，债券市场与外汇市场先后向境外央行、国际金融组织与境外私人投资机构开放，且额度不受限制，央行也发布多项文件，为境外机构参与银行间债券于外汇市场提供具体的操作指引，便于其参与其中交易。

2018年4月，在博鳌亚洲论坛开幕式的主旨演讲中，国家主席习近平明确将金融业的对外开放列为扩大开放的首位，强调指出在服务业特别是金融业方面，大幅度放宽市场准入。确保2017年底宣布的放宽银行、证券、保险行业外资股比限制的重大措施落地，同时要加大开放力度，加快保险行业开放进程，放宽外资金融机构设立限制，扩大外资金融机构在华业务范围，拓宽中外金融市场合作领域。随后，央行行长易纲提出了中国金融业对外开放的具体措施和时间表，并强调了推进金融业对外开放三项原则。这标志着，在2001年加入世贸组织之后，中国金融业将迎来新一轮的对外开放大浪潮。

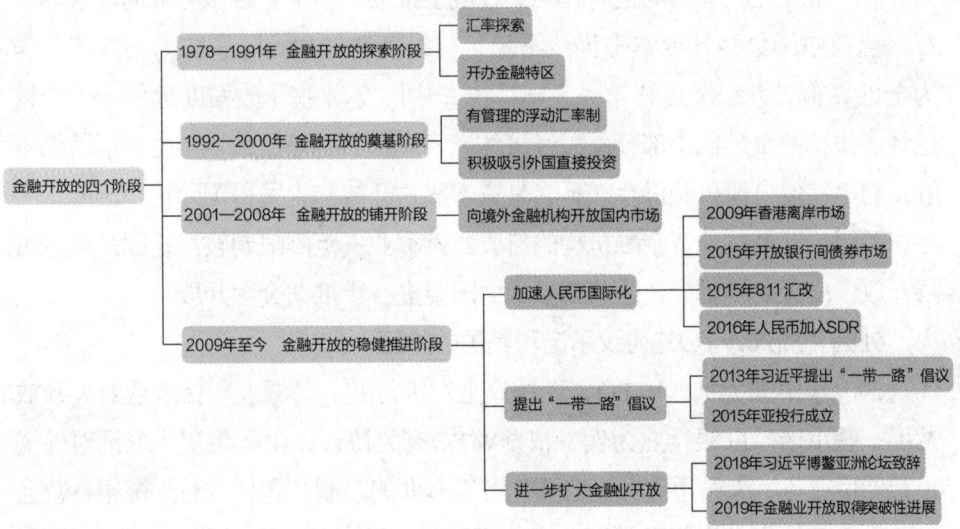

中国为什么推动金融开放？

从中国金融开放的历程来看，金融开放的内容可以概括为两大类：一类是金融服务业相关开放，即对银行、证券、保险等金融行业金融机构及其提供的相关金融服务的放开，以及境内外居民或机构参与金融市场交易的放松，包括金融机构开放、金融市场开放；另一类是资本与金融账户相关开放，也就是放开跨境资本在交易环节和汇兑环节的限制，包括汇率政策、资本项目、人民币国际化等。中国自改革开放以来，推动金融开放既有内因，也有外因。

内因，金融服务业水平提高和经济发展以及深化对外改革开放的需要。

无论是金融业的开放、人民币汇率的改革，还是跨境资本的流动等，无一不是以促进经济发展，增加外汇储备，吸引外国直接投资，扩大对外开放为目的。尤其是金融业的适度开放，既有利于引进国外先进的经营管理技术、人力资本、风险管理方法、信息系统等，又有利于丰富金融产品服务，加强市场竞争，提升消费者福利水平，进而增强本国金融业综合实力，提升国际竞争力。

中国的现代金融服务业起步较晚，直到改革开放初期，全国还没有一家商业银行，中央银行在兼具货币发行等宏观调控职能的同时，仍保留部分商业职能，有发放信贷等任务。现在的四大商业银行在当时也还是附属于央行，专职于某项业务的专业银行，比如中国银行专门负责外汇业务。证券市场直到20世纪90年代随着沪深交易所设立才开始发展起来。因此，无论是银行业，还是保险业、证券业，外资的进入在一定程度上推动了中国金融服务业的发展。

当前中国金融开放水平仍然不足，与经济地位和国际影响力不匹配。作为全世界第二大经济体和第一大出口国，中国金融业开放程度远低于主要发达经济体，甚至是低于部分新兴经济体。表现在：一是汇率调整的灵活性仍不够，利率定价自律机制仍存在；二是资本账户开放和人民币国际化与国际水平存在差距；三是对外资金融机构的持股比例和业务范围限制较严；四是金融市场开放广度深度不足等。这些都要求中国要进一步推动金融开放。

外因，加入WTO的协议承诺和美国的施压。

2001年中国为加入WTO，在协议上对银行业、证券业和保险业对外开放做了一些承诺。以银行业为例，根据WTO有关协议，中国将逐步取消对外资银行外币业务、人民币业务、营业许可等方面的限制。包括，对外资银行营业许可方面（扩大外资银行外汇业务范围和逐步扩大外资银行人民币业务范围）和关于开放汽车消费信贷服务以及关于开放金融租赁业务。另外，近年来美国政府一直施压要求中国开放金融，尤其是2018年美国发动的中美贸易战，其中一项重要要求就是进一步加大金融开放力度。

金融开放为什么不能急？

金融开放对中国金融业的发展和人民币国际化等都发挥了功不可没的作用，但是金融开放并不完美。最直观的就是拉美债务危机、日本经济泡沫危机、亚洲金融危机等一系列金融危机背后的导火索都是金融开放过快。

以日本为例，20世纪60年代末日本成为仅次于美国的第二大经济体。80年代中期，在美国压力下，日本相继签署《日元美元委员会协议》《广场协议》，日元快速升值，金融开放明显加速。在国内金融体制尚未实现有效改革的背景下，资本账户快速开放，利率市场化及金融改革滞后，为逃避国内金融监管，大量企业通过欧洲日元市场融资，数量及价格型货币政策均失效。此外金融快速脱媒带来国内金融机构风险偏好提升，叠加宽松的货币政策、海外投机资本，大量资金涌入股市、房市，最终形成泡沫经济。

相似的例子还有阿根廷。在金融自由化之前的30年中，经济有过快速发展，曾是拉美经济发展水平最高的国家，人均国民收入甚至超过原来的殖民地宗主国西班牙，成为"全球化楷模"。而20世纪90年代开始加速金融自由化，1997年外国资本已控制了阿根廷银行的52%。阿根廷最大的10家银行中有8家属于国外资本控股。接着阿根廷发生了金融危机，整个金融体系接近崩溃，2001年阿根廷GDP下降到1997年的31%，减少2/3还多。当时，阿根廷很多中产阶级把钱存在外资银行以图保险，结果外资银行首先出逃，大量中产阶级破产滑入贫困阶层。经济崩溃带来政治局势动荡，至今仍然没有恢复。

因此，当前国家对待金融开放，采取逐步稳妥推进的战略，既慢不得，也急不得。一方面，由于中国金融开放水平不高，与中国经济地位和国际影响力不匹配，需要进一步加大金融开放；另一方面，中国作为一个发展中国家，相对西方发达国家金融发展起步较晚，监管体系还不够健全成熟，不能在美国的压力之下急于加快金融开放，要结合国内外环境按照中国节奏推进，否则容易带来金融风险甚至金融危机。

第六章 金融风险

准确判断风险隐患是保障金融安全的前提。总体看,中国金融形势是良好的,金融风险是可控的。同时,在国际国内经济下行压力因素综合影响下,中国金融发展面临不少风险和挑战。

对存在的金融风险点,我们一定要胸中有数,增强风险防范意识,未雨绸缪,密切监测,准确预判,有效防范,不忽视一个风险,不放过一个隐患。

——2017年4月25日,习近平在中共中央政治局第四十次集体学习时讲话

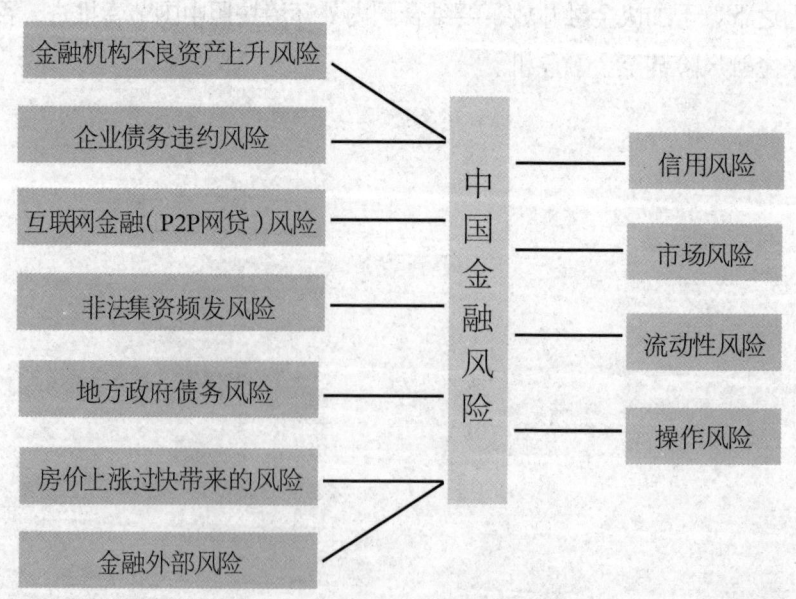

改革开放40年来,中国金融体系经历改革与发展,不但帮助中国维持了金融稳定,还创造了增长奇迹。但是近年来,随着金融效率的下降和金融创新

的加快以及金融全球化，尤其是一段时间，各种各样脱离实体经济的金融创新催生了不同问题，形成了不少风险隐患。包括，金融机构不良资产上升，企业债务违约，互联网金融特别是P2P网贷平台爆雷不断，非法集资融资等非法金融活动高发，一些地方政府债务较高，房价上涨过快和外部风险等。

因此，维护金融安全，是关系中国经济社会发展全局的一件具有战略性、根本性的大事。近年来，党中央多次强调要把防风险作为今后一个时期中国金融工作的重中之重。2017年末召开的中央经济工作会议将防范化解重大风险列为未来3年三大攻坚战之首，并明确提出"重点是防控金融风险"，把防控金融风险上升到治国理政和国家战略的高度。2018年末召开的中央经济工作会议强调，要坚持结构性去杠杆的基本思路，防范金融市场异常波动和共振，稳妥处理地方政府债务风险，做到坚定、可控、有序、适度。

当前，尽管中国金融存在一些风险隐患，但正如国务院总理李克强在2018年政府工作报告中所说，风险总体可控。如何有效化解风险隐患？李克强指出：严厉打击非法集资、金融诈骗等违法活动。加快市场化法治化债转股和企业兼并重组。加强金融机构风险内控。强化金融监管统筹协调，健全对影子银行、互联网金融、金融控股公司等监管，进一步完善金融监管。防范化解地方政府债务风险。严禁各类违法违规举债、担保等行为。省级政府对本辖区债务负总责，省级以下地方政府各负其责，积极稳妥处置存量债务。健全规范的地方政府举债融资机制。

1. 金融风险有哪些？何谓金融危机？

风险是指结果偏离预期的可能性，是对各种不确定性事件的总称，如创业失败风险、生病风险、失业风险等。金融风险，顾名思义是指与金融有关的风险，如金融市场风险、金融产品风险、金融机构风险等，是一定量金融资产在未来时期内预期收入遭受损失的可能性。

在现代市场经济中，金融领域是竞争最激烈也是风险程度最高的领域，可以说没有风险就没有金融活动，因此，想要避免金融风险是不可能的。但是我们要对当前的金融风险做到心中有数，把风险程度控制在合理的范围之内，尽可能避免金融风险事件发生，防范局部性金融风险向系统性金融风险蔓延。

金融风险有哪些？

一般来说，金融风险是指金融行业存在的风险。从这个角度来看，金融风险可以分为信用风险、市场风险、流动性风险、操作风险等。信用风险是借款人或市场交易对手无法偿付或者无法按期偿付而违约导致损失的可能性，如由于企业失信造成银行信贷坏账。几乎所有的金融交易都涉及信用风险问题。市场风险是指由于市场因素（如利率，汇率，股价以及商品价格等）的波动而导致资产价值发生未预料到的变化的风险。流动性风险是指由于资产流动性降低而导致的可能损失的风险。操作风险是指由于金融机构的交易系统不完善，管理失误或其他一些人为错误而导致金融参与者潜在损失的可能性，如2013年8月16日光大证券在使用其独立的套利系统时出现问题，造成上证指数出现大幅拉升大盘一分钟内涨超5%，被媒体称为"光大证券乌龙指事件"。

当前，我们所说的防范化解金融风险，不仅仅是指金融行业，更多是从宏观经济层面来看，与金融相关的经济社会领域存在的风险。站在整个国民经济体系角度来看，当前中国存在的金融风险主要有以下几个方面：一是金融机构不良资产上升风险，尤其是中小银行不良资产上升；二是企业债务违约风险，企业债券违约频发，少数上市公司存在股权质押和退市风险；三是互联网在金融领域应用带来的风险，金融的复杂性、关联性在增强，P2P网络借贷平台爆雷不断；四是非法集资融资活动依然高发，涉案金额大，涉及受害群众多；五是一些地方政府债务存在不合理风险，外部不确定因素增多；六是房价上涨过快带来的房地产市场风险；七是经济金融全球化带来的外部风险。

何谓金融危机？

中央之所以把防控金融风险作为当前"三大攻坚战"重中之重，并上升到治国理政和国家战略的高度，主要是防微杜渐，防止个别或局部金融风险蔓延引发系统性金融风险，甚至演变成金融危机，对整个国民经济造成冲击。

金融危机又称金融风暴，是指一个国家或几个国家与地区的全部或大部分金融指标（如：短期利率、货币资产、证券、房地产、商业破产数和金融机构倒闭数）的急剧、短暂和超周期的恶化。其特征是人们基于经济未来将更加

第六章 金融风险

悲观的预期，整个区域内货币币值出现幅度较大的贬值，经济增长受到打击。具体表现为金融资产价格大幅下跌，或金融机构倒闭或濒临倒闭，或某个金融市场如股市或债市暴跌等，往往伴随着企业大量倒闭，失业率提高，社会普遍的经济萧条，甚至有些时候伴随着社会动荡或国家政治层面的动荡。

从"二战"以来，全球或区域性发生的历次金融危机的教训来看，都是由于应对内部或外部金融风险处理不当，最终引发金融危机。以2008年席卷全球的金融危机为例，最初是由于美国国内次级贷款引起。所谓次级贷款，是指银行对一些类似穷人或还款能力很差的人，发放的贷款。在2008年之前，美国房价一直在上涨，买了房子，过一年房价涨了把它卖掉，不仅能够还回贷款，多挣的钱还可以去旅游。在这种氛围下，银行劝说那些并没有偿还能力的次级客户贷款买房。结果，房价下跌之后，这些人根本就还不上贷款，银行还贷发生大面积违约，引发了次贷危机，造成次级抵押贷款机构破产、投资基金被迫关闭、股市剧烈震荡等一系列的金融风暴。由于美元是世界货币，危机又从美国蔓延到全球，致使全球主要金融市场出现流动性不足危机，形成全球金融危机。

当前，全球经济形势复杂多变，一些国家金融危机仍有发生。一些市场人士预测，在全球金融危机爆发10年后，新一轮危机正在酝酿当中，其中有人还将危机爆发地锁定在中国。实际上，这种论调并不陌生，甚至早在2008年之前，一些国际组织在进行全球风险预测时，就已经把"中国危机"列入其中。然而长期以来中国经济总体运行平稳，虽然GDP增速"换挡"，但是依然保持每年近7%的高增长率。显然"中国金融危机论"站不住脚，因此，过去"唱空"中国经济的不少国际机构，逐渐转变了看法。但在国内外环境依然复杂多变的形势下，我们应始终保持对各类风险的高度警惕，既要防"黑天鹅"，也要防"灰犀牛"。

什么是黑天鹅与灰犀牛？

黑天鹅事件是指非常难以预测，且不寻常的事件，通常会引起市场连锁负面反应甚至颠覆。从次贷危机到东南亚海啸，从"9·11事件"到"泰坦尼克号"的沉没，瑞士央行放弃欧元兑瑞郎汇价下限

后瑞郎的暴涨。黑天鹅存在于各个领域,无论金融市场、商业、经济还是个人生活,都逃不过它的控制。

灰犀牛是据古根海姆学者奖获得者米歇尔·渥克的《灰犀牛:如何应对大概率危机》一书,"黑天鹅"比喻小概率而影响巨大的事件,而"灰犀牛"则比喻大概率且影响巨大的潜在危机。在金融方面,"黑天鹅"一般指那些出乎意料发生的小概率风险事件;"灰犀牛"指那些经常被提示却没有得到充分重视的大概率风险事件。

2. 金融机构不良资产上升风险,什么是影子银行?

当前,中国金融风险最大的是金融机构自身风险,尤其是以商业银行业为代表的金融机构。近年来,随着中国经济发展进入新常态,在监管趋严、去杠杆、流动性趋紧以及外部复杂多变的大背景下,过去金融机构依靠高杠杆模式过度扩张的信用风险正在不断累积。特别是部分金融机构热衷通道、同业、交易类业务,脱离真实需求进行自我创新、体内循环,导致金融系统自身风险急剧上升。

为何要警惕金融机构自身风险?

当前,中国金融机构自身风险,包括银行业坏账风险加大,跨市场、跨行业产品和业务隐患较大,以及影子银行带来的监管不透明风险;证券市场,股票质押贷款规模和比例近几年不断攀升,给相关金融机构带来了潜在风险等;资产管理行业存在规避金融监管和宏观调控,发展不规范、多层嵌套、刚性兑付等问题;各类金融控股公司快速发展,部分企业热衷投资金融业造成投资过度风险。

中国金融机构不良资产率上升主要原因,一是金融机构出于业绩考量,会以提高杠杆率、大规模扩张来提高收益率,这会带来相关行业或领域的流动性、内生性风险;二是在相当长的时期里,金融机构在经营行为和风险管理方式上具有趋同性，业务集中在大客户、集团客户和热点行业，导致信贷风险增大的同时，也造成一些金融机构的盈利能力削弱，生存空间收窄；三是金融业务受宏观经济形势和社会信用整体水平影响较大。

金融机构中风险表现突出的是银行业，不良资产反弹压力较大，而其中又以农村金融机构较为明显。根据银保监会数据显示，从2014年一季度末至2018年末，商业银行不良贷款余额从6461亿元攀升至2万多亿元；不良贷款率从1%一路升至1.89%。2017年全年商业银行不良贷款率均保持在1.74%，而2018年4个季度，商业银行业不良贷款率分别为1.75%、1.86%、1.87%和1.89%，已经连续上升。还有观点认为，商业银行实际坏账率要高于统计数据。

以农村商业银行和农村信用社为代表的农村金融机构，坏账风险普遍高于国有大型银行、股份制银行，主要原因是存在内控体系不完善、从业人员素质不高、监管不力、容易受地方行政干预影响等问题。而且作为农村金融机构，"三农"客户的弱质性也决定了其自身存在业务风险较大、收益回报具有不确定性等先天的短板。同时，农村金融机构在面临新一轮的大额不良资产暴露的局面下，还要承担好进一步支持地方实体经济发展的重任，尤其是解决中小企业融资难题。

银行等金融机构会破产吗？

警惕并控制银行等金融机构不良资产上升风险，目的是要谨防危机出现。理论上，目前银行等金融机构作为市场化经营的企业，理应自负盈亏，因此必然存在经营不善导致的破产风险。只是，我们绝大多数人并没有意识到。大家之所以放心把钱放到银行等金融机构（民营、外资除外），不担心金融机构破产，是因为长期以来金融机构有国家信用做背书，导致我们有一个错觉，认为金融机构都是国家的，不会倒闭。

实际上，中国改革开放以来，存在银行破产的先例，一共倒闭了两家。由于数量极少，且都是区域性的，导致人们很少注意到。

第一家倒闭的是海南发展银行（简称海发行），1998年6月21日宣布倒闭，距离其成立只有两年零十个月时间。其倒闭是因为不良资产比例大、资本金不足，信誉差等原因发生了挤兑现象。海发行从成立之初就是为了解决各种遗留问题。当时海南有很多信用社因为高息揽储经营不下去了，最终被一纸政令合给了海发行，由于海发行只能以央行标准利息支付，导致大量储户不满，进而把钱取出来。为了把影响降低，海发行限制每人每天取款次数和额度，但这种限制被解读成海发行没钱了，于是越来越多的人开始把钱取出来，从而发生了挤兑。在耗尽了准备金和国家34亿元的救助金之后，海发行没能摆脱危机，最终宣布破产。

第一家被批准允许破产的银行，是河北肃宁尚村农信社。2012年，被批准破产，成为全国首家被批准破产的农村信用社。早在2001年河北肃宁尚村农信社就因为资不抵债停业了，但直到2010年银监会才批准其实施破产。从停业到最终破产走过了10多年时间。其破产很大一部分原因是历史遗留问题再加上经营不擅。由于没有欠储户的钱，只是欠了四家机构的钱，其破产并没有引起太大社会反应，即使在当地，很多人对其印象也不深。甚至等银监会批准破产时，其已成为"无业务、无办公场地、无工作人员"的三无机构。

另外，中国曾经有过银行不良资产率高企的教训。1984年到1990年的大多年份，国有银行不良贷款率在10%以上，到20世纪80年代末期达到15%。1996年，四大国有银行的不良贷款率甚至达到20%以上。1997年亚洲金融危机爆发，让中央高度重视金融风险，开始着手重点解决国有银行的不良资产问题。包括发行国债补充国有银行资本金，摸清国有银行不良资产底数，剥离国有银行的不良资产成立四大资产管理公司，屏蔽地方政府对国有银行的不当干预等。中国加入WTO后，在内忧（不良贷款率较高）外患（外资竞争）背景下，中央开始推动以产权为核心的国有银行股份制改革，以彻底解决国有银行的体制问题和不良资产高企、竞争力低下问题。

2003年，中央选择建设银行和中国银行率先进行股份制改革和上市试点，随后工商银行、交通银行和农业银行也纷纷上市。由此，五大国有银行成功实现了由国有独资银行向国际公众公司的嬗变。由于国有银行股改围绕重建市场化经营机制这个核心，银行业整体实现了在国家控股基础上的产权多元化，建立了现代公司治理结构和风险自担的内控机制，确立了市场导向、利润为主的经营目标，杜绝行政干预下的财政化经营行为。目前，银行不良资产率整体得到较好的控制，但是我们也要清醒地看到银行不良资产率持续上升，尤其是农村金融机构坏账风险升高。

什么是影子银行？

我们很多人都听说过影子银行，但不明白影子银行是什么意思，跟传统的商业银行又有什么区别。而且由于媒体关于影子银行内容以负面居多，导致很多人认为影子银行都是不好的。实际上，影子银行是中性的，有利有弊。简单说，影子银行是行银行类金融机构之实、无传统银行之名的机构和业务。

影子银行，一般分为两种：一种是不在银行监管范围之内，却做着银行的事情，给企业放贷款。主要是一些金融机构，比如信托公司，保险公司，资产管理公司等。另一种是一些商业银行不安守本分，通过一些非银行机构，做一些不在银行信贷业务范围内的事情，也就是银行的影子信贷。

影子银行究竟如何放贷呢？举例来说：翠花是A银行工作人员，有一个朋友二牛，他开了一家房地产公司，最近债务缠身，急需一笔资金，想向A银行贷款，但是各方面不符合放款条件，加上最近监管较严，正规渠道无法放款，这时候影子银行就开始发挥作用了。

一种方式是，翠花找到一家信托公司，搞一个以二牛公司资产为标的信托产品，然后用银行的钱去购买这个信托产品，这笔钱记账的时候就记录成应收款项投资，属于银行自有资金的投资范畴，和贷款什么的没有关系。实际上这笔钱就是包装了一下贷款给二牛了，这就是商业银行的影子信贷业务。另一种方式是，翠花给二牛介绍一个信托公司，然后把二牛公司的资产、项目等打包成一个信托产品，然后这个信托产品通过A银行对外销售，就这样二牛拿到了钱，等到期后二牛把钱还给银行，最后信托公司、银行和投资者把二牛还的钱分掉。就这样，这家信托公司就成了影子银行。

通过上述例子可以看出，影子银行的好处是二牛公司能够拿到急需的资金，虽然融资成本变高了，因为层层包装的产品每一层都要收取一定费用，但是对二牛来说总比融不到资强。但这也带来了潜在的风险，万一二牛是个不靠谱的人，公司经营出现问题，到期无法偿还借款，那么买了这种信托产品的投资者就会面临亏损风险。而且影子银行的不透明和难监管也无形中增加了金融风险。

商业银行的影子信贷和银行本身信贷业务的区别

近年来,中国影子银行业务快速发展,成为金融体系中不可忽视的组成部分,也越发受到重视。影子银行之所以存在是因为市场有需求。因此,有专家认为影子银行存在有其合理性,是解决小微民营企业融资难的主要途径之一。但是影子银行普遍游离于传统商业银行体系之外,存在产品设计比较复杂、隐含的担保链较长、信息不对称、不透明、杠杆率高等问题,给监管带来难题。而且它对货币造成的实际影响,包括流通速度和规模,就没办法准确估算,也给整个金融体系增加了额外的风险。因此,我们既要发挥影子银行的正面作用,也要高度警惕其带来的风险隐患并加以防范。

3. 企业债务违约风险,为什么会有人说"国进民退"?

企业债务违约,本来是市场机制运作下的一种正常现象。根据市场规律,不可能所有借债企业都会按期偿还债务。因为企业举债,要么是资产证券化的结果,要么是因重大项目投资,缓解资金链压力。而市场形势和行业供求则是不断改变的,企业将举借的大额债务资金投入到项目投资建设上,一旦市场行情发生变化,导致后期资金流入匮乏,就很难偿付前期累积的巨额债务了。

然而,企业债务违约之所以引起社会广泛关注和高度警惕是因为近几年违约事件频发。以企业债券违约为例,2018年发生了上百起事件,超过前几年总和。其中又以民营企业居多,还有不少上市公司,甚至不乏上千亿元规模的大型企业集团。那么，为何要警惕企业债务违约呢？这一波企业债务违约潮究竟因为什么呢？为什么社会上又出现了"国进民退"的说法呢？

为何要警惕企业债务违约？

近两年企业债务违约频发，尤其是2018年下半年以来违约进入高发期。以债券市场为例，一直以来风平浪静，但到 2016年被打破，企业债券违约出现高峰，当年违约规模为384亿元。然而，2018年再创新高，企业信用债违约高达千亿元之巨，是2016年的3倍之多。接二连三出现违约潮，甚至违约已经进入常态化。据Wind统计，2018年债券市场违约债券高达124只，违约规模高达1205.61亿元，这一规模几乎比此前四年违约债券金额总和高出三成。

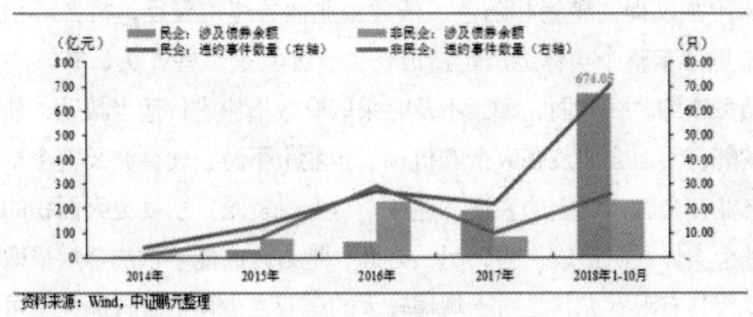

2014—2018 年 10 月企业信用债违约情况

从违约企业来看，以民营企业为主，不乏一些规模较大、过往经营情况良好的龙头企业，甚至是上市公司。从2018年至今，超过20家上市公司发生了债务违约，这其中包括神雾环保、富贵鸟、雏鹰农牧、宏图高科、金鸿控股、永泰能源等。而且令市场最为不解的是，曾经资产数千亿元的巨头，像山西永泰能源和南京宏图三胞等大型企业说违约就违约了，而且有些企业如北京洛娃科技的财务报表亮丽、现金充裕，但是一样出现违约事件。一家家曾经风光无限的企业不断陷入违约，也再次刷新人们对于企业债务违约的认知：债务违约，没有什么企业不可能。

● **永泰能源**，是山西最大的民营焦煤企业，资产总额超千亿元，负债总额则高达791亿元。截止到2018年12月，其违约债券已达13只，涉及金额170多亿元。债务违约已导致其他危机，其股价从年初的3块多跌至1块4毛钱左右，价格腰斩。尽管政府给予了救助，但是只能解决一部分流动性。至今，企业仍是债务缠身，备受煎熬。企业为何陷入债务危机，内部人士认为，发展太快，不停转型，不停发展，以前只搞煤炭，后来又搞电厂、石油，大项目上得太快了，负债率扩张太快。

● 北京洛娃科技，2018年10月才进入"2018北京民营企业百强榜单"，位列第34位，账务报表上拥有40多亿的流动资金，然而11月一只3亿短融券就违约了。国泰君安在对洛娃科技违约的深度分析中发现，企业"光鲜外表之下，早已暗流涌动"，并指出该公司公司财务数据真实性存疑。而关于洛娃科技的资金去向，据分析主要是大规模境外投资，洛娃科技2017年于美国、法国进行大规模兼并、收购。

如果不加以提高警惕和防范，任凭企业债务违约蔓延，将会对相关行业和金融市场乃至整个实体经济都造成伤害，尤其是一些龙头、有核心竞争力的企业债务违约。一方面，如果不及时采取有效措施进行适当救助，债务风险会不断发酵，不但会波及多家金融机构、企业上下游，还会波及整个产业，影响整个产业在金融市场上的表现，造成全行业融资难，引发更大面积的债务危机，对整个实体经济造成伤害；另一方面，地方政府能够依法合规采取的有效救助措施极其有限，尤其是对于规模较大的企业，少量资金救助几乎可以说是杯水车薪。

为什么近期企业债务违约不断？

近期企业债务违约不断，既有企业自身经营的问题，也有市场环境发生突变的缘故。概括来说，主要有以下三个方面原因：

一是前期融资容易，业务扩张较快。2014年至2016年，外部货币政策相对宽松，使得大量企业热衷于举债发展，为业务扩张补充资金。其中，这一时期不少民营企业在债券市场上发行大量债券。一方面，举债企业良莠不齐，必然存在一定的信用风险；另一方面，部分企业甚至上市公司，宽松的货币政策导致盲目融资扩张业务，为后续爆发信用危机埋下伏笔。货币宽松时，部分企业的不良债务依靠借新还旧能够获得喘息的机会；当货币收紧，企业就会面临债务到期、资金周转不足的现实问题。而2018年、2019年很多企业前几年发行的债券已经大规模到期，还本付息的时候已集中到来。由于市场流动性不足，发债企业一下子拿不出这么多钱还债，只能选择违约。

二是受宏观政策"去杠杆"影响，公司运营陷入流动性危机。2017年以来，国家大方向是"去杠杆，控风险"，不光是实体企业去杠杆，包括银行在内的金融机构也在去杠杆。前期，银行通过各种所谓的"资本市场业务"向企业、平台、房地产等投放了较多资金，助长了它们的财务杠杆。而后在去杠杆的实施令和金融严监管等一系列政策干预下，银行相关业务收缩，企业面临融资收紧压力。那些高负债企业，已无法通过"借新债，还旧债"的方式度过危机，因为新债发不出来，而在银行融资又受限制，从而企业发生了现金流断裂的问题。

三是受经济发展转型影响，企业自身经营出现问题。自2016年以来供给侧改革使一些产能过剩行业出现分化，产能过剩行业竞争力弱的发行人被作为"僵尸企业"淘汰，进入破产程序而导致违约。比如某省一家大型民企，盲目投资商务楼宇，而该地区市场供过于求，造成难以出售或出租来回笼资金，导致资金链断裂。另外，违约事件频发对市场信心影响较大，容易形成恶性循环。

为什么会有"国进民退"说法？

"国进民退"的话题长盛不衰，往往每隔一段时间就要回潮一下，尤其是在经济下行压力之时。早在2008年国际金融危机影响下，中国曾出现过"国进民退"的舆论浪潮。进入2018年以来，"国进民退"再次成为热议话题。

为什么近期又有"国进民退"这一说法呢？主要是因为2018年下半年以来为解决民营上市公司面临的股权质押流动性危机，一些地方政府纷纷采取措施，鼓励国企牵头成立纾困基金，帮助企业渡过难关。国资成为最积极的"接盘侠"。以北京为例，仅朝阳、海淀、西城3区就设立了预计总规模达230亿元的专项基金，截至2019年3月，已有28家民营上市公司得到切实帮扶。因此，有媒体反映国资"抄底"收购民资公司，造成"国进民退"现象。

● **纾困基金**。顾名思义，是为了帮助特定对象解困而设立的基金。最早源于欧债危机期间欧盟联合国际货币基金组织设立的用于对希腊、西班牙等欧元区国家进行救助的基金，其后亦广泛应用于各类政府机关和国际组织发起设立的救援基金。当前，中国各地设立的纾困基金，主要是指以帮助陷入困境的民营上市公司及大股东化解流动性风险和股票质押风险为目的而设立的专项基金。其主要牵头方是地方政府、证券公司和保险资管。从参与纾困目的来看，分为救助类和投资获利类两种。

事实上，国有企业兼并民营企业≠"国进民退"。这只是在当前环境下国企和民企的一种正常的市场化行为，是国企和民企互惠共赢的一种市场选择，不存在谁进谁退的问题，更不涉及意识形态。对此，**国务院副总理刘鹤曾在答记者问时就指出，一些前期通过高负债扩张较快的民企，由于偏离主业，在流动性上遇到困难，国有银行或者国有企业进行帮助甚至重组，是帮助民营企业渡过难关。**这个回答正面、直接说明了国资、国企接手民营企业的目的。因此，所谓的"国进民退"与当前的发展阶段、发展情况密切相关，是在当前环境下国企和民企的一种正常的市场化行为。

观察近10年的经济数据，就总资产和净资产而言，民营企业一直保持着高于国有及国有控股企业的增长态势，并与国有经济相伴稳定增长，并未出现萎缩的现象。进一步放长视线，从改革开放40年的进程来看，民营企业各种所有制企业都得到大的发展，在总量和结构上，民营企业占比越来越大。所以，不结合实际情况、发展阶段、市场形势等影响因素，单一从民间投资的比例和增速上来下"国进民退"的结论，这是不全面、不严谨、不科学的说法，这种分析得出来的结论也仅仅基于表面现象，缺乏逻辑说服力。

4. 互联网在金融领域应用带来的风险，P2P网贷去留？

互联网在金融领域应用，一方面，推动了金融新业态不断发展，催生了新的商业模式，提高了金融服务的可获得性和便利性，提升了金融效率；另一方面，使金融的复杂性、关联性增强，风险性提升，对金融稳定产生了一定的负效应。由于互联网突破了地域和实体网点的自然约束，使交易活动便利性增强，易于加快风险传导速度，放大风险。尤其是近年来，互联网在小额信贷领域的应用催生了P2P网贷行业，给社会带来了极大的不稳定因素。

互联网在金融领域应用带来的风险在哪里？

当前，互联网在金融领域应用带来的风险很多，既有应用场景网络安全的风险，如免费Wi-Fi为黑客盗取个人金融账户信息提供了可乘之机，也有商业模式自身存在的缺陷，还有互联网为非法金融活动提供了便利性带来的问题。

其中，现阶段最为突出的是P2P网贷行业存在的风险。前面互联网金融一章，我们讲过，P2P网贷行业存在的风险主要有三种：一是诈骗跑路风险。一些平台开办动机不纯，从成立伊始，就带有"庞氏骗局"的诈骗行为。二是非法集资风险。P2P网贷由于缺乏外部监管约束，容易使过去线下处于灰色地带，游走在非法集资边缘的民间借贷，搬到线上，也使风险扩大化、显性化。三是经营坏账风险。一些平台由于自身经营不善和P2P网贷所服务的对象客观上存在较高的风险特质，以及借款人的违约成本极低，造成实际坏账率居高不下，从而影响到平台的正常运营，导致兑付危机。从2016年4月国务院部署开展互联金融风险专项整治工作以来，诈骗跑路风险得到有效遏制，但是前期行业经营存在的非法集资风险和经营坏账风险仍然没有出清。

在当前经济金融环境复杂多变和风险专项整治进入清理整顿阶段的背景下，P2P网贷行业风险主要有三个方面：一是经济下行期的经营风险。中小企业经营困难使债务违约可能性增大，导致平台对接的主要资产质量下降，逾期率和不良率上升。同时，普通投资者情绪和市场预期波动增大，资金流不稳定性提高，使得平台经营压力持续增加。二是合规化转型风险。在转型过程中，有一部分平台试图继续经营，但因前期存在期限错配、资金池、大额标的等不规范经营行为，导致积累的风险敞口较大，转型难度高，无法平稳退出，可能引发社会问题和金融风险。三是风险处置期的次生风险。由于互联网金融涉众性强，风险因素复杂交叉，在风险处置过程中可能产生跨机构、跨区域、跨市场的连锁反应。

为何要警惕互联网带来的金融风险？

互联金融风险专项整治工作，从2016年启动至今三年有余，按照问题导向、分类整治、综合施策等原则，取得了一定成效，清理出了行业不少"害群之马",行业经营行为不断规范,但是当前行业风险仍然不容小觑,案件仍然频发。由于涉众性强,给社会带来一些极其不稳定因素。

以2019年3月27日爆雷的团贷网为例,由于涉案金额较大和涉众人数较多,事件被媒体称为又一P2P风暴。据其官网数据显示,截至2019年2月底,平台总注册用户为836万人,历史累计成交量达1307.7亿元,融资总笔数254万笔,借贷总余额为145亿元,当前出借人数达22万人,待偿金额118.9亿元。天眼查显示,团贷网2012年上线,现运营主体东莞团贷网互联网科技服务有限公司成立于2016年2月(运营主体曾多次变更),法定代表人为"85后"唐军。其共担任103家企业的实控人,其中包括在A股上市的派生科技。可以说,团贷网的爆雷,对于投资者以及整个网贷行业都是巨大灾难。

实际上,从2015年震惊全国的"e租宝"案发至今,P2P网贷行业爆雷不断,涉案金额数十亿甚至上百亿已经屡见不鲜。而且很多爆雷的P2P网贷平台,先前在行业里排名靠前。而伴随每一个平台爆雷的,是成百上千甚至数万投资人受损,很多人或将面临"血本无归"的结局。或许,我们没有投资过P2P的人不得其解,前面有那么多爆雷的平台,为什么大家还不吸取教训、提高警惕,还敢把钱放进去呢?这些人真的是钱多、人傻吗?或许是因为曾经P2P理财高额的投资回报,让很多人获得了高收益,尝到了甜头。因此,尽管P2P网贷平台爆雷、跑路的消息不时传出,但投资者仍心存侥幸心理,而且对行业知名度高、规模大的平台又盲目相信。随着一个个头部平台(排名靠前)爆雷,也一次次引发社会的拷问,P2P网贷商业模式是否在中国水土不服?社会上是否需要那么多的P2P网贷平台?行业究竟该怎么监管?

由此可见,互联网带来的金融风险仍然是当前社会和经济领域重大的风险隐患之一,而风险整治工作任重而道远!

5.非法集资频发,受到损失怎么办?

近年来,国家不断加大对非法集资的打击力度,还利用各种途径宣传非法集资的危害,但是当前非法集资案件仍然高发,而且方式、手段不断翻新,已经严重危害了普通投资者的合法权益。对于非法集资,相信绝大多数受害群众初期并不知情。很多人原本以为是个好的投资项目，可以获得些高息，却不知道稀里糊涂参与到了非法集资中，血本无归。那么，什么是非法集资呢？我们为何要警惕非法集资？不小心参与到非法集资中，受到损失还能追回来吗？

什么是非法集资？

何谓非法集资？2011年最高人民法院给出的司法解释是，一类违法犯罪类型的统称，其中包括非法或变相吸收公众存款罪，集资诈骗罪，擅自发行股票、公司、企业债券罪，非法经营罪。值得注意的是传销也被纳入非法集资的范畴。简单来说，非法集资是指违反国家金融管理法律规定，向社会公众吸收资金的行为。在刑法上，非法集资主要涉及两个罪名，一个是非法吸收公众存款，一个是集资诈骗。非法吸收公众存款与集资诈骗的主要区别，在于集资诈骗在主观上存在"以非法占有为目的"。

非法集资与民间借贷也有着本质区别。一个人，做生意、买房，向亲戚朋友借钱，是民间借贷；而向社会广告宣传某项目赚钱，违反相关法律规定，收了许多人的钱，就是非法集资。一般非法集资具有非法性、公开性、利诱性和社会性等特征。当前，非法集资表现形式多样化，涉及线上、线下和线上线下交织等多种模式，并呈现由线下向线上转移的态势。常见手段有以下几种：

一是高息引诱，承诺高额回报。为了骗取更多人参与集资，非法集资者开始是按时足额兑现先期投入者的本息，然后是拆东墙补西墙，用后集资人的钱兑付先前的本息，等达到一定规模后，便秘密转移资金、携款潜逃。一些群众在急切求富和盲目从众心理的支配下，缺乏理性，对不法分子虚拟的高额回报深信不疑，草率甚至是盲目地倾其所有。

二是编造虚假项目或订立陷阱合同，一步步将群众骗入泥潭。不法分子有的以种植仙人掌、冬虫夏草，养殖蚂蚁、梅花鹿再回收等名义，骗取群众资金；有的以开发所谓高新技术产品为名吸收公众存款；有的编造植树造林、集资建房等虚假项目，骗取群众"投资入股"；有的以商铺返租等方式，承诺高额固定收益，吸收公众存款。

三是混淆投资理财概念，让群众在眼花缭乱的新名词前失去判断力。不法分子有的利用电子黄金、投资基金、网络炒汇等新的名词迷惑群众，假称为新的投资工具或金融产品；有的利用专卖、代理、加盟连锁、消费增值返利、电子商务等新的经营方式为幌子，欺骗群众投资。

四是装点门面，用合法的外衣或名人效应骗取群众信任。为给犯罪活动披上合法外衣，不法分子往往成立公司，办理完备的工商执照、税务登记等手续，以实际经营活动掩盖其非法目的。一些公司采取在豪华写字楼租赁办公地点，聘请名人做广告等加大宣传，骗取群众的信任。有的利用曾是信贷员人头熟、关系多等身份优势骗取群众信任。

从以上手段可以看出，非法集资通常具备以下"四个条件"：一是未经有关部门依法批准或者借用合法经营的形式吸收资金；二是通过媒体、推介会等途径向社会公开宣传；三是承诺在一定期限内还本付息；四是向社会不特定对象（即社会公众）吸收资金，人数较多。

为何要警惕非法集资？

从近年来发生的非法集资犯罪案件数和规模来看，形势依然十分严峻。据最高检官方微博，2018年，全国公安机关共立案侦办非法吸收公众存款、集资诈骗等非法集资犯罪案件1万余起，涉案金额约3000亿元，同比上升115%，波及全国各个省区市。另外，重大案件多发，涉案金额动不动就是上百亿元、上千亿元，受害人数众多，可谓触目惊心。如"快鹿系"非法集资诈骗案涉案金额高达434亿元，"钱宝系"非法集资超千亿元，未兑付本金300亿元。

非法集资社会危害极大，一旦案发，公司涉嫌严重犯罪，涉事人员都会面临刑事责任追究；投资者的投资大多血本无归，生活陷入困境；整个社会的财富被白白消耗，徒增许多不稳定因素。从当前发生的非法集资案件来看，一般涉众人数多、涉及领域广。以"广东邦家公司"集资诈骗案为例，10年行骗16省市，集资诈骗金额达99.5亿多元，受害人数达23万余人次。而且很多非法集资案件的受害者都是弱势群体，包括白发苍苍的老人和低收入者。很多老人辛苦一生攒下来的积蓄，被骗得一干二净，甚至养老都成了问题。还有一些老人当初瞒着儿女，得知自己几十年的积蓄化为乌有，难以接受，精神承受巨大压力。

非法集资案件之所以频发，主要是因为欺骗性强。从发案领域看，当前非法集资活动几乎已经覆盖了传统的商品营销、房产投资、教育培训和新兴的网络借贷、投资理财、私募股权、养老服务等各个方面，可以说"处处皆是坑"，只要稍不留神就会上了贼船。还有一个重要原因是当前适合老百姓投资的合适渠道较少，投资股票容易被当"韭菜"收割，存在银行利息较低而货币贬值快。加上很多人缺乏金融知识，风险意识淡薄，容易成为非法集资围猎的重点对象。尤其是一些老人，一方面是因为老人有多年积蓄，有一定的现金流；另一方面是对于老人，只要略施小恩小惠，容易上当受骗。

另外，我们时常听到一些受害群众说，企业有正规的营业执照、税务登记证，各种手续正规合法，却进行非法集资，为什么行政部门会审批？为什么还有媒体给其做广告？这就是企业利用了老百姓对企业营业执照的模糊认识，来进行非法集资等违法犯罪活动，就是所谓的"挂羊头卖狗肉"。实际上，非法集资者开始以合法的名义登记注册，并符合审批条件，行政部门按照规章制度没有理由不给予发放相关证件。**虽然企业具备了登记注册条件，拥有营业执照，但这并不代表其今后的所有行为都是合法的。**而企业在媒体上做广告，内容很多只是公司名称或法人，也存在较强的迷惑性。

因此，我们要高度警惕非法集资。尽管近年来政府有关部门，不断出台完善相关政策，建立多部门联动的处置机制，还加大监管和打击力度，以及通过多种方式宣传非法集资的危害，甚至在中央电视台做了相关公益广告，来尽量保护公众免受伤害；但是要真正避免成为受害者，关键还是要靠我们广大群众自身，**一定不要轻信所谓的高收益，否则你贪图别人的高息，别人贪图你的本金**。一定要擦亮眼睛，时刻警惕，保护自己，严防各类欺诈行为！

非法集资受损的钱能追回来吗？

一不小心，上当受骗参与了非法集资，投资的钱还能追回来吗？答案是肯定的，但问题是能要回来多少和什么时候能要回来都是未知数。

能要回来多少？关于非法集资涉案财物的追缴和处置问题，相关法律规定：查封、扣押、冻结的涉案财物，一般应在诉讼终结后，返还集资参与人。涉案财物不足全部返还的，按照集资参与人的集资额比例返还。比如你投入100万，这个案件涉案1个亿，最后清理的时候只剩下资产1500万，清退的比例就是15%。从过去已办理的非法集资案件清偿比例来看，绝大多数都在三成以下。这意味着一旦案发，大部分投资已然化为泡影。

什么时候能要回来？由于不少集资案件，涉案资产复杂、金额大、人数多，案件侦办和审理周期较长，案发后想要短时间拿到清偿资金几乎不可能。一旦案发进入刑事程序，所有的兑付即告中止。必须待刑事案件判决生效后，才能依法处理清偿兑付的问题。而相关企业的清算重整、相关资产的清理变现，比刑事诉讼程序更加旷日持久，耗时数年都很正常。

尽管很多受害人初期并不知道是非法集资，直到案发才发觉自己上当受骗，甚至仍然心存幻想把本金全部要回来，坚持自己是民间借贷而不愿意接受非法集资的说法，但是自己还是要付出代价，承担相应的后果和损失。相关法律规定：因参与非法吸收公众存款、非法集资活动而受到的损失，由参与者自行承担，所形成的债务和风险，不得转嫁给未参与非法吸收公众存款、非法集资活动的国有银行和其他金融机构以及其他任何单位。

6. 地方政府债务风险，什么是隐形债务？

在防范和化解重大金融风险的攻坚战中，如何加强地方债务管理和风险防范是重要内容之一。近年来，地方政府热衷举债是一个普遍性问题，而且从现实来看，发展越快的地方往往地方政府债务规模越大。那么，地方政府举债的动力究竟何在呢？对于债务，难道还担心政府还不起吗？为什么要警惕其风险呢？

地方政府举债的动力何在？

地方政府热衷举债有诸多原因，其中最主要的原因是20世纪90年代推行的"分税制"改革造成地方政府事权和财权不对等。

一方面，城镇化加速和经营城市理念刺激了政府投资需求。进入21世纪以来，中国大部分地区都处于城市化加速发展的阶段。城市化发展的背后意味着大规模的拆迁安置及旧城改造、大规模的基础设施投资、大规模的招商引资。而大拆迁、大建设、大招商，都需要大量资金的投入。受先发地区经验启发，各地在城市建设和管理过程中，为了解决资金短缺问题，开始尝试运用市场化和企业化手段来经营城市。所谓经营城市，就是像经营企业一样，靠融资负债来发展。最典型的模式，是先借钱搞建设和招商以及营造环境，等周边土

214

地升值和企业产生税收，再用土地出让金和税收来还债。这一时期，为了解决政府不能直接举债的问题，地方政府投融资平台公司纷纷成立。从实际来看，城市建设速度越快，所需资金越多，政府债务也就越高。

地方政府投融资平台运作机制

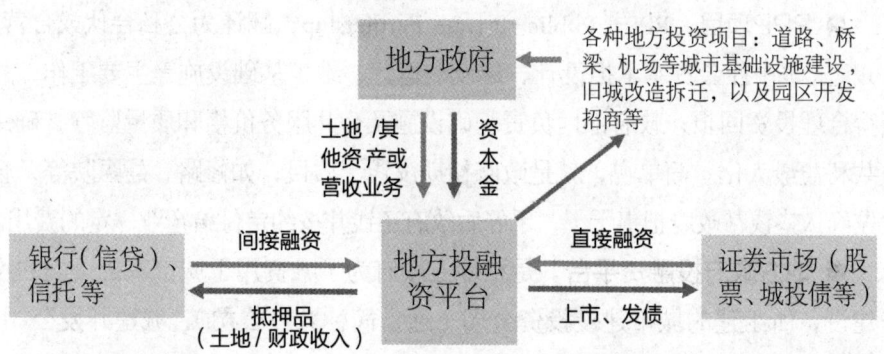

另一方面，分税制改革导致地方政府财力满足不了投资需求。 中国自1994年开始正式推行分税制改革，地方政府上缴了财权，但事权却没有上移。通俗地讲，就是活必须干，钱不够。分税制改革后，尽管对中央政府和地方政府的税收收入比例进行了比较明确的划分，但是，中央和地方的事权范围划分却相对比较模糊，而且，中央对地方政府仍然有着较强的管理机制，这就导致了地方政府财权和事权的不匹配。比如，修路、建桥、建医院、建学校、建开发区招商等，这些最终都是需要地方政府出钱。对于大多数城市来说，地方财政收入有限，显然满足不了城镇化快速进程中大干快上的资金需求，尤其是对于中西部经济欠发达地区，甚至如果不靠中央转移支付，吃饭财政都成问题。没钱怎么办？一种办法是向中央要，但不是所有的地方政府都要得到钱；另一种是自己想办法，于是从分税制改革后，地方政府举债开始流行。

另外，不排除在一定程度上是出于政绩考量。 中国自古以来有个朴素的政绩观，即为官一任、造福一方。通过大规模举债，搞拆迁、搞建设、搞招商引资，既能快速拉动经济增长，提高GDP增速，带来税收增长；又能快速改变城市形象面貌，解决就业。地方主政官员，既有了面子，给上级领导留下了堪当大任的好印象，给老百姓留下了干实事的好口碑；又有了里子，得到经济指标实实在在的增长。从过往来看，经济飞速发展的城市，不但市民生活质量不断提高，还带动了周边地区经济的转型与发展，解决了大量就业问题。可以说，政府举债不一定就是不好，只要合理地举债，就有利于城市的快速发展，关键是要适度，有可持续性。因此，即使举债发展是出于政绩考量，也无可厚非。当然，也有一些地方领导政绩观出现偏差，只顾眼前发展，过度举债，期望快速做出政绩然后提拔，不考虑长远，更不顾后续是否有还债资金来源。

● **PPP项目**。PPP是Public-Private Partnership，翻译为公私合伙或合营。PPP模式是由社会资本承担设计、建设、运营、维护基础设施等主要工作，并获得合理投资回报；政府部门负责基础设施及公共服务价格和质量监管，确保公共利益最大化。简单说，就是政府初期没钱干项目，如修路、建医院等，企业先确认垫钱帮政府把事干了，干好后政府还钱并按约定付给企业一定的费用。

● **地方政府投融资平台**。是指地方政府为了融资用于城市基础设施的投资建设，所组建的城市建设投资公司（通常简称城投公司）、城建开发公司、城建资产经营公司等各种不同类型的公司，这些公司通过地方政府所划拨的土地等资产组建一个资产和现金流大致可以达到融资标准的公司，必要时再辅之以财政补贴等作为还款承诺，重点将融入的资金投入市政建设、公用事业等项目。

● **城投债**。又称"准市政债"，是地方投融资平台作为发行主体，公开发行企业债和中期票据，其主业多为地方基础设施建设或公益性项目。

为何要警惕地方政府性债务？

政府适度规模的举债，有利于地方经济社会的发展。但究竟多少是适度？由于各地情况不同，很难一把尺子衡量。而且地方政府债务很多都是隐形的，人民银行在2018年11月2日发布的《中国金融稳定报告2018》中指出，某省隐性债务余额较显性债务高出80%的数字。因此，地方政府债务风险不可小觑。

在2014年以前，中国地方政府直接举债面临诸多法律约束。预算法规定各级地方政府预算不列赤字，除在个别地方进行试点外，地方政府不得发行地方债券；而且，担保法也规定政府机关不得作为担保人。因此，分税制改革后，地方政府在财政收入有限的情况下，为了满足巨大的投资需求，不得不在地方投融资体制上进行创新，从而也催生了地方投融资平台的出现，通过平台公司实现政府投融资需求，从而产生了大量隐形债务。

2014年10月发布的《国务院关于加强地方政府性债务管理的意见》（43号文），赋予了地方政府依法适度举债权限，采取政府债券方式。在此之后，政府债券是地方政府合法合规的显性债务的主要形式，而通过其他方式，如PPP项目、政府购买服务和平台贷款以及大量的城投债等新增的债务则大多属于地方政府隐性债务。虽然经过多年的努力，地方政府显性债务的规模已经受到了控制，但是隐形债务的风险依然值得警惕。而且目前，对于隐性债务缺乏统一口径和认定标准，未来如何处置、是否可以通过新一轮甄别使其显性化目前还未明确。

从目前情况来看，东部地区政府负债绝对规模较高，但相对负债率较低，总体风险可控，中西部地区，尤其是云南、贵州、青海等西部省份政府债务风险较高。2018年1月，云南省国有资本运营有限公司债务逾期事件将地方债务风险推上舆论"风口"，这一事件被市场人士解读为省级城投债违约事件的开端，也使地方政府债务隐忧再次浮上水面。随后，数个地方政府融资平台公司，包括天津的省级融资平台以及西安等市级平台相继出现违约，风险逐步暴露。

融资能力和评级较高的省级融资平台相继出现违约兑付风险，而相对来说信用评级较差、财政状况堪忧的三四线城市及县市级政府所发行的城投债更受到严重质疑。2018年以来，这一类型的城投债发行难度陡升，诸多地方债务融资项目难产。地方政府债务背后隐含的巨大风险也因此受到了中央高层的持续关注。中国证监会原主席肖钢曾指出：地方政府债务形式多样，透明度差，债务风险高，已经成为防范化解系统性金融风险的"灰犀牛"。种种举措表明，严查地方政府隐性债务、严控地方政府债务风险，是当前中央部署的"防范和化解系统性金融风险"的一项重要任务。

防范化解地方政府性债务风险的相关政策

早在2009年12月，针对当时一些基层政府出现政府融资平台公司等主体由财政担保，向行政事业单位职工等社会公众集资，用于开发区、工业园等的拆迁及基础设施建设的现象，财政部就发出通知，要求坚决制止和纠正财政违规担保向社会公众集资行为，立即停止并严禁发生新的财政违规担保向社会公众集资行为。2010年6月，国务院下发了《关于加强地方政府融资平台公司管理有关问题的通知》（19号文），提出平台分类清理并明确债务责任落实。简单说，对单纯靠财政性资金偿还债务的融资平台，今后不得再融资，禁止将纯公益性资产（或资源）整合进入投融资平台。

尽管19号文下发之后，地方各级政府加强融资平台公司管理取得一定成效，但一些地方政府违法违规融资又有抬头之势，如违规采用集资、回购（BT）等方式举债建设公益性项目，违规向融资平台公司注资或提供担保，通过财务公司、信托公司、金融租赁公司等违规举借政府性债务等。为此，2012年12月，财政部等四部委联合下发《关于制止地方政府违法违规融资行为的通知》，明确要求对地方各级政府及所属机关事业单位、社会团体、融资平台公司违法违规融资或担保承诺行为进行清理整改。

2014年国务院又进一步出台了《关于加强地方政府性债务管理的意见》（43号文），明确剥离了融资平台公司政府融资职能，对地方政府债务实行规模控制，严格限定政府举债程序和资金用途，规定地方政府举债的唯一合法途径是发行地方政府债券。此后，财政部联合多部委发布多项条文对政府融资"修明渠、堵暗道"，加速推进债务置换，并加强风险管控。

但事后来看，个别地区违法违规举债担保仍时有发生，局部风险不容忽视。在这样的大背景下，2017年第二季度财政部等发布的《关于进一步规范地方政府举债融资行为的通知》和《财政部关于坚决制止地方以政府购买服务名义违法违规融资的通知》，进一步明确了地方政府融资相关要求；2017年7月，国务院派出督查组，选择有关问题相对集中的部分地区进行督查；2017年11月，财政部针对各类PPP项目乱象，颁布了《关于规范政府和社会资本合作（PPP）综合信息平台项目库管理的通知》，严格新项目入库标准和集中清理已入库项目。

2018年以来地方政府债务管理领域延续了2017年趋严的态势。2018年2月13日，发改委和财政部联合下发《关于进一步增强企业债券服务实体经济能力严格防范地方债务风险的通知》，更多针对城投企业申报企业债环节具体细节，不得将申报企业信用与地方政府信用挂钩，此外强调纯公益性项目不得作为募投项目申报企业债券，但可以有合法合规政府补贴支持。3月6日，中共中央办公厅印发《关于人大预算审查监督重点向支出预算和政策拓展的指导意见》，法意见指出：硬化地方政府预算约束，坚决制止无序举债搞建设，规范举债融资行为；坚决遏制隐性债务增量，决不允许新增各类隐性债务。3月底财政部发布《关于做好2018年地方政府债务管理工作的通知》，高度重视地方政府债务管理工作，并强调依法规范地方政府债务限额管理和预算管理、及时完成存量债务置换、着力加强债务风险监测和防范等。

7. 外部风险，如何规避？

外部风险是金融风险防控的一个长期变量。在经济金融全球化过程中，外溢效应是威胁经济体金融稳定的重大外部诱因，且易形成内外风险共振。无论是1997年的亚洲金融危机，还是近期阿根廷、委内瑞拉等国家货币大规模贬值引发的危机，都离不开外部风险的影响。中国，随着金融对外开放和人民币国际化的进一步加快，会产生哪些外部风险呢？又如何规避呢？

金融外部风险是如何传导中国的？

中国金融面临的外部风险主要来源于金融全球化的影响。由于中国现代金融起步较晚，且发展并不完善，金融全球化像一把"双刃剑"，给中国金融带来发展机遇的同时，也对金融市场和金融安全及金融发展都带来严重的影响。

一是金融业对外开放带来的潜在风险。金融业对外开放，一方面，会对中国本土金融业企业的生存产生巨大压力。由于中国金融业发展起步较晚，盈利能力和金融风险控制机制不强，抵御金融风险的能力还较差，与外资金融企业相比缺少竞争优势。另一方面，金融业开放会造成事实上的资本账户自由化。随着外资金融企业持股比例的放开和经营范围的扩大，企业从自身利益出发，会调整本外币资产负债，形成资本在国内与国外之间流动的渠道，资本流动特别是短期资本将会加剧。本外币之间的兑换更加频繁，对外汇市场和人民币汇率稳定性的冲击将更为严重。

二是国际游资进出带来的金融市场不稳定。随着金融全球化加快，资本在各个国家或经济体之间自由流动越来越容易。由于资本流动以及国际资本的逐利本质，在中国金融不断扩大对外开放的背景下，加上金融体系监管机制的不完善，国际游资可以利用利率、汇率产生的金融产品价格波动，迅速从其他国家转移到中国内地，也可以由中国内地迅速流出，从而对中国的金融市场稳定带来一些难以控制的影响。因此，国际游资极大地增加了国际金融市场的不确定性，若有风吹草动，国际游资从中国大量撤走，必然会带来国内金融市场动荡。

三是金融全球化削弱了货币调控效果。在金融全球化的背景下，国内货币政策在一定程度上会受到外来因素干扰，甚至产生失灵。金融全球化意味着金融资本在全球范围内自由流动与获利。出于获利的需要，金融投机性凸显，加之在极短时间内即可完成巨额资金的交易与转移，会导致货币政策陷入两难境地。举例来说，当外部资本大量进入时，必然会破坏原有的资金平衡，造成国内通货膨胀压力，按照经济规律需要实施紧缩性货币政策，即提高利率，而高利率反而会进一步鼓励外国资本的涌入，使紧缩性的货币政策反而加剧了通货膨胀的结局。

四是心理预期引发市场的风险蔓延。在信息发达的今天，金融危机一旦在一国产生之后，会首先通过信息的传递来影响他国，尤其是与之存在密切经贸和金融交易关系的国家的经济预期，从而降低其对经济前景的期望，并引发市场的悲观情绪。这种心理预期除了引发国际间对于经济前景的悲观预期恶性循环以外，在国内市场上也会引发悲观预计的蔓延，从而放大金融风险的国际传导效果。因此，在国外的金融系统发生风险事件或危机时，其内在的风险因子容易通过汇率制度反映到国内对应的经济部门和经济变量上，并由此阻碍和干扰国内金融体系和国家外汇储备的有效管理。

中国为何要警惕金融外部风险？

由于金融全球化，对于每一个参与国家或经济体而言，理论上来说都会带来金融外部风险，而且会一直存在。

当前，之所以中国要高度警惕金融外部风险，一是现阶段中国金融大而不强，而且处于不断对外开放过程中，相对于欧美发达国家，容易受到外部风险冲击。二是现行国际金融秩序，对中国不利。美国依托美元作为世界货币和主导的国际金融秩序（两大国际金融机制：世界银行、IMF），通过汇率传导机制正在对中国乃至全球金融体系带来影响,甚至造成了一些新兴经济体出现金融危机。

中国作为全球最大的新兴经济体,虽然经济总量位居世界第二,但是现代金融业发展起步较晚,金融监管体系还不够成熟完善,在国际金融秩序建立上也缺少话语权。而西方发达国家及跨国金融机构在金融全球化进程中处于主导地位,尤其是美国,是国际金融秩序规则制定者和主要获益者。这主要表现在:金融资本雄厚,金融体系成熟;调控手段完备,基础服务设施完善;以发达国家为基地的跨国金融机构规模庞大,金融创新层出不穷;金融规则制定者,总体上有利于其金融资本在全球范围内实现利益最大化。发展中国家,特别是最不发达国家在金融全球化进程中则经常处于被动、受制约的地位,面临着"边缘化"的危险,容易受到金融全球化浪潮的冲击。

而且,中国外部环境正在发生明显变化,都可能成为诱发中国金融风险的外部因素。一是美国等发达经济体量化宽松政策的退出以及财税政策调整的外溢性效应,可能给中国经济稳定增长带来不确定性影响。2015年12月,美联储结束了近10年采取的长期宽松货币政策,进入加息周期,对全球不少国家的货币政策与财政政策调整形成了巨大风险的外溢效应。尤其是对经济严重依赖外资、金融体系脆弱的新兴经济体形成冲击,包括土耳其里拉的暴跌和阿根廷、委内瑞拉等新型经济体货币市场的剧烈动荡等。二是近期一些新兴经济体汇率暴跌和国内通货膨胀飙升,并引发全球性连锁反应和金融市场动荡。由于心理预期传导机制,造成全球市场信心不足,恐慌情绪有所放大。三是全球贸易摩擦加剧,尤其是中美贸易摩擦,对中国金融和经济发展也产生一定的影响。

为防范化解金融全球化对中国金融带来的外部风险,一方面中国主动采取人民币国际化和金融对外开放的战略;另一方面现阶段即使在美国施压之下,中国仍然加强外汇管理,对于金融对外开放也是稳步推进,没有全面放开。即便如此,面对复杂多变的国内外经济形势,我们依然要提高警惕,妥善应对金融外部风险。

8. 如何打好防范化解金融风险攻坚战？

所谓"防范化解金融风险"，实际上是防范化解危机。由于系统金融风险或全局性金融风险一直存在，个别金融风险或局部性金融风险每天都在出现，我们要做的工作应该是在危机尚未出现时，降低系统或全局性金融风险。

中国金融风险整体情况

当前，中国金融风险整体可控，但是不同领域、不同地区风险情况有所不同。总体来看：

金融机构自身不良资产有所上升，主要体现在银行业，尤其以农村商业银行和农村信用社等农村金融机构较为严重。从区域来看，中部和东部地区银行资产质量向好，西部和东北地区不良贷款率略有上升。数据显示，2017年末，有15个省份不良率在2%以上，含7个省份（吉林、辽宁、甘肃、山西、云南、黑龙江、内蒙古）的不良率超过3%，比2016年增加了4个省份，其中吉林省不良率居首，为4.31%。另外，有上海、北京、西藏3个地区不良率均低于1%，分别为0.57%、0.37%、0.33%。

企业债务违约风险，主要体现在受去杠杆、去产能影响的产能过剩行业企业和前几年发展扩张较快的民营企业。少数违约的国企，主要是煤炭、钢铁行业。当前，企业债券违约问题还比较突出。尤其是一些规模较大的知名企业由于债券违约使债务违约公开化，不仅会波及多家金融机构、企业上下游，给实体经济带来伤害，还会给市场带来悲观情绪。而企业股权质押风险，随着中国股市行情向好和各地纾困基金的设立，得到有效缓解。

互联网在金融领域应用产生的风险，主要体现在P2P网贷行业，由于涉众性、交叉性，给社会带来很多不稳定因素。随着互联网金融整治工作的深入推进，P2P网贷行业虽然乱象得以有效遏止，但是风险尚未出清，时而仍有规模较大的平台出现爆雷，引发群体性事件。从区域来看，经济发达地区，如上海、南京、杭州等地，P2P网贷平台较多，存在风险较大。中西部地区，P2P网贷平台及风险主要集中在省会城市。不过，随着监管加强，出现了一些平台开始从发达地区向欠发达地区，从省会城市向偏远城市转移的趋势。

非法集资风险，尽管近年来打击力度不断加大，但是由于形式多样、欺骗性强、隐蔽性强，全国形势依然十分严峻，风险仍然较高。尤其是近年来，过去线下非法集资活动借助互联网手段，有些与P2P网贷平台结合，打破了区域范围限制，涉众性更广、涉案金额更高。从区域来看，无论是发达地区，还是落后地区，全国各地非法集资案件都时有发生。

地方政府债务风险，主要是由于地方政府通过融资平台或PPP项目等方式产生的隐形负债规模过大，超过地方财政还款能力带来的风险。从近期出现的城投债违约情况来看，主要集中在中西部产业基础薄弱的省市。从区域来看，经济越是落后地区，地方政府对土地财政依赖度越高，政府债务风险相对越大。总体而言，地方政府债务风险，西部比中部风险高，中部比东部风险高；四五线城市比二三线城市风险高，二三线城市比一线城市风险高。

外部风险，主要是由汇率波动和人民币国际化以及金融全球化引起，中国的经济实力越强，越有能力应对外部风险。

地方政府如何防范化解金融风险？

从前文分析，可以看出当前中国金融风险涉及融资企业、金融机构、地方政府和行业监管部门以及广大人民群众等多个方面。因此，在当前复杂多变的国内外经济社会环境下，要有效防范化解金融风险，维护好地方的金融安全，需要社会广泛参与、多方协同、共同努力。企业要结合自身实际，适度举债，避免出现债务危机；金融机构要加强风险控制，防止不良资产率过高；群众要提高风险防范意识，警惕非法集资等非法金融活动，谨防上当受骗；一行两会等金融监管部门，要加强行业监管，避免违规操作带来的风险；国家层面要在顶层设计上给出指引，尤其是针对P2P网贷行业，尽快完善相关政策法规。

此外，地方政府落实中央决策部署责任重大，自身既要防范债务风险，还要压实责任，做好金融风险防范化解属地工作。为了加强金融监管职能，促进金融稳定，化解金融风险，在最新的一轮机构改革中，全国各省市，甚至一些县区，都把金融办改为了地方金融监督管理局（加挂金融办牌子），并加强了相关力量。不过，由于当前不少领域的金融风险处置并没有现成的标准范式,加上金融经济形势及相应的风险不断发展变化,这给地方政府工作带来了挑战。

地方政府,如何打好防范化解金融风险攻坚战？一是提高政治站位,在思想上高度重视,切实把思想和行动统一到中央对金融风险的精准判断和各项决策部署上来;二是摸清本地区风险底数,加强研判预警,做到心中有数;三是找准风险症结,处置不同类型风险要分类施策,分别制定相关预防和化解风险的措施;四是加大重点领域的风险处置,尤其是对P2P网贷行业、非法集资等涉众性较强的领域,并完善长效监管机制;五是增加一线金融监管力量的配制,加强培训,提高监管能力水平;六是加快地方金融监管立法,将处置金融风险中好的经验做法及时加以固化推广,持续完善地方金融监管制度框架,尤其是金融较为发达的北京、上海、深圳等城市可先行一步;七是积极探索金融科技在金融安全领域的应用,借助信息化手段来进行风险预警;八是加强统筹协调,除了地方政府相关部门之间密切配合,还要加强与国家金融监管部门派驻机构的协调合作。

第七章 金融调控

金融是现代经济的核心。保持经济平稳健康发展,一定要把金融搞好。改革开放以来,我们对金融工作和金融安全始终是高度重视的,中国金融业发展取得巨大成就,金融成为资源配置和宏观调控的重要工具,成为推动经济社会发展的重要力量。

——2017年4月25日,习近平在中共中央政治局第四十次集体学习时讲话

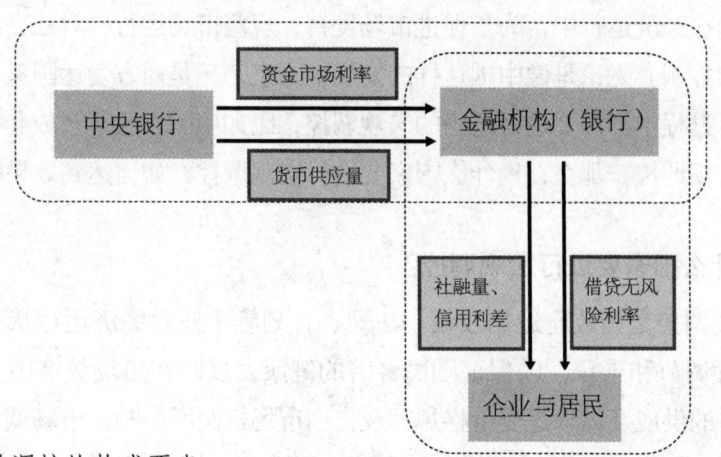

金融调控的构成要素:

调控主体:中央银行

调控工具:三大法宝——法定存款准备金率、再贴现率、公开市场业务

调控目标:经济增长、物价稳定、控制失业、国际收支平衡、财政平衡

宏观调控是指国家在经济运行中,为了促进市场发育、规范市场运行,对社会经济总体的调节与控制。其中,金融调控是宏观调控的重要手段之一。无论是西方资本主义国家,还是中国特色社会主义国家,在经济长期运行过程

中都需要进行适当的金融调控，来保持社会总供给与总需求的基本平衡，弥补市场调节的不足。中国自改革开放40年来进行了多轮宏观调控和金融调控。

随着中国改革开放的持续推进和经济体制从计划经济向中国特色社会主义市场经济转轨，金融已渗透到我们经济生活中的各个领域，成为联结各部门之间和整个国民经济活动的纽带。与此同时，中国金融调控机制也越发成熟，逐步从直接调控为主向间接调控为主转变。金融调控的效果，关键是要根据经济运行中出现的问题，采取合适的措施并把握好力度和节奏。

1. 什么是宏观调控？"四万亿"计划的启示？

要了解金融调控，首先应该明白什么是宏观调控。简单来说，宏观调控是政府对国民经济的总体管理，是一个国家政府特别是中央政府的经济职能。它是国家在经济运行中，为了促进市场发育、规范市场运行，对社会经济总体的调节与控制。无论是像中国这样的发展中国家，还是西方发达国家，在经济长期运行过程中都需要进行适当的宏观调控，比如中国自改革开放40年来进行了多轮宏观调控。那么，为什么国家要进行宏观调控？如何达到效果呢？

为什么国家要进行宏观调控？

宏观调控是指政府运用政策、法规、计划等手段对经济运行状态和经济关系进行调节和干预，以保证国民经济的健康发展。在市场经济中，尽管商品和服务的供应及需求是受价格规律及自由市场机制所影响，市场调节能广泛发挥作用，但是市场也存在固有的弱点和缺陷，发生市场失灵，比如会引发通货膨胀或紧缩等。宏观调控是把政府"有形的手"和市场"无形的手"结合起来，保证市场经济健康、有序地发展。

无论是西方资本主义国家，还是中国特色社会主义国家，都需要进行宏观调控，保持社会总供给与总需求的基本平衡，弥补市场调节的不足。国际上通常采用五大指标作为宏观调控核心目标，即经济增长、物价稳定、控制失业、国际收支平衡、财政平衡。在此基础上，中国宏观调控形成了具有中国特色的七大目标：经济增长、物价稳定、控制失业、国际收支平衡、财政平衡、居民收入增长和经济发展同步、节能减排。升级后的目标体系充分反映了中国政府持续改善民生和向污染宣战的决心。

一般来说，国家宏观调控的手段分为经济手段、行政手段和法律手段。经济手段包括财政政策和货币政策以及产业政策；法律手段是政府制定的经济法规；行政手段则是政府发布的经济命令。在市场经济条件下，财政政策和货币政策是宏观调控的主要手段。其中，货币政策则是中央银行通过控制货币供应量以及通过货币供应量来调节利率进而影响投资和整个经济以达到一定经济目标的行为，而财政政策则是对政府支出、税收和借债水平所进行的选择。

宏观调控的过程是国家依据市场经济的一系列规律，运用调节手段和调节机制，实现资源的优化配置，为微观经济运行提供良性的宏观环境，使市场经济得到正常运行和均衡发展的过程。不过对于宏观调控，从目标到手段再到效果，要精准高效并不容易。尽管政府干预这只"看得见的手"可以适当弥补市场"看不见的手"由于失灵产生的问题，但是"看得见的手"究竟该在多大程度上介入市场经济，又该采取什么方式来介入，在实际操作中并不好把握。因此，学界时常有声音呼吁减少政府干预，将"有形之手"收回去。

中国改革开放 40 年宏观经济调控

中国改革开放40年来，先后经历了八次比较大的宏观调控。从调控手段和做法以及效果来看，随着中国改革开放和宏观调控探索实践的不断深入以及中国特色社会主义市场经济体制的确立，中国宏观经济调控越来越成熟，初步积累了一些宝贵的经验，当然也存在不少值得认真总结的不足甚至教训。

一、计划式（1979—1981年）

1979年，中央提出"调整、改革、整顿、提高"八字方针，展开了改革开放以来的第一轮宏观调控。当时，中国处于经济总需求大于总供给短缺经济状态，国有经济和计划经济体制占主导地位。党的十一届三中全会召开后，随着计划控制的放松和价格改革的推进，所隐藏的隐性通货膨胀压力逐渐释放出来。本轮宏观调控的部门以计委（现在发改委的前身）为中心，财政部和银行的调控措施都服从和服务于计委调整国民经济计划的需要，任务主要是治理通货膨胀，手段主要是行政手段，包括强制控制财政支出、信贷投放、落后小企业关停并转等，还没有真正意义上的财政、货币政策。

二、双紧式（1985—1986年）

当时，中国经济仍然面临严重的通货膨胀，宏观经济管理的主要任务是治理通货膨胀。针对1984年的经济过热，当年11月，国务院要求各地各部门严格控制财政支出和信贷投放。不过，由于缺乏必要的政策操作实战经验，在调控力度把握方面失当，1985年货币、信贷"双紧"政策在抑制总需求的同时，也导致了经济增长速度下滑，被迫改为比较宽松的政策，取消了对专业银行贷款规模的指令性控制。另外，从20世纪80年代中期开始，随着中央银行制度的建立，开始引进财政、货币政策的概念和做法。

三、硬着陆式（1989—1990年）

这是中国第一次有意识地运用财政政策和货币政策手段进行间接调控，也是第一次自觉地进行现代意义上的财政政策和货币政策搭配使用。针对1988年"价格闯关"带来的物价上涨和经济过热等问题，中央政府提出"治理经济环境，整顿经济秩序"，并采取强硬的宏观调控政策抑制总需求。货币政策方面，坚持执行紧缩信贷的方针，中央银行严控信贷规模，一度停止对乡镇企业贷款，并提高存款准备金率和利率。由此，经济实现了"硬着陆"：1990年经济增长率迅速下降到3.8%，当年商品零售价格指数增长率急剧下降到2.1%。

四、软着陆式（1993—1995年）

1992年邓小平同志"南方谈话"后，中国开始全面推进和深化经济体制改革，初步勾勒出社会主义市场经济体制的基本框架。受此影响，各地经济发展再次加速，新一轮经济过热再次出现。对此，中央宏观调控不再单纯依靠行政手段，不再实行急刹车，而是开始注重运用经济手段和法律手段等不同政策的配合，以及采取"适度从紧"的货币政策和财政政策，并有效地控制了当时经济过热和通货膨胀。1994年，中国进行了分税制体制改革，中央银行制度进一步健全，货币政策框架开始建立，为中国及时有效地运用财政、货币政策组合调控经济创造了必要的制度基础和有利的体制环境。

五、扩张式（1997—2001年）

这是中国宏观调控历史上第一次治理通货紧缩，也是第一次运用扩张型的财政货币政策组合。受亚洲金融危机的冲击和国内有效需求不足影响，中国从1997年开始出现了经济增速回落、物价下降等现象，遭遇改革开放以来的第一次通货紧缩。面对经济形势的新变化，为了应对金融危机和抑制日益加深的通货紧缩趋势，中国开始实施积极的财政政策和稳健的货币政策，努力扩大内需。在货币政策方面，包括降低存贷款利率，取消对四大国有商业银行贷款限额的控制，借以扩大商业银行的信贷规模，下调再贷款、再贴现利率和存款准备金率以及放宽个人消费信贷等。

六、未雨绸缪式（2004—2007年）

这次调控不是在经济已经全面过热和严重通货膨胀后出现的事后调节，而是在经济走出通货紧缩的阴影后进入上升期，针对货币信贷投放过多、煤电油运紧张、部分地区和行业固定资产投资增长过快等"局部过热"苗头，为预防经济的周期性波动及通货膨胀或通货紧缩，采取的防患于未然的调控。本轮宏观调控是综合运用宏观调控手段，以经济手段为主，采取的稳健的货币政策"稳"中"从紧"和由"积极的"逐步转向"稳健的"财政政策。

七、强刺激式（2008—2011年）

2007年发轫于美国的次贷危机迅速在全球蔓延并演化成全球经济危机，受其影响中国经济增速放缓明显，尤其是出口贸易大幅下降。很多出口导向型企业经营十分艰难，甚至有一些企业面临倒闭的困境，财税减收，就业压力增大。为应对全球经济危机冲击，国家迅速推出并实施四万亿元"一揽子刺激经济计划"。在宏观调控政策上，实施积极的财政政策和适度宽松的货币政策，把扩内需、保增长与重民生、促和谐结合起来，较快地扭转了经济增速下滑的局面。中国经济率先走出世界经济衰退的阴影，成为全球经济的一大亮点。不过，也带来了一些不利影响。

八、新常态式（2014年至今）

2014年，中国经济进入了从高速增长转为中高速增长的"新常态"，中国宏观调控也由此进入了新常态时代。总体而言，2014年以来中央实施的是积极财政政策和稳健货币政策，并进一步全面深化改革，在具体政策运用上，会根据国内外经济形势灵活使用。2016年中国在坚持稳中求进工作总基调和适度扩大总需求的同时，着力加强供给侧结构性改革成为政策新主线。如果说"新常态"明确了对中国经济该"怎么看"，"供给侧结构性改革"则指明了中国经济该"怎么干"。

四万亿计划救市的启示

在中国改革开放40年来的历次宏观调控中，对中国经济影响深远而且争议比较大的不得不说是2008年推出并实施的四万亿一揽子刺激经济计划。

所谓的四万亿计划，是为应对2008年全球经济危机、扩大内需、促进经济增长，拟实施的十项措施，到2010年底约需要投资四万亿元。按照国务院的最初设想要在两年零两个月，即2008年11月至2010年12月底的时间内陆续投出。其中，1万亿元是用于汶川地震的灾后重建，1.8万亿元用于铁路、公路、机场、城市电网等重大基础设施建设，3700亿元用于农村民生工程和农村基础设施，2800亿元用于保障性安居工程，3500亿元用于生态环境投资，1600亿元用于自主创新结构调整，400亿元用于医疗卫生文化教育事业。2009年，国务院对四万亿计划做了适当结构调整，重大基础设施建设和生态环境投资分别下调至1.5万亿元和2100亿元，保障性住房、自主创新结构调整和医疗文化教育事业的投资分别上调至4000亿元、3700亿元和1500亿元。

2008年四季度到2010年底，4万亿元投资的重点投向和资金测算		
重点投向	资金测算	2009年调整后
保障性安居工程	约2800亿元	约4000亿元
农村民生工程和农村基础设施	约3700亿元	约3700亿元

(续表)

重点投向	资金测算	2009年调整后
铁路、公路、机场、城市电网等重大基础设施建设	约18000亿元	约15000亿元
医疗卫生文化教育等社会事业发展	约400亿元	约1500亿元
生态环境投资	约3500亿元	约2100亿元
自主创新结构调整	约1600亿元	约3700亿元
灾后恢复重建	约10000亿元	约10000亿元

在四万亿刺激计划的实施下，中国最早走出了金融危机"泥沼"。2009年一季度GDP增速触底6.4%，此后V形反弹，到2009年三季度已经回到两位数的增长速度，这和深陷危机旋涡的主要发达经济体形成鲜明对比。尤其是以高铁为代表的基础设施作为四万亿的一个重要投向，对中国日后的经济发展起到了显著作用。可以说四万亿计划政策是力挽狂澜，把中国及时拉回正常的轨道上来，避免了恐慌、避免了失业。实际上，2008年对中国来说是极不平静的一年，除了全球经济危机外，天灾人祸等重大事件频繁发生——1月南方雨雪灾害、4月发生阜阳儿童感染EV71事件、5月汶川大地震、9月三聚氰胺奶制品污染被曝光等。已故经济学家成思危曾指出，如果没有"四万亿"，中国的GDP增长率2009年很可能只有2.4%，这会造成严重问题。

四万亿计划，快速逆转了中国经济的下滑态势，也给未来发展埋下了一些隐患，由此引发了不少争议。尽管四万亿对当时提振信心和增加有效需求发挥了非常重要的作用，但是后来渐渐有所失控，融资与投资加速扩张，各个地方层层加码，4万亿元变成了20万亿元，甚至30万亿元。其中有一些投资是无效的、浪费的，也有回报不高的、可做可不做的。因此，有人批评四万亿刺激计划用力过猛，带来了诸多不利影响。巨额债务是四万亿留下的最严重的后遗症。从2008年至2010年，国有企业负债迅速增长，三年间，国企负债总额翻了一番。另外，随着地方融资平台的发展，地方政府债务快速扩张。与此同时，企业产能快速扩张，加剧了钢铁、煤炭、光伏等不少领域严重过剩问题。

事实上，在四万亿推进到一半的时候，中央已经认识到了其中的问题，因此2010年1月中国经济刚一确立回升势头，便调整了政策方向。决策层直接以提高法定存款准备金率作为应对，此后连续加准、升息，大开之后大合，很多企业跟不上这种变化，中国经济从V形反转变成W形的二次探底，于是政府再次启动刺激政策，降息降准。从2007年到2012年短短六年时间，中国经历了两个加息周期和两个降息周期，特别是法定存款准备金率频繁出动，这样的操作也引来很大的争议。有人认为，频繁地踩油门和踩刹车的结果是中国经济越来越颠簸，造成中小企业经营困难和股市暴跌。由于政策的不可预料，使企业对未来充满迷茫。直到2014年后，在经济步入新常态下，中央开始大力推动供给侧结构性改革和"三去一降一补"，四万亿带来的不利影响才逐步被化解。

2. 什么是金融调控？有哪"三大法宝"？

金融调控是宏观调控的重要组成部分。随着中国特色社会主义市场经济体制的建立和完善，金融已渗透到我们经济生活中的各个领域，成为联结各部门之间和整个国民经济活动的纽带。因此，金融调控也成了调节和控制宏观经济活动最重要、最有效的调控手段。

什么是金融调控？

在现代经济生活中，金融调控是中央银行或货币当局运用货币、信贷、利率等金融手段，调节和控制货币供应量，建立全社会总需求与总供给基本平衡的一种对经济运行过程进行控制和管理的活动。通俗来说，就是中央银行通过调节市场上货币的供应量，来达到社会稳定的效果，避免出现过度通货膨胀和经济严重下行的非协调状况。

在中国，金融调控职能主要是由中国人民银行履行。在过去较长时期，尤其是在计划经济体制下，金融调控主要是采取限制信贷规模和现金计划等为主的行政手段。这种调控手段虽有一定的成效，但缺乏弹性，容易产生"一刀切"的弊病。随着中国特色社会主义市场经济制度的建立和完善，金融调控现已主要采取间接货币政策工具。现阶段，中国的货币政策工具主要有存款准备金率、再贷款与再贴现、公开市场操作、利率政策、汇率政策、窗口指导、短期流动性调节工具、中期借贷便利等。其中最为常见的是前三种，这在西方国家被称为货币政策的三大法宝。

使用货币政策工具操作如何达到金融调控效果呢？主要是通过以下货币传导机制：第一步，从中央银行到商业银行等金融机构和金融市场。中央银行的货币政策工具操作，首先影响的是商业银行等金融机构的准备金、融资成本、信用能力和行为，以及金融市场上货币供给与需求的状况。第二步，从商业银行等金融机构和金融市场到企业、居民等非金融部门的各类经济行为主体。商业银行等金融机构根据中央银行的政策操作来调整自己的行为，从而对各类经济行为主体的消费、储蓄、投资等经济活动产生影响。第三步，从非金融部门经济行为主体到社会各经济变量，包括总支出量、总产出量、物价、就业等。

金融调控的"三大法宝"

金融调控需要借助于各种金融工具来调节货币供给量或信用量，影响社会总需求，进而实现社会总供求均衡，从而促进金融与经济协调稳定发展。其中，存款准备金率、再贴现率和公开市场操作并称央行金融调控的"三大法宝"。

1.存款准备金率：是指金融机构为保证客户提取存款和资金清算需要而准备的，是缴存在中央银行的存款，中央银行要求的存款准备金占其存款总额的比例就是存款准备金率。举个例子，如果存款准备金率是5%，你去一家银行存款200万元，银行就必须向中央银行缴存10万元作为留存。这个目的主要是限制金融机构信贷扩张，因为银行除了接受存款还有贷款、汇兑等业务。如果你今天存款200万元，明天想取10万元用，结果银行把你的钱全贷出去了，你取不到钱，那就悲剧了。如果其他人得知你取不到款，担忧就会在存款人中蔓延，甚至纷纷来银行闹事。

我们经常听到降准或提高，就是人民银行降低或提高法定存款准备金率。当准备金率提高时，就意味着商业银行可提供放款及创造信用的能力下降。举例来说，如果存款准备金率是5%，金融机构每吸收100万元存款，要向央行缴存5万元的存款准备金，用于发放贷款的资金为95万元，倘若将存款准备金率提高到7%，那么金融机构的可贷资金将减少到93万元。因为准备金率提高，货币乘数就变小，从而降低了整个商业银行体系创造信用、扩大信用规模的能力，其结果是社会的银根偏紧，货币供应量减少，利息率提高，投资及社会支出都相应缩减。反之，亦然。

2.再贴现率：是商业银行将其贴现的未到期票据向中央银行申请再贴现时的预扣利率。再贴现意味着商业银行向中央银行申请贷款，从而增加了货币投放，直接增加货币供应量。再贴现率，是中央银行控制通货的手段之一。作为一国基准利率，再贴现率制约和影响着全国的利率水平，其变动决定或影响着其他利率的变动，是其他利率赖以调整或变动的基础。即当市面资金过多时，中央银行可提高利率，以促进市场一般利率提升。反之降低再贴现率，则使市场利率下跌。

商业银行之所以要进行再贴现，一般是由于商业银行的资金发生短缺。再贴现率低，商业银行取得资金成本较低，市场利率就会降低；反之，中央银行的资金供给趋紧，市场利率可能上升。当国家发生通货膨胀或由于其他原因需要紧缩货币供应时，中央银行可以通过提高再贴现率来相应提高商业银行供应资金的成本，从而使商业银行收缩其信贷规模以达到紧缩货币供应量的目的。当国家需要扩大货币供应量时，中央银行通过降低再贴现率以鼓励商业银行增加从中央银行借款，从而扩大放款规模，增加货币供应量。

3.公开市场操作：又称公开市场业务，是中央银行吞吐基础货币，调节市场流动性的主要货币政策工具，通过中央银行与指定交易商（银行和证券公司）进行有价证券和外汇交易，实现货币政策调控目标。从交易品种看，人民银行公开市场业务债券交易主要包括回购交易、现券交易和发行中央银行票据三种。回购交易分为正回购和逆回购两种，正回购为人民银行向一级交易商卖出有价证券，并约定在未来特定日期买回有价证券的交易行为，正回购为央行从市场收回流动性的操作，正回购到期则为央行向市场投放流动性的操作。反之，亦然。现券交易分为现券买断和现券卖断两种，前者为央行直接从二级市场买入债券，一次性地投放基础货币；后者为央行直接卖出持有债券，一次性地回笼基础货币。中央银行票据是人民银行发行的短期债券，一般期限是3个月到3年不等。通过发行央行票据可以回笼基础货币，央行票据到期则体现为投放基础货币。

中国中央银行的公开市场操作包括人民币操作和外汇操作两部分。外汇公开市场操作于1994年3月启动,人民币公开市场操作在1998年5月26日恢复交易,规模逐步扩大。由于公开市场操作,特点是:主动性、灵活性、时效性、市场化,为多数国家的央行所青睐。近年来,公开市场操作也已成为人民银行货币政策日常操作的重要工具,对于调控货币供应量、调节商业银行流动性水平、引导货币市场利率走势发挥了积极的作用。

什么是货币供给量的三兄弟——M0、M1 和 M2?

货币供应量是指在一国经济中,一定时期内可用于各种交易的货币总存量。货币供应量的初始供给是中央银行提供的基础货币。基础货币经过商业银行无数次的存入和支取,派生出许多存款货币,使其出现多倍数的货币扩张。货币供应量的多少,与社会最终总需求有正相关的关系,所以中央银行通常把货币供应量作为货币政策和金融调控的对象。保持货币供应量与货币需求的基本平衡,是中央银行货币政策的基本任务。

货币供应量是各国中央银行编制和公布的主要经济统计指标之一。M0、M1、M2指的是货币供应量的范畴。人们一般根据货币流动性的强弱,将货币供应量划分为不同的层次加以测量、分析和调控。在现实生活中,除现钞外,银行存款和各种有价证券都有一定的流动性,正是根据这种流动性,才把货币的供应量划分为不同的层次。目前,中国将货币供应量划分为以下三个层次。

- M0(货币)= 流通中的现金,即流通于银行体系之外的现金
- M1(狭义货币)= M0 +活期存款
- M2(广义货币)= M1 + 准货币(居民储蓄款 + 定期存款 + 其他存款)

M0,在中国是指流通中的现金,即流通于银行体系之外的现金。在西方,各国政府或中央银行发行的钞票最具有流动性,随时都可以作为支付的手段。但并非所有的现钞都可以计算在内,而要扣去各金融机构的库存现金。剩余部分计入货币供应的第一层次,即M0。**M0与消费密切相关,其数值高代表老百姓手头宽裕、富足。**

M1,指银行体系以外的现金加上商业银行的活期存款,是狭义的货币供应量。活期存款可以随时提取,流动性仅次于现金,有些国家将它视同现钞货币,是成本最低的交易媒介和支付手段。由于对货币的理解不同,世界各国对

M1的定义也存在差异。中国的M1是指流通中的货币量加上商业银行的活期存款。M1反映经济中的**现实购买力**，代表着居民和企业资金松紧变化，是经济周期波动的先行指标。流动性仅次于M0。

M2，是银行体系以外流通的货币和商业银行体系各种存款的总和，是较为广义的货币供应量。随着金融市场发展和金融工具创新，各国对货币供应量的统计口径也会进行修订和完善。在中国，M2是指在M1的基础上再加上商业银行的定期存款和储蓄存款，考虑到非存款类金融机构在存款类金融机构的存款和住房公积金存款规模已较大，对货币供应量的影响较大，从2011年10月起，人民银行将上述两类存款也纳入M2统计范围。M2流动性偏弱，反映的是社会总需求的变化和未来通货膨胀的压力状况。

一直以来，中国广义货币M2增速相当惊人。人民银行数据显示：截至2018年底，流通中货币M0余额7.32万亿元，同比增长3.6%；狭义货币M1余额55.17万亿元，同比增长1.5%；广义货币M2余额为182.67万亿元，同比增长8.1%。一般而言，可以通过M1和M2增长率的变化来揭示**宏观经济**的运行状况：若M1增速较快，则消费和终端市场活跃；若M2增速较快，则投资和中间市场活跃；若M1过高、M2过低，表明需求强劲、投资不足，存在通货膨胀风险；若M2过高、M1过低，表明投资过热、需求不旺，存在资产泡沫风险。

3. 什么是去杠杆？当前如何去杠杆？

最近几年"去杠杆"逐渐成为热词。中央首次提到"去杠杆"的说法是在2015年12月的中央经济工作会议上。会议明确提出了供给侧改革核心任务在于"三去一降一补"，即去产能、去库存、去杠杆、降成本、补短板。随后，中央从强调企业去杠杆、强调国有企业去杠杆到结构性去杠杆，政策指向越发明确。那么什么是去杠杆？当前如何去杠杆呢？

什么是去杠杆？

去杠杆本质上是金融调控的手段之一。杠杆，通俗地说，就是以小博大，四两能拨千斤。在金融经济领域，杠杆通俗的意思就是负债，借钱办事。无论个人、政府还是非金融企业、金融机构，都多多少少会使用杠杆。个人或者机构使用杠杆办事，就会欠钱，为了衡量还钱能力，可以笼统地认为，个人或者机构的债务和资产的比率就叫杠杆率。去杠杆，可以理解为去负债。

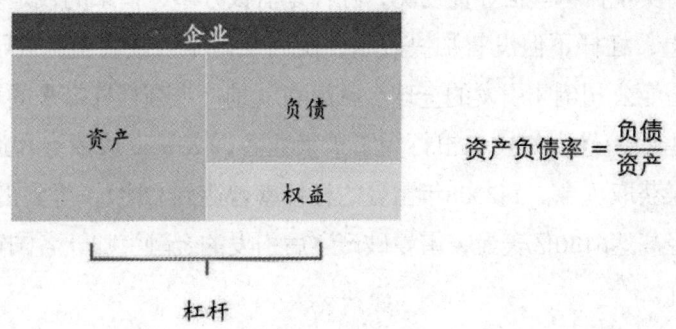

如何使用杠杆呢？举例来说，张三想开店做生意，但自己只有1万元现金，于是他开始四处筹钱。先向银行贷款4万元，凑够了5万元买了辆小货车，这4万元就是第一次加杠杆；再用小货车做抵押，贷款了3万，并用3万块付了店面10%的定金，剩下的每月分期。至此，张三仅用1万元自有资金，就撬动了35万元的资产（5万块小货车+30万店面），这就是杠杆的力量。突然有一天，张三发现小货车的油费和保养费是一笔不少的支出，而生意越来越差，盈利很难覆盖养车成本和各种利息以及店铺的水电费，于是挂上了"旺铺转让"，小货车也卖了，换来的钱刚好付清车贷和抵押贷款及利息。这个过程就是去杠杆。

早期房价上涨，那些炒房客采用按揭购买的其实都是使用了金融杠杆。比如一套房子是100万，30%的首付，即用30万就能买下一套房子。如果炒房，90万就可以付清3套房的首付款，借款210万，然后把房子出租出去，每月租金可以用来偿还按揭贷款。甚至还可以把房子拿去再抵押贷款，用贷款的钱再去付首付，如此往复，就是不断加杠杆的过程。每月还贷的过程，就是去杠杆的过程。杠杆越高，风险也就越大。如果房价不是一直上涨，甚至租金下跌，就会出现还不起贷款风险。一旦一套房子出现断供，就可能会形成连锁反应。因此，杠杆这种借鸡生蛋的方式，情况好的时候，借多一倍钱就多一倍甚至更高的效率或者收益，但是如果情况不妙，结果就是借钱的利息还不上甚至连本金都要赔掉。

当前如何去杠杆？

加杠杆可以使得个人、企业、政府、银行等，能够加快扩大规模，加快效率，提前实现目标。但显而易见，杠杆是借钱办事，借来的钱是要还的，如果钱还不上，杠杆不但没有加快效率，反而使得个人或者机构处于债务累累中。美国雷曼公司倒闭引发的全球金融海啸就是一个高杠杆带来的教训。2008年之前以雷曼为代表的投资银行为了扩大业务，大量发放债券和通过银行间拆借市场来获取资金。到2008年雷曼的杠杆率曾达到32比1，等到雷曼破产时，总负债已经高达6130亿美元，雷曼破产之后引发的金融海啸让各国银行业开始警惕高杠杆。

当前"三去一降一补"中的去杠杆，主要有三个层次，一是政府去杠杆，二是企业去杠杆，三是金融去杠杆。

政府去杠杆，就是削减政府债务，对中国而言重点是地方政府债务。政府之所以加杠杆，借钱办事，主要是分税制改革后，地方政府事权与财权不匹配，大量基础设施建设无法依靠财政收入完成，只好依靠举债。随着城镇化进程加快和地方融资平台公司出现，地方政府债务规模呈现不断增大的趋势。与美国、日本以及一些欧洲国家相比，中国政府整体债务尽管占GDP比重还不算高，去杠杆的需求不是太迫切，但是地方政府债务规模不够透明，大量以隐形负债形式出现。政府去杠杆，就是压缩地方政府债务规模，减少隐形债务。

企业去杠杆，就是要降低企业的负债率。通过杠杆，企业一方面容易进行快速扩张，做大做强；另一方面也容易催生一些行业产能过剩，使债务违约风险上升。以房地产行业为例，很多开发商的资金都是依靠银行贷款，而一旦遇到房价大幅下跌，就可能会出现资不抵债的情况，还会波及金融机构，给银行等金融机构造成坏账负担。当前一些民营企业，甚至上市公司纷纷出现债务违约，就是因为前期杠杆过高。企业去杠杆的目的不是要将杠杆率降到零，因为企业若想保持健康经营就需要有一定的负债水平，这样才能保证企业的快速发展。去杠杆更多的是把杠杆率控制在一个合理的水平上，优化债务结构，以免引起债务风险。

金融去杠杆，本质在于信用收缩和减少货币创造，即金融部门的缩表；思路是减少资金在金融体系的空转，抑制信用扩张；目的是防止金融脱实向虚，服务经济高质量发展。金融本来就是高杠杆行业，杠杆作用体现在金融业增加值和金融机构资产规模的快速增长。金融去杠杆，要么补提资本，由银行承担风险的资产投放，未足额计提风险权重，现在要补提；要么清退问题资产，就是针对部分违规问题较大的资产，比如非合意投向的资产。金融去杠杆，虽然有利于减少不良贷款，尽快回笼资金，降低金融机构风险，但是容易造成企业无法按期还款和民营企业融资更难以及宏观经济下降的风险。

什么是结构性去杠杆？

结构性去杠杆，就是要处理好防风险和稳增长的关系。去杠杆要避免"一刀切"，要分领域、分行业、分企业，根据实际情况，因地制宜地降低杠杆水平，从而稳定宏观经济，防止出现"处置风险的风险"。

近年来，去杠杆成为中国一个政策重点，也引发了不少讨论。事实上，对于怎么去杠杆比较合适，并没有绝对的共识。由于各个领域、行业、企业之间的杠杆率差异性非常明显，控制杠杆率总量不如控制好各领域的杠杆率，一刀切地去杠杆不如结构性去杠杆。结构性有两方面的意思，一是从总量看，目标是努力实现宏观杠杆率稳定和逐步下降，不再追求快速下降；二是分部门、分债务类型提出不同的去杠杆要求。

结构性去杠杆，就是要结合部门和债务类型实际情况，如企业去杠杆，要重点针对当前杠杆率相对较高产能过剩的国有企业，实现国企杠杆率的稳步下降；而地方政府债务去杠杆，要重点针对一些地方政府隐性债务风险较大，尤其是自身造血能力不足的地方。另外，去杠杆要注意把握节奏。如果过快，可能会使本来正常经营、有合理融资需求的企业，面临流动性不足，出现经营困难，甚至导致信用风险集中爆发。这不仅不利于企业正常融资、不利于实体经济增长，还可能引发金融风险。也不能太慢，否则会使杠杆率进一步上升，风险进一步加大。

4. 为何要控制房价？如何落实"一城一策"？

近10年来，中国房地产市场发展得轰轰烈烈，很多人趁此加入炒房行列。

由此，中国房价问题已成为公众不折不扣的关注焦点，高房价引发的社会矛盾越加尖锐。由于住房问题是重要的民生问题，关系到广大人民群众，为回应社会期盼，国家也是频繁出台政策试图调控房价，但是总体而言，调控效果并没有达到群众心理预期，房价基本上处于"调控+上涨"的模式当中。**由于房产在中国不是普通的商品，金融属性越发凸显，房价上涨过快给社会经济带来了诸多不稳定因素。**

2016年，在全国房价又一轮快速上涨的大背景下，中央明确提出了"房子是用来住的，不是用来炒的"的定位。房地产调控策略也开始从"一刀切"向因地制宜、因城施策、分类调控再到"一城一策"转变。2019年1月21日，国家召开的"防范化解大风险"主题会议，再次反复提及房地产带来的高房价将影响经济发展、民生安稳等问题。在住建部提出的2019年十大工作任务中，第一条就是"以稳地价、稳房价、稳预期为目标，促进房地产市场平稳健康发展"。那么，国家为什么要调控房价呢？地方如何落实"一城一策"呢？

中国房地产发展历程

中国房地产业在改革开放之前的计划经济时代几乎一度销声匿迹，被福利化的单位住房供应制度所取代，直到20世纪80年代才开始逐渐兴起。虽然其起步较晚，但是发展迅速，尤其是近20年，经历了迅猛的成长并逐步成熟，过程中也伴有躁动和教训。房地产业，广义地说是包括工业房地产、商业房地产和住宅不动产（房地产）在内的概念。我们这里所说的房地产，主要是指住宅属性的房地产。总体来看，中国房地产发展可以分为几下阶段：

一、房地产萌芽期（1991年之前）：房地产业初登历史舞台

20世纪80年代初，中国出现房地产行业的萌芽。1980年被称为中国房地产的元年。这一年国家把房子定义为商品，由此开始，房改和土改同时被推动，房地产正式成为中国一个产业，开始了缓慢的种子发芽阶段。

在此之前的1978年，有人在城市住宅建设会议上提出："解决住房问题能不能路子再宽些？"1979年，中国开始实行向居民全价售房试点。1980年9月，北京市住房统建办公室率先挂牌，成立了北京市城市开发总公司，拉开了房地产综合开发的序幕。同年中国房地产开发集团（中房集团）成立。

1981年，中国开始有房价数据这一说法。当年，浙江温州（楼盘）瑞安商品房卖出了68.85元/平方米的价格，单价相当于一位普通工人的月均工资。按照现在的房价和收入比并不算高，但是当时老百姓依然觉得买不起或者不愿意买，一个重要原因是当时大家的意识里没有买房的概念。

1987年，新成立的深圳为筹钱发展特区率先敲下了拍卖国有土地使用权的第一槌，也是中国首次以公开拍卖的方式有偿转让国有土地使用权，由此中国地产开始真正进入商品化，标志着中国房地产行业开始进入商品化时代。1988年，日后成为行业龙头的万科正式进入房地产行业。

二、沿海起飞阶段（1991—1997年）：房地产第一个疯狂飞跃，到泡沫破裂

1991年，中国房地产进入起飞阶段。1991年全国第二次住房制度改革工作会议召开，房改工作从少数试点城市扩展到全国。1992年，邓小平第二次南巡，市场经济确立，全国各地数千亿资金蜂拥扑向南方沿海城市，房地产迅猛发展。这一时期，许家印、王健林、冯仑等人嗅到了新的机会，万达、万通、保利等后来叱咤风云的一众房地产企业纷纷成立。

与此同时，中国有史以来第一个房地产泡沫开始形成，其中海口乃至海南省是受其影响最大的区域。1988年房地产平均价格为1350元/平方米，1991年为1400元/平方米，1992年则猛增至5000元/平方米，比1991年增长257%。1993年上半年房地产价格达到顶峰，为7500元/平方米。地产泡沫时期，当时流传着"要挣钱，到海南；要发财，炒楼花"。

剧烈增长的泡沫催生了中国房地产的首个调控政策。当时采取的紧缩性宏观调控，一方面使房地产投资过热的趋势得以抑制；另一方面导致海南房地产泡沫直接破裂，1993年下半年房价水平基本上回落到1991年的水平，跌幅达八成五，海口的1万多家房地产公司倒闭了90%以上，引发坏账800亿元。一度海南戏称有三大景观："天涯，海角，烂尾楼"。数据显示，海口市的房价，在2010年前后才重新回到1993年上半年的高点。

随后，中国房地产进入一段调整期。1995年开始，全国商品房出现大量库存。1996年中国房地产行业出现了全面巨额亏损。1997年亚洲金融危机爆发，受金融影响中国房地产行业濒临崩溃。尽管当时海南房价暴跌，引起全国

房地产价格纷纷下跌，但是对内地居民感受不深，主要因为当时房地产发展过热主要集中在海南等沿海开放较早的少数城市，而且炒房还没兴起。

三、稳定发展阶段（1998—2003年）：福利分房终结，房地产市场形成

1998年，政府宣布全面终止福利分房，货币化分房方案正式启动。这也被解读为，政府开始救市，中国房地产去库存的1.0版本正式开始。此项政策一出，个人消费成为主体，银行顺势推出贷款买房、按揭，从此中国房地产市场开始回温并进入活跃期，真正的房地产市场诞生。

随着住房制度改革不断深化和居民收入水平的提高，住房成为新的消费热点。2001年，市场的供需关系开始失衡，房价上涨，申奥成功、加入WTO等使投资投机狂潮涌现，继续为房价上涨的高楼添砖加瓦。温州财团开始在上海、杭州、苏州、北京置业，形成了名噪一时的温州炒房团。以北京为例，2001年前三个月，房价的涨幅就达到97.3%。

针对房价上涨过快，2002年国务院六部门出台了《关于加强房地产市场宏观调控促进房地产市场健康发展的若干意见》，开始从土地供应、住房结构、市场整顿等方面对房地产进行调控，市场对此的反应是涨幅减缓，但是北京房价继续上涨。2003年6月，央行出台文件，严控银行的房地产开发贷、土地储备贷款、个人住房贷等，并且首次推出了二套房提高首付、利率上浮等举措。

在政策的调控下，全国房价应声下跌，上涨势头得到遏止，全国房地产行业进入冬季。然而，非典突然发生，全国经济影响严重。出于保增长的考虑，住建部发布"国八条"，将鼓励房地产发展定性为扩大内需，拉动投资增长，保持经济持续增长的重要渠道。于是全国房价止跌反弹，继续上涨。同年，国务院在关于促进房地产市场持续健康发展的通知中，第一次明确房地产是支柱产业。

四、加快发展阶段（2004—2012年）：发展黄金期，调控政策出台密集期

2004年以来，房价成为社会关注的焦点，由于房价过高、结构不合理的问题越发突出，引发了不少社会矛盾，随之国家及相关部委出台了多项针对房地产行业的调控政策，从2005年"国八条"到2006年"国六条"，再到2010年的国十条，从"调控"到"再调控"等。据统计从2004年"8·31"大限开始到

2013年，累计出台70余项相关政策，主要集中在金融、财税、土地、行政四个方面。但是效果并不理想，房价是越调控越高。

2007年天价地王频频出现，为抑制房价上涨过快，国家开始采用收紧金融政策，规定对于贷款的二套房，首付不低于四成，利率基准上浮1.1倍，加强外商投资房地产的审批。央行加息、上调准备金利率。房价开始小幅跳水，交易量也受到一定影响。然而，2008年，为应对全球金融危机、刺激国内经济发展，中国推出宽松的货币政策，被称为第二次救市，直接推动了房价的快速上涨。央行调整个人房贷利率下限为70%，住宅首付两成起。2009年，房价止跌回升，当年全国房价增长率在23%左右。

2010年，"史上最严调控"拉开序幕，部分房价较高的城市开始限购并加大保障房建设，政府实行差别化信贷政策调控，首付比例上调为30%起，二套房首付不低于50%，贷款利率基准利率上浮11个点以上，暂停三套以上贷款，全国房价应声下跌。可是2012年，央行两次降准降息，宽松的货币政策使房价明显回升。到2012年，中国一线城市的房价与收入比达到25倍，甚至高于纽约、东京等国际大城市。因此，历次调控使中国形成了一个畸形的房地产市场，给老百姓留下了不好的印象。

五、转型发展阶段（2013年至今）：走向成熟，定位"房住不炒"

随着城镇化进程步伐放缓，房地产经历辉煌而又繁荣的黄金期后，市场竞争逐渐加剧，集中化程度越来越高，中小房企生存空间越来越小，房地产渐渐成为大房企的游戏。尽管老百姓觉得房价高企，但是地价飞涨，加上各种税费在内的成本较高，区域分化严重，房企生存压力剧增。尤其是三四线城市，出现了大量房产库存。一些房企开始谋求转型和跨界，逐步告别单一的房地产销售模式。

然而，2016年后，在房地产调控政策放松和中央"化解房地产库存"的刺激下，房地产迎来了又一个暴涨，很多中小房企迎来了喘息之机。数据显示，一二线城市的房价从2015年底到2017年上半年，不到两年的时间翻了一倍甚至更多。政策方面，2015年，二手房营业税免征限期由5年改为2年；二套房商业贷款最低首付比例降至4成；公积金贷款首套房首付比例调整为20%；2016年，首套房144平方米以上房屋契税由3%降至1.5%；2年以上房屋交易全部免征营业税等。尤其是中央"化解房地产库存",尽管初衷主要是针对三四线城市,但是事实上首先引发一二线房价开始大涨,后期逐渐带动了三四城城市。

为了控制房价,一些地方开始再度调控"限购限贷,限售限价"。2016年12月中央经济工作会议首次提出"长效机制",明确了"房子是用来住的,不是用来炒的"的定位。2017年,房地产迎来最严厉调控年。同年,习近平总书记在十九大报告中指出:"坚持房子是用来住的、不是用来炒的定位,加快建立多主体供给、多渠道保障、租购并举的住房制度,让全体人民住有所居。"自此,中国各省房地产开始降温,至今成交量普遍下滑。

为何要调控房价?

当前,很多人认为中国房价虚高。不过,从市场经济的角度来看,房产作为一件商品,房价的高低是由市场供求关系决定的。那么,国家为什么要频繁调控房价呢?主要是因为,房子是一件特殊复杂的商品,它附属了权利,纠缠上了利益,同时自带金融属性,甚至变成标准化的金融产品,而且其价格受到信贷、利率、货币以及杠杆的直接影响。

一是房地产与实体经济密不可分。房地产是实体经济和虚拟经济互相融合的一种经济形态。从产业链的角度来看,房地产的首要条件是获取土地,通常的模式是开发商通过银行贷款竞拍土地,银行获取利息收益;然后有了土地以后就是建房子,施工工人通过劳动进行生产加工,最终产出房产这个商品,这个过程属于实体经济;最后,有了商品就是进行销售了。除去以自住为目的的刚需购房者,其余的情况均有虚拟经济的特征。尤其是以投资或投机为目的,以钱生钱,等待商品升值再卖出。因此,房地产既不是单纯的虚拟经济,也不是纯粹的实体经济。正是由于房地产的发展,带动了钢筋、水泥、建材、装修、家具、家电等上下游几十种相关行业的同步发展,所以房地产在2003年被明确为国民经济的支柱产业。但是近年来房价上涨过快,引发了房地产虹吸效应,使实体经济尤其是制造业受到房地产的严重干扰。

二是房价大幅下跌带来不利影响。尽管高房价对实体经济带来了不利冲击,但是房价一旦出现大幅下跌对国民经济的伤害会更大。一是当前房子是城市家庭最大资产。一套房子少则百万多则千万,很多家庭三代辛苦奋斗才能买得起一套房,还要背负贷款,如果房价暴跌,老百姓的家庭资产就会急剧缩水，对于他们来说无异于灭顶之灾，所以政府要调控楼市避免这种情况发生。二是大部分购房者都是贷款买房。如果发生房价暴跌，银行将出现大规模坏账风险，此外，房地产所牵连的其他行业太多，因此房价暴跌将会对整体经济造成影响，金融市场、实体经济都会产生一系列连锁反应，这是承受不起的严重后果。三是目前房地产行业依然是经济的主要支柱。尽管政府从近几年开始就在努力降低经济对于房地产的依赖，但是房地产的整体体量巨大，对于地方经济的贡献短期是不可替代的。房价如果暴跌，不管对于国家还是对于地方经济，都会产生非常大的影响。

三是房价上涨过快带来不利影响。房价既不能暴跌，也不能暴涨。暴涨带来的危害，将会给中国经济造成巨大的冲击。一是高房价迫使企业的各项成本快速上升。在房价和房租大幅上升的情况下，企业不得不提高员工收入，从而导致用工成本上升，产品竞争力降低。二是高房价的赚钱效应对实体经济有挤出效应，使创业意愿降低。由于前期房价的连续上涨，房地产投机盛行，导致其他实体经济一片衰败。网上曾流传着这样一个故事：丈夫开工厂，上百个工人辛苦一年赚的钱，不如妻子炒房在城市里买一套房赚得多。如果长此以往，大量资金都跑到房地产领域去了，就没有人愿意投资实体经济了。三是高房价造就了一大批房奴，抑制了社会消费。国内多数大学毕业的年轻人买不起房，除了耗光上一辈人的积蓄付首付，自己还要做几十年房奴，每个月赚来的钱大部分要还银行贷款，除去生活基本必需开支，所剩无几，因此不敢消费，或者消费降级。

因此，房价需要政府宏观调控。当前房地产对于中国国民经济影响深远，它既具有金融属性又具有抗通胀性。政府调控房价的主要目标，是努力保持房地产平稳健康发展，既要遏制房价上涨过快，又要防止楼市崩盘，避免出现房价大涨大落的情况。

如何落实"一城一策"？

自2016年以来，本轮楼市调控周期持续进行，从一线城市、热点二线城市，到三四线城市，有关限购限贷、限售限价等政策频频出台。与此同时，在围绕"房住不炒"定位下，房地产调控策略开始从"一刀切"向因地制宜、因城施策、分类调控再到"一城一策"转变。尤其是进入2019年，福建、河南、安徽以及杭州、宁波、长沙、成都等多个省市均宣布"一城一策"。那么，地方政府如何落实"一城一策"呢？

首先，要弄清影响中国房价走势的主要因素。当前影响中国房价走势最主要的两个因素，一是经济因素，二是行政因素。经济因素，又可分为经济增长速度，利率，物价、工资及就业水平和地价、人口流动等几个方面。比如，经济增长迅速，居民收入相应提高，购买力增强，住宅价格就会提升；较低的银行利率则会对住宅投资者起到激励的作用，有利于住宅市场价格的上扬和市场的繁荣；具有资源稀缺性、有限性的土地是住宅产生的"原料"，住宅价格起伏和地价涨跌密切相关等。行政因素，主要是土地规划与供应、房地产税制和政府限制性或鼓励性政策法规。

其次，要明白在哪些因素上地方政府能够发挥决定性作用。地方政府要在充分考虑本地房地产市场状况前提下，有针对性地制定政策，落实好地方调控主体责任。尽管影响房产价格走势因素很多，但是地方政府能够影响房价并制定的政策措施主要是土地规划与供应和地方有关房产交易限制性或鼓励性政策法规。由于调控房价的本质是调解市场供求关系和稳定社会预期，地方政府抑制房价上涨过快最有效的手段是，一是通过加快和加大住宅用地供应，加大房屋供给；二是出台限购、限价、限售、限贷等有关政策性法规，降低购房需求。度的把握直接关系到房价调控的效果。另外，加大公共租赁住房等保障性住房建设以及解决租房子女入学问题，对抑制房价上涨过快也有明显效果。

最后，要建立房产调控的长效机制。近期，个别城市政策调整的消息不时传出，加上当前局部楼市呈现小幅回温态势，有观点据此认为房地产市场调控释放了放松信号。对此中央政治局2019年4月19日召开的会议再次强调，要坚持房子是用来住的、不是用来炒的的定位，落实好一城一策、因城施策、城市政府主体责任的长效调控机制。表明国家没有对政策做出新的调整，无异于提醒一些地方政府和部门，应当打消放松调控政策的念头。因此，地方政府要多从建立长效调控机制方面下功夫、想办法，稳定房价，稳定市场，稳定预期，稳定居民心理，确保房地产市场平稳健康发展。

第八章 金融监管

　　对存在的金融风险点，我们一定要胸中有数，增强风险防范意识，未雨绸缪，密切监测，准确预判，有效防范，不忽视一个风险，不放过一个隐患。
　　——2017年4月25日，习近平在中共中央政治局第四十次集体学习时讲话

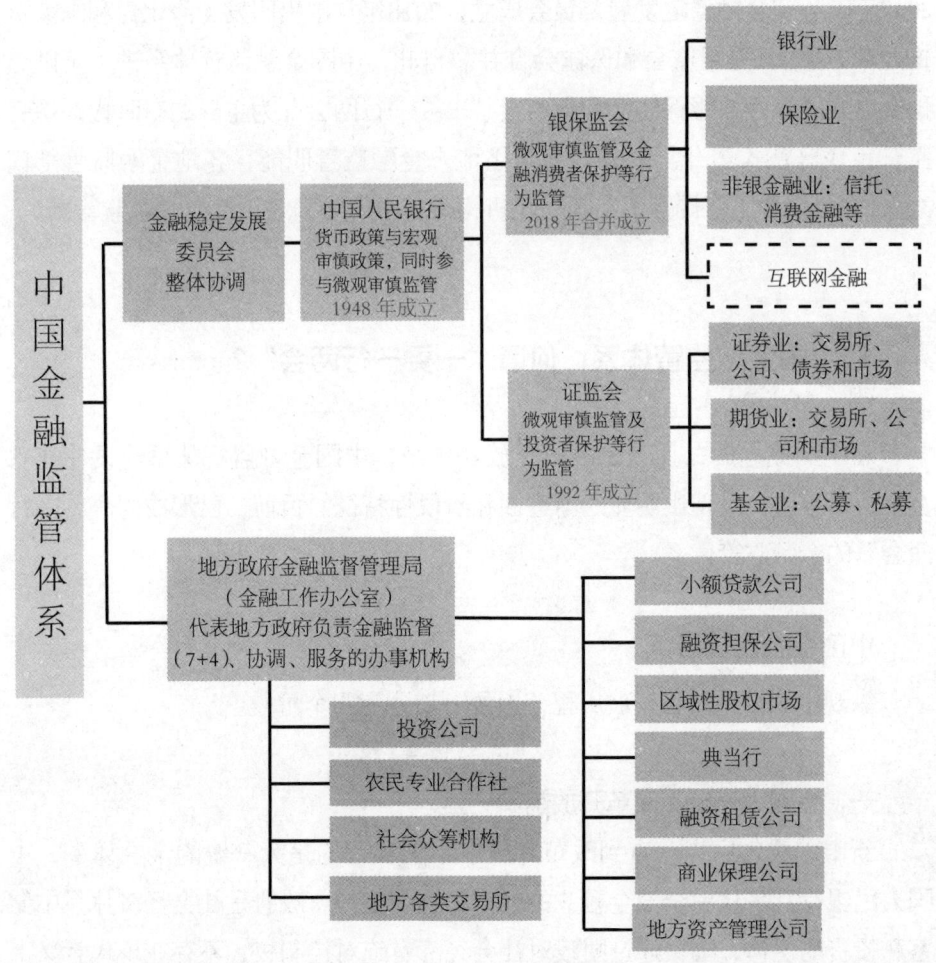

247

金融安全是国家安全的重要组成部分,是经济平稳健康发展的重要基础。防范和化解金融风险,保障金融安全,必须加强金融监管,将金融活动纳入规范化、法治化轨道。

改革开放以来,伴随着中国金融业的发展,中国金融监管也取得了长足进步。经过多年的演变过程,中国由最初"大一统"人民银行,逐步形成了"一行三会"的"分业经营、分业监管"的金融监管框架。不过,近年来,随着金融全球化、自由化和金融创新的迅猛发展以及金融行业混业经营趋势日渐明朗,各种新业态、新产品不断涌现,金融风险积累加深,监管环境发生重大变化,也给中国经济和金融市场监管带来更多难题。

面对不断变化的金融市场,中国金融监管体系也在不断发展与完善。2017年国务院金融稳定发展委员会成立,2018年党中央印发《深化党和国家机构改革方案》,将银监会和保监会合并。自此,中国金融监管体系进入了以金稳委、人民银行、银保监会和证监会"一委一行两会"为主导的新时代,综合监管步伐已正式迈开。此外,为强化地方金融监管职能,各地金融监管部门(金融办、金融工作局等)在新一轮机构改革中纷纷升级为地方金融监管局。

1. 中国金融监管体系,何谓"一委一行两会"?

新中国成立后,尤其是改革开放40年来,中国金融监管体系建设伴随着金融改革推进,呈现出明显的渐进性和阶段性特征。目前,已形成"一委一行两会"的金融监管体系。

中国金融监管沿革

纵观中国金融监管发展历程,大致可划分为四个阶段。

一、金融大一统(改革开放前)

新中国成立后,一直到改革开放前中国实行的是大一统的金融体系,中国人民银行几乎从事全部金融业的经营和管理工作。政府是社会经济体系中储蓄和投资的主体,国家通过财政对社会经济有绝对控制权,不存在现代意义上的金融监管。当时中国社会经济实行了高度集中的计划经济体制，在这种高度集权化的实物计划经济背景下，金融只是计划部门的配角、财政部门的出纳，整个金融处于高度压抑状态。在相当长的时间里，中国只有一家银行即中国人民银行，它既从事信贷业务又有金融监管的职能。

二、人民银行统一监管体系（1978—1992年）

1978年，中国开始实行"改革开放"的战略方针，这一时期的中国金融体制改革也开始起步，伴随着其进一步深入，金融监管制度也开始了探索阶段。初期，中国金融监管体系建设主要围绕专业银行和中央银行进行。到1984年，农业银行、中国银行、建设银行和工商银行相继全部从人民银行分离出来，形成了四大专业银行体系。与此同时，人民银行则专注于中央银行的职能，制定和实施全国宏观金融政策，控制信贷总量和调节货币资金，不再办理企业和私人信贷业务。另外，1980年，中国人民保险公司开始逐步恢复停办了20年的国内保险业务。

1984年，"拨改贷"改革深入推进。此后，国有企业生产经营资金来源不再依赖财政拨款，转而寻求银行贷款，这在一定程度上加速了股份制银行金融试点的改革。同时，非银行金融机构也快速发展，保险公司、证券公司等不断涌现，在资本市场上开始发行股票和债券。金融业务的日益增长和金融机构的持续增加，迫切需要成立一个能够统一监管和综合协调金融业的职能部门。1986年，国务院颁布《银行管理暂行条例》，明确了人民银行作为金融监管者的法律地位。人民银行不仅负责货币政策制定，还要依据规章制度和行政手段，对银行、保险、股票、债券、信托等业务活动进行监管，以维护金融体系安全和金融机构稳健运行。

这一阶段，事实上形成了以人民银行为唯一监管者的统一监管体系。

三、"一行三会"的分业监管体系（1993—2016年）

20世纪90年代以后，中国金融体系格局发生重大转变。以1990年沪深交易所的成立为标志，资本市场逐渐发展起来，股份制银行、农信社、城信社也渐次登上金融舞台，外资银行开始进入中国，非银行金融机构迅速发展，其中保险公司和保险市场发展迅猛。在这种情况下，仅靠人民银行进行金融管理已经显得力不从心。

1992年，国务院证券委员会和证券监督管理委员会成立，人民银行正式将证券期货市场的监管权移交，标志着金融监管体系开始由统一走向分业。为更好发挥金融在国民经济中宏观调控和优化资源配置的作用，1993年底国务院下发了《关于金融体制改革的决定》，指出保险业、证券业、信托业和银行业实行分业经营，要求相关职能部门抓紧拟订金融监管法律草案。

在经历一轮快速发展后，中国金融体系内部风险因素有所积累，且时逢东南亚金融危机爆发，金融监管格外受到重视。1997年底，第一次全国金融工作会议召开，标志着中国新一轮金融监管改革开始，改革的结果是形成了"一行三会"的分业监管格局。1998年，国务院证券委员会和证券监督管理委员会合并，成立新的证券会，统一监管全国证券和期货经营机构。同年，保监会成立，统一监管保险经营机构。2003年，银监会成立。

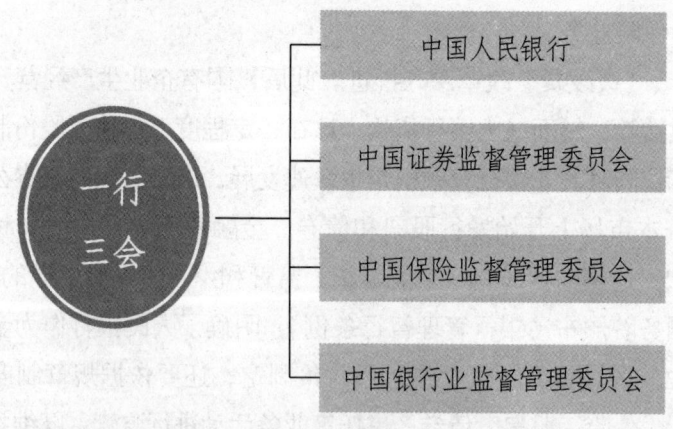

2004年以来，中国金融分业监管体系不断完善。各监管机构专业监管能力不断提升，金融监管法律体系不断完善，分业监管协调机制开始建立，国际监管合作机制逐步加强。2005年，人民银行、银监会和证监会共同制定的《商业银行设立基金管理公司试点管理办法》出台，开启了各金融监管部门合作监管的大门。2008年国际金融危机以来，中国金融监管体系掀起了新一轮改革浪潮，不仅构建了逆周期调节的宏观审慎监管框架，而且强化了人民银行对系统性金融风险的管理职能，同时对系统重要性金融机构的监管和对金融消费者权益的保护也逐步加强。

这一阶段，金融监管体系由统一监管走向分业监管，形成以人民银行、银监会、证监会、保监会"一行三会"为主导的监管格局。人民银行的主要职责是对货币市场、信托机构、反洗钱等方面进行金融监管，"三会"的主要职责则是制定监管部门规章和规范性文件，并通过业务审查、现场检查等方式对相应行业进行审慎监管。

四、"一委一行两会"综合监管体系（2017年至今）

为切实强化金融监管，提高防范化解金融风险能力，2017年第五次全国金融工作会议提出设立金融稳定和发展委员会（简称"金稳委"），同年11月党中央、国务院同意批准金稳委成立，办公室设在人民银行。作为国务院统筹协调金融稳定和改革发展重大问题的议事协调机构，金稳委的成立可以说是拉开了新时代金融体系改革的大幕。

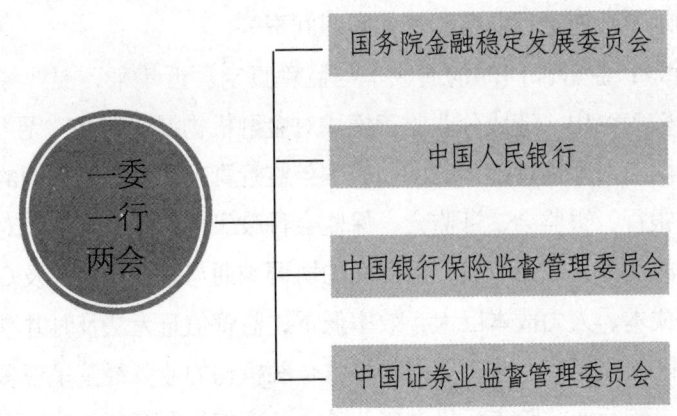

2018年3月，为深化金融体制改革、顺应综合经营趋势、落实功能监管和加强综合监管，《深化党和国家机构改革方案》将银监会和保监会合并，组建中国银行保险监督管理委员会（简称"银保监会"）。这也是继金稳委之后，中国金融监管体系的又一重大变革。银保监会的正式成立，进一步健全了中国金融监管体系，意味着中国金融监管体系进入了以金稳委、人民银行、银保监会和证监会"一委一行两会"为主导的新时代，综合监管步伐已正式迈开。

综上所述，经过多年的发展，中国金融监管体系日臻完善，组织体系架构更趋合理，监管规则逐步健全，监管决策机制更加高效，监管方式方法更加科学合理，为金融安全的稳定和社会经济的发展提供了重要支撑。

为何要设立金融稳定发展委员会？

国务院金融稳定发展委员会（金稳委）于2017年7月14日至15日，在北京召开的全国金融工作会议上宣布设立，专门负责一行三会间的行政事务协调，旨在加强金融监管协调、补齐监管短板。

金融稳定委员会在"一行两会"之上，起监管协调之责。金稳委为国务院统筹协调金融稳定和改革发展重大问题的议事协调机构。主要职责为：1）落实党中央、国务院关于金融工作的决策部署；2）审议金融业改革发展重大规划；3）统筹金融改革发展与监管，协调货币政策与金融监管相关事项，统筹协调金融监管重大事项，协调金融政策与相关财政政策、产业政策等；4）分析研判国际国内金融形势，做好国际金融风险应对，研究系统性金融风险防范处置和维护金融稳定重大政策；5）指导地方金融改革发展与监管，对金融管理部门和地方政府进行业务监督和履职问责等。

设立背景：监管部门的沟通成本与监管真空。近年来，混业经营与分业监管的矛盾较为突出，造成分业监管模式对金融机构混业经营"无可奈何"的主要问题有两点，即监管部门的沟通成本与监管真空。就监管部门的沟通成本来讲，人民银行、银监会、证监会、保监会行政级别相同，各部门对其他部门只具有建议权而无行政命令权，部门间的协调沟通与联合执法涉及众多的法律法规，时间成本、人力成本巨大，效率低下，监管信息无法及时共享。就监管真空来讲，随着包括商业银行在内的多数金融机构的业务经营呈现多元化与综合化的特征，跨行业、跨市场投融资业务链条增加，而在分业监管下，监管部门无法监测资金的真实流向，极易引发金融风险的跨行业、跨市场传染，更易于引发系统性风险，最为典型的就是资管产品的多层嵌套。

金稳委高规格成立的意义：履"发展"与"稳定"职责，补分业监管漏洞。从金稳委的职责方向上可以看出，"发展"与"稳定"是其核心职责目标所在，一行三会间的统筹协调并非其全部职责内容。单独设立副国级行政机构负责金融业的改革发展也表明当局将防范系统性风险、保证金融业健康发展的目标提升到了一个更高的层次。当下金稳委的监管方向或聚焦于影子银行、资产管理行业、互联网金融以及金融控股公司等分业监管所造成的风险隐患。

银监会与保监会为什么合并？

2018年3月13日，国务院总理李克强提请第十三届全国人民代表大会审议通过的《国务院机构改革方案》提出，整合银监会和保监会职责，组建中国银行保险监督管理委员会，作为国务院直属事业单位。同时，将银监会、保监会拟定银行业、保险业重要法律法规草案和审慎监管基本制度的职责，划入央行。在过去"一行三会"的中国金融监管体制下，为何唯独合并银监会和保监会，而让证监会维持独立呢？究其原因，主要有以下三个方面：

一是银行保险业务交叉严重，合并监管有利于防范系统性金融风险。随着金融业务的不断发展，分业监管的弊端越发凸显。在"国十条"推动下，保险业的资产配置范围不断扩大，一些资金由于监管套利空白等原因由银行流入保险市场。在混业经营趋势明显的大背景下，传统的分业监管已经无法满足金融发展形势的要求。把银监会和保监会合并，从长期来看能更加规范资金的去向，让资金回归实体。同时，中国金融机构多分布在银行和保险业，监管缺失等问题容易滋生系统性金融风险，因此，合并监管符合防风险的政策要求。

二是银行与保险在监管理念、规则、工具上具有相似性，对监管资源和监管专业能力也有相近的要求，合并乃顺应趋势。银监会和保监会的监管对象都是金融机构，在监管理念上具有相似性。而且保险业的监管借鉴了银行业监管的很多规则。而证监会的监管对象不仅有金融机构，也包括上市公司和投资者，主要负责信息披露的真实性，对投资者和消费者的保护性质更多。另外，从监管能力上看，两者的专业能力要求相近。在中国金融监管资源和专业人才"供不应求"的背景下，尤其是地方保险监管人才匮乏严重。因此银保合并有利于发挥协同效应，集中整合监管资源，充分发挥监管专业人才的专业能力，提高监管的质量和效率。

三是规范间接融资渠道，发展直接融资。目前我国间接融资占比过高，直接融资不足。而银行和保险的业务都属于间接融资，不断扩张的间接融资滋生了金融风险，也推高了实体的融资成本，不利于实体经济的发展。在近年来的金融相关工作会议中，中央多次强调要把发展直接融资放在重要位置。将银监会与保监会合并，证监会独立，有利于在规范间接融资的同时，更好地推动直接融资的发展，服务于经济转型的目标。

2. 一行两会，与地方政府之间是什么关系？

一般大家都知道银保监会、证监会和中国人民银行都是金融监管部门，但是弄不清这些单位派驻在省市的下属单位银保监局、证监局、中国人民银行支行等与地方政府之间到底是什么关系，是否归地方政府管？也不清楚这些单位与地方政府直属的地方金融监督管理局（金融办）在职能上有什么区别。有些人误认为，地方政府不仅可以管这些单位，还可以干预国有银行省市分行融资贷款等。要厘清关系，就要先了解这些机构的职能。

银监会和保监会合并之后的中国金融监管体系

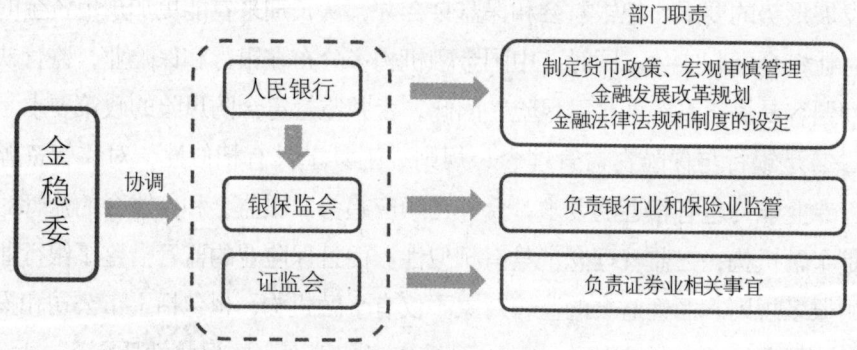

中国人民银行

中国人民银行于1948年12月1日，在河北省石家庄市成立，是在华北银行、北海银行、西北农民银行的基础上合并组成。1983年9月，国务院决定中国人民银行专门行使中国国家中央银行职能。1995年3月18日，第八届全国人民代表大会第三次会议通过了《中华人民共和国中国人民银行法》，至此，中国人民银行作为中央银行以法律形式被确定下来。总行有28个内设部门，16个直属机构和上海总部。除外，全国分支包括9家分行，2家营业管理部，21个（含16个省会和5个计划单列市）中心支行。中国人民银行采取区域管辖制，总行直接管辖分行，各分行管辖本省（直辖市）和周边省及其中心支行，中心支行则负责对辖区内各市中心支行管理。一般9个分行行长是正厅级，25个中心支行行长是副厅级,其余各地级市中心支行是正处级。

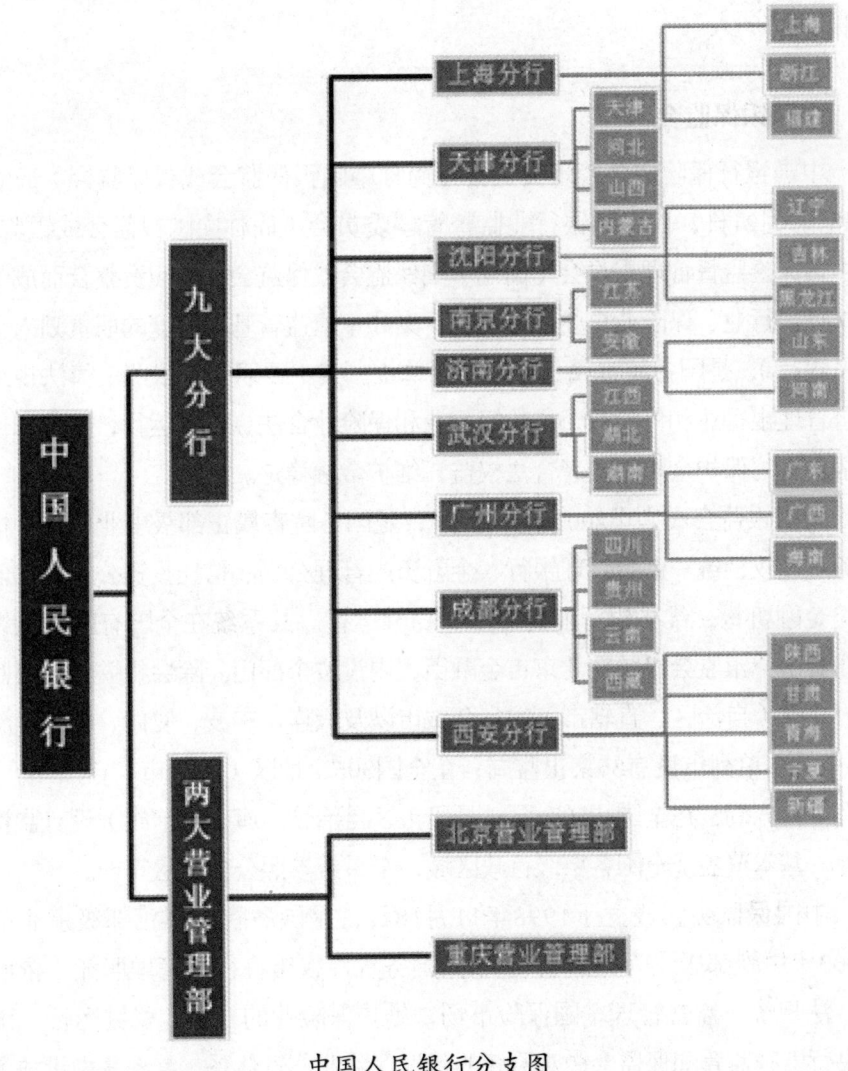

中国人民银行分支图

以中国人民银行合肥中心支行为例,其为中国人民银行省会城市中心支行,由原人民银行安徽省分行和合肥分行于1998年11月合并组建成立,于1999年1月1日正式运作,建制是副厅级。主要任务是在总行和南京分行领导下,在辖区内履行中央银行职责,认真贯彻执行货币政策,维护辖区金融稳定,推动金融改革,搞好金融服务,加强外汇管理,促进安徽经济金融又好又快发展。合肥中心支行负责对全省15个市(除合肥市以外)中心支行的业务管理;受南京分行委托，管理巢湖中心支行；内设30个处级机构（含直属单位），现有在职职工近500人。

中国银保监会

中国银行保险监督管理委员会（简称中国银保监会或银保监会）成立于2018年3月21日，由中国银行业监督管理委员会（简称中国银监会或银监会）和中国保险监督管理委员会（简称中国保监会或保监会）的职责整合而成（其中拟订银行业、保险业重要法律法规草案和审慎监管基本制度的职责划入中国人民银行），是国务院直属正部级事业单位。其主要职责是依照法律法规统一监督管理银行业和保险业，维护银行业和保险业合法、稳健运行，防范和化解金融风险，保护金融消费者合法权益，维护金融稳定。

中国银监会成立于2003年4月25日，是国务院直属正部级事业单位。根据国务院授权，统一监督管理银行、金融资产管理公司、信托投资公司及其他存款类金融机构，维护银行业的合法、稳健运行。其系统在全国有四级组织机构，其中：银监会机关在北京市金融街，内设27个部门。除会机关外，银监会在31个省（自治区、直辖市）的省会城市以及大连、宁波、厦门、青岛、深圳等5个计划单列市设有36家银监局，在全国306个地区（地级市、自治州、盟）设有银监分局，在全国1730个县（县级市、自治县、旗、自治旗）设有监管办事处，基本覆盖了全国各层级行政区域，全系统参照公务员法管理。

中国保监会，成立于1998年11月18日，是国务院直属正部级事业单位（2003年由副部级改为正部级）。根据国务院授权履行行政管理职能，依照法律、法规统一监督管理全国保险市场，维护保险业的合法、稳健运行。确立了央行宏观监管和保监会微观监管的新型保险业监管体系。其系统内设15个部门和2个事业单位，并在省（自治区、直辖市）和计划单列市设有36个保监局，在苏州、烟台、汕头、温州、唐山市设有5个保监分局。

中国银监会和保监会合并后，地方银监局和保监局机构和职能也将逐步进行合并，在全国采取四级组织机构管理模式，下辖31个省（自治区、直辖市）和5个计划单列市派出机构，各地方银保监局将按省、市两级划分，在大部分县里设置监管办。以安徽为例，安徽银监局职能是对辖内银行业事务实施监管，包括：制定有关监管法规、制度方面的实施细则和规定；负责对有关银行业金融机构及其分支机构的设立、变更、终止和业务活动的监督管理；依法对金融违法、违规行为进行查处；审查和批准高级管理人员任职资格；统计有关数据和信息；负责辖内党的建设、纪检和干部管理工作。安徽保监局，职能是统一监督管理保险市场，对保险机构和中介机构经营活动进行监管，分支机构设立和退出审批，维护保险业的合法、稳健运行，引导和促进保险业全面、协调、可持续发展等。

中国证监会

中国证监会成立于1992年。1998年4月，中国证监会与国务院证券委合并组成国务院直属正部级事业单位。其依照法律、法规和国务院授权，统一监督管理全国证券期货市场，维护证券期货市场秩序，保障其合法运行。中国证监会机关内设21个职能部门，1个稽查总队，3个中心。此外，在省（自治区、直辖市）和计划单列市设立36个证券监管局，以及上海、深圳证券监管专员办事处。

以江苏证监局为例，其职能是：根据中国证监会的授权，对辖区内的上市公司，拟上市企业，证券、期货经营机构，证券期货投资咨询机构和从事证券业务的会计师事务所、律师事务所、资产评估机构等中介机构的证券、期货业务活动进行监督管理；依法查处辖区监管范围内的违法、违规案件；履行中国证监会授予的其他职责。局内设11个处室，分别为办公室(党务工作办公室)、纪检监察办公室、公司监管处、公司检查处、综合业务监管处、机构监管处、机构检查处、稽查一处、稽查二处、法制工作处和会计监管处。

一行两会地方派出机构，归地方政府管吗？

从前面介绍可以看出，一行两会在地方派出机构模式并不完全相同，中国人民银行在一些省设立分行，有些则是中心支行；中国银保监会成立后则是在省市和大部分县分级设立了派出机构；中国证监会只在各省设立了分局，市及以下均没有派出机构。尽管一行两会采取业务垂直管理模式，但是地方派出机构工作的开展也离不开地方政府的支持，而地方政府金融工作的开展又离不开派出机构的支持。

总体来说，各地派出机构与政府之间关系顺畅、合作愉快，但是部分省会城市金融部门在辖区开展相关金融工作需要协调地方派出机构时总是感到关系不顺，无法对等沟通交流。一行两会尽管在省会城市设立派出机构，但是该派出机构多是厅级建制，除了证监会在市县没有派出机构外，其他都是管理全省各地市的派出机构，不是专门对口服务省会城市。而且除了副省级城市外，省会城市是正厅级建制，对应直属金融部门是正处级建制，自然与派出机构正厅级或副厅级无法对等沟通协调。而在其他各地市设立的派出机构则是专门服务属地。

国资委如何监管国有金融机构？

实际上，中国现行的金融监管体系里，除了一委一行两会和地方金融监管部门外，还有一个部门即国有金融机构所属的国资委。经国家和地方金融监管部门审批的国有（独资或控股）金融机构与国资委是什么关系呢？

简单说，金融监管部门属于行业监管，而国资委代表出资方则是进行资产监管。除国家层面设立的国有金融机构外，近年来，各地政府越来越意识到金融服务业对地方经济发展的重要性，为配合地方政府做好金融支持经济发展，纷纷成立或组建银行、融资担保、基金和金融集团等企业。还有一些非金融行业领域的国有企业为了开拓业务，参股成立了一些金融企业，甚至P2P网贷平台和交易场所。而由此带来的风险以及引发的群体性事件，把背后的国有企业和国资委推上了风口浪尖。

国家层面设立的国有金融机构以及央企发起设立的国有金融服务企业主要由国家层面的国资委日常监管。地方设立的国有金融服务企业主要由地方国资委管理。以合肥为例，注册的国有金融服务企业众多，有安徽省国资委日常监管的徽商银行、国元证券、华安证券、安徽省投资集团等；有属于合肥市国资委日常监管的兴泰集团、合肥农村商业银行、合肥产业投资集团等；还有像徽盐集团这样的传统企业，参股成立了开展金融业务的企业。徽盐金融，即是由徽盐集团出资占比51%，联合一些民营企业和个人发起成立的一家P2P网贷平台有限责任公司。由于P2P行业的大背景和自身经营不善，从2018年下半年出现大量借款逾期无法收回和兑付给投资人，引发投资人不满，经常到有关单位上访，甚至发生群体性事件。这也给地方国资委和传统国有企业提出了一个现实问题，如何在拓展金融服务业的同时，把控风险，做好监管？

对于国有企业，尤其是长期以来一直开展传统金融服务或相对监管完善的金融服务，国资委只需做好常规监管即可，风险总体可控。而对于新兴金融业的进入，尤其是非金融国有企业进入金融服务领域，国资委和国有企业要慎重决策。尽管在理论上企业经营是市场行为，允许盈亏，而且有限责任公司是在有限责任范围内，按股权比例承担相应的责任，但是国有企业参股或控股的企业要提高政治站位和责任意识，不能把自己视作普通的有限责任公司，因为开展业务在一定程度上是利用了政府信用做背书，即投资者相信政府、相信国有企业。所以国有企业在进入金融服务业领域时要慎重，尤其是涉众型金融服务领域。

尽管金融服务业是一个很有前景的行业，在很多领域盈利能力很强，但是对专业性和风控能力要求很高。中国人民大学副校长吴晓求就指出金融的本质就是风险，而企业经营成败的关键就是风险控制。如果自身没有专业人才储备，贸然进入发展还不够规范的领域，必然会产生较高的风险。因此，国资委和国有企业要持慎之又慎的态度对待金融服务业的开展和创新。

3. 什么是金融牌照？一行二会与金融业的监管？

金融作为国内管制严格的行业之一，首当其冲的当然是执业资格问题，也就是牌照问题。金融监管根据时段划分为事前监管、事中监管、事后监管。市场准入制度是事前监管的核心，金融许可证则是市场准入制度的常态表现。金融牌照，即金融机构经营许可证，是批准金融机构开展业务的正式文件。近年来随着金融监管趋严，一些牌照慎发或者停发（如信托），牌照价值凸显，成为各路资本追逐的热点，其市场价格也随之水涨船高，有些牌照甚至高达数亿元。

金融牌照分类及监管

中国的金融监管按照监管部门将各金融业态进行分类，各部门负责各自领域牌照的发放和备案。简单说，金融牌照是国务院授权机构向从事金融业的企业法人颁发的营业许可证，即《金融许可证》。企业有证才能够从事金融业务。目前在中国需要审批的金融牌照主要包括银行、保险、信托、券商、金融租赁、期货、基金、基金子公司、基金销售、第三方支付牌照、小额贷款、典当等25种（详见附表）。其中大多数金融许可证是由中国银保监会、中国证监会和中国人民银行等部门分别颁发。

中国主要金融牌照情况表

序号	审批部门	牌照名称	机构数量	最初发放时间	现状	主要业务
1	人民银行	第三方支付	255	2011.5	冻结发放	网络支付、预付卡的发行受理、银行卡收单
2		征信业务	8	—	收紧	个人、企业征信
3	银保监会	银行	4588	—	开放	储蓄、信贷、汇兑
4		信托	68	1984	冻结发放	各类信托业务、投资基金业务
5		消费金融公司	22	2010.1	开放	提供消费贷款
6		金融租赁	66	1986.12	开放	融资租赁
7		汽车金融	25	2004.8	停止发放	为汽车购买者及销售者提供金融服务
8		企业集团财务公司	247	2004.9	收紧	为企业集团成员单位提供财务管理服务
9		货币经纪	5	2005.12	收紧	为金融产品交易提供信息
10		金融资产管理公司	39	1999.4	收紧	处理金融机构不良资产
11		地方资产管理公司	53	1999.9	收紧	处理金融机构不良资产
12		保险	184	1988	收紧	财险、寿险等
13		保险代理与经纪	—	2000	开放	保险业代理
14	证监会	证券	131	1988	CEPA通道开放	证券承销与保荐、经纪、证券投资活动、证券资产管理及融资融券等
15		期货	149	1993	冻结发放	期货交易
16		公募基金	120	1998	开放	公募基金、机构业务

序号	审批部门	牌照名称	机构数量	最初发放时间	现状	主要业务
17	证监会	基金销售	248	2001	收紧	发售基金份额
18		基金销售支付	22	2010.5	开放	基金销售支付结算业务
19		基金子公司	67	2012.11	收紧	类信托业务
20	地方金融管理部门	小额贷款	7967	2008.11	开放	无抵押贷款、抵押贷款、质押贷款
21		融资性担保	8685	2011.3	开放	贷款担保、信用证担保、贸易融资担保、项目融资担保、其他融资性担保业务、票据承兑担保
22		融资租赁	9090	2006	开放	外商、内资融资租赁
23		商业保理	5000	2012	开放	托收保付
24		典当	8483	1987	开放	典当业务
25		区域股权交易中心	34	2008	收紧	为特定区域内的企业提供股权、债券的转让和融资服务的私募市场

注："—"表示没有找到相关数据

省级政府审批的金融牌照

近年来，随着普惠金融的发展和需要以及权力下放，省级政府有关部门如地方金融监督管理局（金融办）、商务厅可以审批融资性担保、小额贷款、融资租赁、典当等地方性金融牌照。融资性担保牌照可以部分或全部融资性担保业务，包括：贷款担保、票据承兑担保、贸易融资担保、信用证担保等。小额贷款牌照经营范围，有无抵押贷款、抵押贷款、质押贷款、股权抵押贷款、个人贷款、小额贷款等。融资租赁分为外商投资融资租赁和内资融资租赁，主要是服务于贸易。而典当是指当户将其动产、财产权利作为当物质押或者将其房地产作为当物抵押给典当行，交付一定比例费用，取得当金，并在约定期限内支付当金利息、偿还当金、赎回当物的行为。

在2018年最新的机构改革中，商务部门相关职能移交地方金融监督管理部门。根据中央部署，地方金融监督管理局的监管范围是"7+4"。具体为：负责对小额贷款公司、融资担保公司、区域性股权市场、典当行、融资租赁公司、商业保理公司、地方资产管理公司等金融机构实施监管，强化对投资公司、农民专业合作社、社会众筹机构、地方各类交易所等的监管。

金融牌照误区

很多人有个误区，认为只要有金融牌照就可以合法开展所有的金融业务。实际上，任何一个金融牌照都有经营范围限制，企业也不是有一个金融牌照就可以从事所有的金融业务。因此，有些金融机构或企业为了开展业务，会申请多个不同领域的金融牌照。如券商虽然拥有券商金融牌照，但是要想从事证券投资基金销售，还需要申请相关牌照。券商牌照只是包括证券承销与保荐、经纪、自营、直投、证券投资活动、证券资产管理及融资融券等。而证券投资基金销售牌照，则可以开展包括基金销售机构宣传推介基金，发售基金份额，办理基金份额申购、赎回等活动。

还有些金融牌照容易混淆，如证券投资基金销售牌照、公募基金牌照、基金子公司牌照等虽然都带有基金，但单一牌照并不能开展所有基金业务。还有融资租赁牌照与金融租赁牌照，虽然都带有租赁，但是两者有本质的区别：金融租赁公司是金融机构、放款单位，融资租赁则是非金融机构、借款单位；监管部门也不同，前者由商务部主管，后者由银监会审批和监管。另外，贷款公司牌照与小额贷款公司牌照，前者是经银监会审批，由境内商业银行或农村合作银行在农村地区设立的专门为县域农民、农业和农村经济发展提供贷款服务的非银行业金融机构；后者则是省级政府明确的主管部门（通常是地方金融监督管理局）审批下发的牌照，只能在本省范围内开展业务。

4. 金融创新，新金融业监管的难题？

金融创新和监管一直是个伴生的矛盾和难题，尤其是随着新金融业的发展。一方面发展需要鼓励创新，另一方面创新又会带来未知和不确定性以及风险。对于金融创新，究竟该如何监管？学术界给的说法很简单，通常是适度监管。何谓适度？实际上这个度是很难把握的。初期监管严了，怕不利于创新发展，而监管不够又容易滋生乱象，带来风险。

以P2P网贷为例，在中国出现后，为了鼓励创新创业和互联网金融发展，很长时间随便登记注册一个公司就可以开展相关业务，把平台公司当作信息中介来看，以至于一时间全国数以万计的平台公司如雨后春笋般冒出。而今随着风险的不断爆出和释放，P2P网贷平台公司开始严加监管，甚至很难新注册。

另外，近期很多民营企业发现设立股权投资机构或基金变难了，不再像过去可以直接到当地工商部门办理注册登记了。有些地方告知需有金融监管部门或地方政府出具的意见，而金融监管部门除了给政府引导性基金或者有国有企业参股的机构设立出具说明，对民营企业以没有相关要求为由拒绝出具意见，为此企业不知所措，认为相关部门推诿扯皮，甚至拨打市长投诉热线反映相关问题。究竟是不是有关部门推诿不作为呢？实际上，这背后折射出金融创新带来的风险和新金融业现实监管的难题。

风险投资行业，监管仍需完善

风险投资（股权投资）作为金融创新，在助推企业做强做大和进入资本市场以及推动地方经济发展方面的作用越来越被人熟知，在社会上风险投资机构或基金数量众多。实际上，很多人难以想象，1985年中国第一家风险投资公司出现时，是被作为非银行金融机构由国家审批的，并由中国人民银行管理。如果后来不是改变监管方式，风险投资在中国也不可能取得今天的成就和发展，然而到今天对其监管仍然在完善之中。从中国风险投资的发展和监管，在某种意义上可以看出金融创新和监管的博弈。

伴随着风险投资在中国的发展及对其认识的不断加深，中国风险投资监管经历了一个从严格到宽松再到逐步规范的过程，大致可以分为四个阶段：

第一阶段（1985—1998年）：作为金融机构，市场准入制度严格

这一时期，风险投资处于萌芽和早期探索的阶段，风险投资企业数量较少。依据《中华人民共和国中国人民银行法》和《中国人民银行关于审批金融机构若干问题的通知》的有关规定，风险投资机构作为非银行金融机构，由中国人民银行管理，其成立属核准制。在严格的市场准入制度下，风险资本主要来源于国家或有国有资本背景的单位。

第二阶段（1998—2004年）：作为投资机构自行设立，不需要审批，自我管理

风险投资被认作根据公司法可以自行设立不需要审批的投资机构，而非金融机构且不具有系统性风险。没有规制风险投资的专门国家立法，可适用的规范性法律文件主要有《公司法》《合同法》《合伙企业法》和《证券法》等。这一时期，受1998年著名的全国政协"发展风险投资"一号提案和随后国家政策影响，风险投资公司蓬勃发展，从第一阶段的20家猛增到数百家。但是由于缺乏专业知识和风险投资退出机制不顺畅，行业出现了一定的混乱无序，尤其是2002—2003年间，很多风险投资机构自身运作不规范，主业不明，甚至把投资证券和房地产作为主业。

第三阶段（2005—2012年）：两级备案制管理，逐步规范

从2005年，开始对风险投资企业采取非强制式两级备案管理，标志着风险投资进入了一个逐步规范发展的阶段。监管主体是国家发改委，监管工具主要是2005年国家发改委等10部委联合出台的《创业投资企业管理暂行办法》。明确提出，由于创业投资是一种市场行为，没有必要对其设立实行审批制管理，但为了规范创业投资企业的投资运作，对希望申请政策扶持的创业投资企业实行两级备案制管理，在风险投资企业设立条件上对资本、投资者和管理要求等做了明确规定，对投资范围和投资金额也进行了限制。没有备案的创业投资企业，不受创业投资企业管理部门的监管，不享受政策扶持。

第四阶段（2003年至今）：纳入中国证监会备案，监管仍需完善

2013年6月，中央编办发布通知，明确将包括创业投资基金在内的私募股权基金的管理职责赋予中国证监会，由其负责组织拟订监管政策、标准和规范等。2014年8月，中国证监会发布《私募投资基金监督管理暂行办法》。虽然设立私募基金管理机构和发行私募基金不设行政审批，但是办法要求各类私募基金（含股票、股权、债券、期货、期权等）管理人应当根据中国证券投资基金业协会的规定，向其申请登记。但是由于备案登记非强制性，很多私募基金企业没有备案，游离在监管体系之外，存在监管真空。而且部分备案企业也存在经营不规范行为，甚至出现非法募资等非法活动。

2016年，发挥工商部门职能作用，积极配合相关部门防范和打击金融违法行为，工商总局等17部门联合出台了《开展互联网金融广告及以投资理财名义从事金融活动风险专项整治工作实施方案》，明确排查整治以投资理财名义从事金融活动行为，规定非金融机构以及不从事金融活动的企业在注册名称和经营范围中，原则上不使用"基金""基金管理""投资管理""股权投资基金"等字样。如果选择使用，工商部门要将相关企业注册信息（包括存量企业信息）及时告知金融管理部门，金融管理部门、工商部门对相关企业予以持续关注，并将相关企业列入重点监管对象，加强协调沟通，及时发现识别企业擅自从事金融活动的风险，视情采取整治措施。

2017年，中国证监会起草了《私募投资基金管理暂行条例（征求意见稿）》，规定未经登记，任何单位或者个人不得使用"基金""基金管理"等字样或者近似名称进行本条例规定的投资活动；但是，法律、行政法规另有规定的除外。不过，迄今为止正式条例并没有出台。因此，各地工商部门在对待各种股权投资基金注册申请时采取相对慎重的方式，甚至提出要求金融部门出具意见，而金融部门又以没有法律规定为由拒绝出具意见，造成了民营企业实际难以注册。从中国风险投资发展和监管回顾及现状可以看出，当前中国对风险投资行业的监管还需进一步完善。对于既有别于一般企业，又有别于传统金融机构而又发挥一定金融功能的风险投资企业来说，发展和监管还会一直走下去。

P2P网贷行业，监管仍在探索

自2007年P2P网贷平台在中国出现以来，长期处于放任自由发展状态，国家政策层面初期从鼓励创新创业的角度甚至给予了一定的支持。直到2015年"e租宝事件"爆发，国家政策风向才发生突变。2015年12月，银监会会同工信部、公安部等部门，研究起草《网络借贷信息中介机构业务活动管理暂行办法（征求意见稿）》，拉开行业监管序幕。随后，国家对P2P网贷平台逐步采取了越加严格的监管措施。

制度框架：一个办法三个指引

2016年8月，在征求意见稿发布近8个月后，银监会、公安部、工信部、互联网信息办公室四部委联合发布了《网络借贷信息中介机构业务活动管理暂行办法》，中国第一个P2P网贷行业监管细则正式出台。办法从备案管理、业务规则与风险管理、出借人与借款人保护、信息披露、监督管理、法律责任六个维度对P2P网贷平台提出了监管要求。

2016年10月，银监会联合工信部、工商总局发布了《网络借贷信息中介机构备案登记管理指引》。内容主要分为新设机构备案登记申请、已存续机构备案登记管理和备案登记后管理三部分。明确了机构监管和行为监管并行的基本监管框架，将备案作为监管的前提和基础，按照"新老划断"的原则，对存量机构进行资质甄别，合规一家备案一家，明确监管范围，杜绝监管套利。

2017年2月，银监会正式发布《网络借贷资金存管业务指引》，确认了银行存管模式。要求网贷机构作为委托人需指定唯一一家存管人作为资金存管机构，有利于防范资金挪用风险，保障资金安全。存管银行应对客户资金履行监督责任，不应外包或由合作机构承担，不得委托网贷机构和第三方机构代开出借人和借款人交易结算资金账户。

2017年8月，银监会印发《网络借贷信息中介机构业务活动信息披露指引》，指出了信息披露内容和强制信息披露要求。通过网贷机构信息披露，以期创造透明、公开、公正的网贷经营环境，实现行为可监测、过程可监控，增强市场信心。

自此，网贷行业"1+3"制度框架基本搭建完成，初步形成了相对完善的制度政策体系。

执行层面：互联网金融专项整治

2016年4月14日，国务院组织14个部委召开电视会议，将在全国范围内开展互联网金融领域的专项整治，为期一年。当日，国务院批复并印发与整治工作配套的相关文件，共分七个分项整治子方案，涉及多个部委，其中央行、银监会、证监会、保监会将分别发布网络支付、网络借贷、股权众筹和互联网保险等领域的专项整治细则。

2016年10月13日，国务院正式发布《互联网金融风险专项整治工作实施方案》。同时，央行等国家十几个部委发布了包括跨界金融业务、第三方支付、P2P网贷、股权众筹、互联网保险等在内的多个细分领域风险整治文件，重塑互联网金融监管概念，首次提出"穿透式"监管方法。强调，P2P网络借贷平台应守住法律底线和政策红线，落实信息中介性质，未经批准不得从事资产管理、债权或股权转让、高风险证券市场配资等金融业务。

2017年6月28日，央行等国家17部门联合印发了《关于进一步做好互联网金融风险专项整治清理整顿工作的通知》，对下一步的清理整顿工作进行了详细的进度安排。7月起进行各地清理整顿的督查和中期评估，整改验收需在2018年6月底前完成。

2017年12月13日，网络借贷风险专项整治工作领导小组办公室印发《关于做好P2P网络借贷风险专项整治整改验收工作的通知》，对此前《小额贷款公司网络小额贷款业务风险专项整治实施方案》中提到的下一步整治验收工作做出了具体、详细部署，要求各地必须在2018年6月底前完成辖内主要P2P机构的整治整改验收工作，以及对债权转让、风险备付金、资金存管等关键性问题作出进一步的解释说明。

2018年4月，中央财经委第一次会议审议通过了打好防范化解金融风险攻坚战的三年行动方案，将互联网金融风险的专项整治工作纳入打好防范化解重大风险攻坚战的总体安排，要求再用一到两年时间完成专项整治。

2018年6月29日，国家整治办召开专项整治下一阶段工作部署动员会，明确将P2P网络借贷清理整顿延长至2019年6月底完成。

另外，为加强行业自律，2016年中国互联网金融协会及网络借贷专业委员会成立。

监管运行存在的问题

尽管目前中国P2P网贷行业已经从无到有初步形成了监管体系，尤其是一个办法三个指引的制度政策体系，进一步明确了网贷行业管理规则和业务规范，对于防范网贷风险、保护消费者权益、加快行业合规进程、实现网贷机构优胜劣汰，起到了积极作用。不过，由于监管实施起步较迟，加上P2P网贷行业有其自身的复杂性，当前监管体系还存在一些问题亟待解决。

一是准入门槛忽略了P2P网贷行业的金融属性。现行监管政策制度是基于对P2P网贷信息中介性质的定位，忽略了其金融属性，尤其是对其准入门槛设置较低。《网络借贷信息中介机构备案登记管理指引》规定新设机构备案登记申请所需向金融监管部门提交的材料要求不高，除了没有明确的地方金融监管部门要求提交的其他文件、资料外，其他材料一般注册登记的工商企业都能提供。换句话说，依据现行制度，包括有诈骗前科的人都可以申请设立P2P网贷平台。近年来，P2P网贷行业乱象丛生，跑路平台不断，在很大程度上是因为准入门槛较低，不少发起人自身品行恶劣，甚至设立动机不纯，本身就带有诈骗目的。

二是实际实施中监管执行难度大。《网络借贷信息中介机构业务活动管理暂行办法》在监督管理中明确,银监会及派出机构负责网络借贷信息中介机构的日常行为监管,指导和配合地方人民政府做好网络借贷信息中介机构的机构监管和风险处置工作,建立跨部门跨地区监管协调机制;各地方金融监管部门具体负责本辖区网络借贷信息中介机构的机构监管,包括本辖区网络借贷信息中介机构的规范引导、备案管理和风险防范、处置工作。然而,在实际实施过程中,银监会和地方金融监管部门对网贷机构监管执行难度大,缺少抓手和切实举措。

三是对违法违规惩戒力度有待强化。一是对恶意诈骗者惩戒力度不够,P2P网贷平台之所以爆雷不断,主要是违法成本不高。以影响力较大的"e租宝事件"为例,涉案金额高达762亿,未兑付金额高达380亿,主犯丁宁和丁甸获刑最高,也仅是被判无期徒刑。法律人士解读:"无期徒刑不代表出不了狱,只要表现好,被判无期的人一般会减刑至13年左右。"二是经营中违规惩戒力度不够,如P2P网贷平台若未按规定要求开展信息披露,对相关当事人的处罚过轻。规定构成犯罪的,依法追究刑事责任,否则最严厉的处罚仅是给予警告、人民币3万元以下罚款。三是对恶意逃废债的借款人惩戒力度不够,在当前中国社会信用体系不够完善环境下,失信人很难得到应有的惩戒。

四是行业自律作用发挥还不够明显。P2P网贷行业协会作为政府与企业之间的中介和桥梁,能理解政策意图和监管思路,领会防范系统性风险的底线,更好地参与、配合政府部门开展当前专项整治工作和日常规范经营监管工作。中国互联网金融协会以及下属的网络借贷专业委员会自成立之日开展了大量相关工作,在标准规则、交流沟通、课题研究、缓解"多头借贷"风险以及行业自律方面取得了一定工作成效。2018年,网络借贷专业委员会分别于3月和9月在京召开了两次工作会议,就自查自纠工作中存在的一些问题进行了交流,就行业形势及规范发展等内容进行了讨论。但是总体来看,由于协会成立时间不长,层面较高,行业自律作用发挥还不够明显。

5. 金融办为何改成金融监督管理局？有何用意？

2018年10月份以来，全国各省（自治区、直辖市）机构方案陆续公布，很多人都注意到一个崭新的称谓和一个大的变化——组建地方金融监督管理局，作为政府直属机构，保留政府金融工作办公室牌子。实际上金融办成立的时间并不长，2002年上海市才在全国率先设立金融办。从金融办变成地方金融监督管理局，并加挂金融办的牌子，此举究竟为何？职能有什么转变呢？

金融办设立背景及职能

金融办从一开始就是应需而生的，金融过去一直以来是由中央管理的，也就是央行、银保监在各个地方设立的分支机构，但是逐渐地方出现了很多这些中央垂直机构管不到的事情。尤其是随着近年来中国在经济金融领域的改革不断深化，大量地方类金融机构如雨后春笋般涌现，各地的民间金融活动也日益活跃，在满足地方经济主体的投融资需求、促进基础设施建设以及推动地方经济增长方面发挥着越来越重要的作用，但同时其潜在金融风险也有所抬头。由于中央垂直监管难以对游离于银证保体系之外的地方金融（如小额贷款公司、融资担保公司、地方资产管理公司、融资租赁企业等地方类金融机构及非持牌的地方金融活动等）进行直接管理，出于有效应对地方金融快速扩张及金融风险渐进暴露局面的考虑，中央逐渐将地方金融监管职能及风险处置责任交由地方政府承担。各级地方政府顺势而为，纷纷主动设立金融办（或金融局）对地方金融进行监督管理，并逐渐赋予其更大的职权。

业内多以2002年上海金融办的设立为起点，在那之后的10年中，基本各省市及至区县纷纷成立了金融办，如合肥市金融办成立于2009年3月。对于金融办的成立，各地因地制宜，名称和具体定位不一而足，完全根据各地区域特点，有的名为金融工作办公室，有些名为金融服务办公室，有些是地方金融安全办公室，有些挂靠在政府办公室，有些挂靠在财政局，有些则挂靠在发改委。具体职能虽不尽相同，各地金融办根据当地经济行业禀赋职能有各自的倾向，但是核心内容是为地方政府发展经济提供金融支持，简单说就是规划当地金融业发展战略、为当地企业提供各类融资服务，以及负责拟上市企业的培育和服务工作等。后来随着发展需要，金融办的功能慢慢扩展到兼具金融发展、金融监管（融资担保公司、小贷公司等）、风险处置（互联网金融）和规划制定等多项职责。

在行政级别上，比较重视金融工作的地方政府，一般把金融办与地方政府各部门同级别，即：省政府金融办—正厅级、市政府金融办—正处级、县政府金融办—正科级。金融办受同级党委、政府领导，由上级政府金融办业务指导。

由"办"到"局"的转变

名称的变化反映了职能的变化，即从金融发展服务到金融监管职能的转变，代表了原有金融办迎来大变革，也正式对地方金融监管部门即地方金融办的监管职责予以明确。地方金融监督管理局的成立，标志着中国地方金融管理模式初具雏形，以及单一监管模式向双层监管模式的渐进转变。长期以来，金融办的存在和定位一直有些"尴尬"。一是缺少中央统筹部门。不像银保监系统在中央有统一的部门，金融办隶属地方政府，并无全国性的统管机构和相应制度。二是人数较少。如合肥市金融办2009年成立之初是正处级事业单位，长期以来人数较少，甚至只有一位主任或副主任主持工作。由于领导职数少，与财政局党组共建，直到2016年金融党组才单独成立，并由事业单位变为市政府直属部门的行政单位。三是监管界限模糊，由于缺乏法律规定和依据，在一些领域，金融办无法真正有效发挥金融监管职能，例如，按照有关规定，P2P网络借贷从国家到地方主要由银监部门来负责，可各地开展的包括P2P网络借贷在内的互联网金融专项整治工作又由地方金融办来牵头，于是出现了金融办没有监管能力也没有手段。

地方金融监管职能演进路径

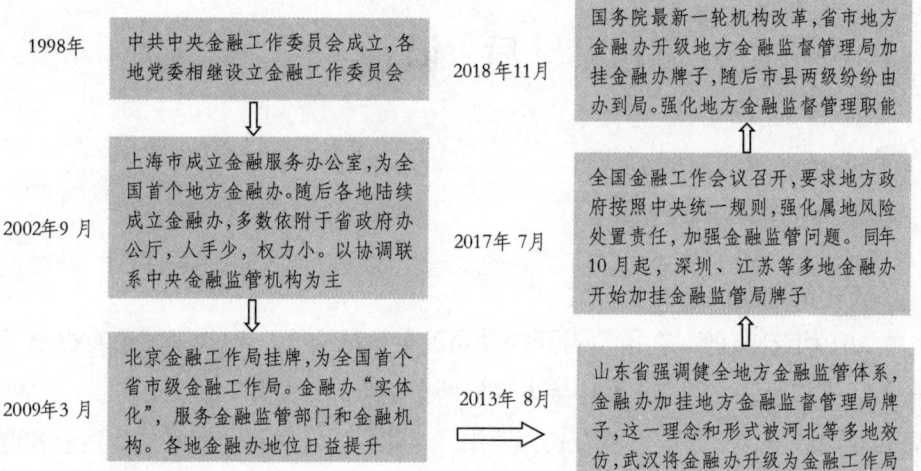

由"办"到"局"在形式上明确了地方政府金融监管职责，拉开了地方金融监管的序幕，对监管好类金融机构、根治地方金融乱象、维护金融稳定、防范化解金融风险将起到重要作用。但这一切都只是在理论上的设想，而到具体现实中可能还会存在很大差异或矛盾。首先，要处理好不同职能部门之间的关系，保障其与"一行二会"的派出机构分工协作，即错位监管和补充，避免监管空白与监管越位，有效整合类金融机构监管资源，形成地方金融监管合力。其次，要强化监管指导，从国家层面制定统一的规章制度规范监管行为和职责定位等。另外，要明确地方金融监管应坚持功能监管视角，以经营行为监管为主。当前，虽然各地金融监督管理局纷纷挂牌成立，但是要完成实际过渡还需要金融立法以明确，同时配备足够人员予以落实。这些工作或许会在各地三定方案落地之后相继展开。

后　记

　　本书的创作纯属一个偶然。

　　2019年春节前，在单位召开的党员民主生活会上，别的同志给我提出了一条意见和建议，即在工作中要发挥好两个优势，一是年轻优势，作为一名80后要敢闯敢干；二是要发挥专长，要用好专业。这个建议让我联想到当前各地关于领导干部金融知识培训存在的问题和难题，即课程质量难以保证，效果受授课老师影响很大。而很多基层领导干部工作繁忙，很难静下来认真学习。

　　受此启发，也结合自身经历经验，我觉得领导干部懂点金融学知识很有必要。可是领导干部能脱产系统学习的机会不多，而市面上相关金融知识的书籍，又过于理论，与实际工作结合度不高。因此，利用业余时间，结合工作所需和自己对金融知识的梳理，形成了本书框架。后受人民日报出版社的同志鼓励，对内容做了进一步丰富完善。在创作过程中，很多业内人士都给予了我无私的支持和帮助，尤其是在一些尚存模糊和争议的知识点上，我们进行了深入交流和探讨。当然，金融学是一个不断发展的学科，书中的有些观点或许有待商榷，只代表我个人，与单位无关。

　　由于基层工作繁忙，常常还要加班，创作只能业余时间见缝扎针。因此，每天都有一种时间不够用的感觉，甚至在上下班路上的公交车上都在思考，同时也尽可能放弃了与亲朋好友相聚。有时夜半三更醒来，来了灵感无心再睡，干脆穿衣起床继续创作。我很感激我的家人在本书创作过程中给予我的大力支持。我三岁的儿子，正是需要陪伴的时期，我却因为创作而忽略了他的感受。正因于此，最初他出于好奇，时常在我创作中袭扰我的电脑键盘，趁我不注意快速敲出一堆字符，然后喜笑颜开地逃离。后来，在我们的教育引导下，他每次再看到我在电脑旁，会用稚嫩的声音告诉我："爸爸你在工作吗？我不按你

后 记

的电脑了,不影响你工作了"。温馨的家庭氛围,也让我创作毫无后顾之忧。

　　这本书能够短期内顺利完成,还要感谢互联网的发展,让我们获取知识的能力大大加快。本书内容,绝大部分是经过本人整理和思考加工而来,也有极少数引用和借鉴了网络上精彩的语言。由于时间匆忙,而本书又是针对党员干部金融知识的普及,恕我没有完全按照严谨的学术创作标准。最后,特别致谢对本书提出宝贵意见的各位友人!由于篇幅所限,恕我没能一一列举。感谢你们的大力支持!